从东到西看关系

我在美国教授关系学

葛逸风老师大正

任京生

2015.8.8于温哥华

南方日报出版社

图书在版编目（CIP）数据

从东到西看关系：我在美国教授关系学／任京生 著．—广州：南方日报出版社，2002
ISBN 7-80652-194-1

Ⅰ．从… Ⅱ．任… Ⅲ．公共关系学 Ⅳ．C912.3

中国版本图书馆 CIP 数据核字（2002）第 106921 号

从东到西看关系：我在美国教授关系学　任京生 著

出版发行：南方日报出版社
地　　址：广州市广州大道中 289 号
电　　话：(020) 87373998-8502
经　　销：广东新华发行集团股份有限公司
印　　刷：广东惠阳印刷厂
开　　本：850mm×1168mm　1/32
印　　张：9
字　　数：200 千字
印　　数：5000 册
版　　次：2003 年 1 月第 1 版第 1 次印刷
定　　价：16.80 元

投稿热线：(020) 87373998-8503　读者热线：(020) 87373998-8502
网址：http://www.nanfangdaily.com.cn/press　http://www.southcn.com/ebook
如发现印装质量问题，影响阅读，请与承印厂联系调换。

目　录

序　　在中西文化交合处出奇制胜 ……………… 钟晓毅　(1)
引子　在美国大学的关系学课堂上 …………………………… (1)

上　理论篇

关系未动,理论先行

第一章　揭开关系学的面纱 ……………………………… (15)
　第一节　什么是关系学? …………………………………… (16)
　第二节　为什么要掌握关系学? …………………………… (21)
　第三节　古今谁在论? ……………………………………… (25)
　第四节　怎样精通关系学? ………………………………… (28)

第二章　关系学的起源及演变 …………………………… (33)
　第一节　关系学的起源 ……………………………………… (33)
　第二节　中国社会关系变化的历程 ………………………… (39)
　第三节　历史的启示:关系学与社会变革 ………………… (42)

Ⅰ

第三章　关系学的地域差与国别差 ……………………（43）
　第一节　关系学有地域的差别 ……………………………（44）
　第二节　中国关系学与外国关系学的比较 ………………（47）
　第三节　比较的结果：戒除人际关系中的弊端 …………（50）

第四章　关系学的分支与外联 ……………………………（53）
　第一节　关系学的内部分支 ………………………………（53）
　第二节　关系学与其他学科大有联系 ……………………（56）

第五章　关系学的应用与未来 ……………………………（63）
　第一节　关系学推动企业发展——企业关系学 …………（63）
　第二节　放眼未来——关系学的未来及其改造 …………（72）

中　实践篇

关系通畅的技巧

第一章　关系学中的关键因素 ……………………………（79）
　第一节　利益因素 …………………………………………（79）
　第二节　感情与理智因素 …………………………………（80）
　第三节　面子因素 …………………………………………（81）

第二章　做事先做人 ………………………………………（82）
　第一节　做人要有好人品 …………………………………（82）
　第二节　好的人品可以学到吗？ …………………………（84）
　第三节　怎样做人？ ………………………………………（87）
　第四节　做人讲究方法 ……………………………………（90）
　第五节　克制并改正不良品质和习惯 ……………………（93）

第三章　关系好坏看面子 ·················· (96)
　　第一节　面子是什么？ ·················· (96)
　　第二节　人为什么要面子？ ·················· (98)
　　第三节　怎样给人面子？ ·················· (101)

第四章　林林总总的关系 ·················· (110)
　　第一节　家庭关系 ·················· (110)
　　第二节　同学关系 ·················· (113)
　　第三节　老乡关系 ·················· (115)
　　第四节　其他各种社会关系 ·················· (116)

第五章　交友之道 ·················· (119)
　　第一节　交什么样的朋友？ ·················· (119)
　　第二节　怎样交更多的朋友？ ·················· (121)
　　第三节　几种最容易得罪朋友的时候 ·················· (124)
　　第四节　交友信条 ·················· (127)

第六章　处理好工作关系 ·················· (132)
　　第一节　搞好与上司的关系 ·················· (132)
　　第二节　搞好与同事的关系 ·················· (135)
　　第三节　搞好与下级的关系 ·················· (138)
　　第四节　建立公平合理的考核制度，以法治代替人治 ··· (142)

第七章　公共关系与交往 ·················· (148)
　　第一节　基本交往 ·················· (148)
　　第二节　企业关系网 ·················· (151)
　　第三节　企业攻关 ·················· (152)

下 提高篇
为人处世的学问

第一章　待人接物 …………………………………………… (161)
　第一节　如何请求或拒绝帮助？ ……………………………… (161)
　第二节　如何接受或拒绝邀请或礼物？ ……………………… (166)
　第三节　谈话的艺术 …………………………………………… (169)
　第四节　学会做人情 …………………………………………… (174)
　第五节　如何应付消极意见 …………………………………… (178)
　第六节　如何有个好人缘？ …………………………………… (184)

第二章　餐桌上的学问 ……………………………………… (190)
　第一节　认识中国的饮食文化 ………………………………… (190)
　第二节　中国八大菜系、名酒名茶 …………………………… (193)
　第三节　怎样请客？ …………………………………………… (199)
　第四节　饮食习惯和餐桌上的应酬 …………………………… (205)
　第五节　餐桌上的忌讳 ………………………………………… (210)
　第六节　大吃大喝风需要收敛 ………………………………… (211)

第三章　礼尚往来 …………………………………………… (213)
　第一节　为什么要送礼？ ……………………………………… (213)
　第二节　礼物的变化与不同 …………………………………… (214)
　第三节　什么时候送礼和送什么礼？ ………………………… (216)
　第四节　送礼的艺术 …………………………………………… (220)
　第五节　送礼的忌讳 …………………………………………… (226)

第四章　公关礼仪 (231)
 第一节　正式活动的种类 (231)
 第二节　迎送接待礼仪 (233)
 第三节　会议礼仪 (236)
 第四节　舞会礼仪 (237)
 第五节　宴会礼仪 (239)
 第六节　谈判礼仪 (243)

第五章　走遍美国：中美关系学的差异 (247)
 第一节　中美两国彼此理解的渠道 (248)
 第二节　中美思维模式的差异 (251)
 第三节　中美人际关系的差异 (256)
 第四节　中美家庭关系的差异 (263)
 第五节　中美对面子的不同需求 (266)
 第六节　怎样在美国工作和与人相处 (269)

后记 (274)

参考书目 (276)

序
在中西文化交合处出奇制胜

钟晓毅

看到这部书稿时,我刚刚结束美国之旅。尽管这次行程有些走马观花,但仍留下了不少雪泥鸿爪般的印象。比如其一,到纽约著名的艺术宫殿——大都会博物馆"朝圣",那里的艺术品琳琅满目、价值连城,大门却向所有的人敞开着。手头宽裕者可以自愿留下金钱若干,工作人员马上会递来一枚印制精美的纪念标签,为这段美好的回忆增添一份真实的凭据;手头不便的同样可以昂然走入,并得到友善的招呼。艺术的光辉恩泽进馆的每一个人。又比如其二,从夏威夷的火奴鲁鲁岛到人山大岛,每隔大半个小时就有一班飞机或往或返,乘客持的都是"OPEN"而非"OK"机票,登机卡上也没有标明座位及航班时间。早到了机场,倘若当班的飞机还有空位,你就可以一个箭步登上整装待发的飞机;假如你在岛上徜徉于湖光山色而流连忘返,暮色苍茫之际也不必惊慌,最后一班飞机飞返之前,总会有你的位置。这一切都是约定俗成的事情,大家随遇而安,怡然自得。

此外当然还有其三、其四……林林总总的印象加起来,不由地让人思索起来:入其境而问其俗,在这个陌生的国度,人们之间的交往准则、人情世故是怎样的?群体与个体、开放与兼容、家庭与社会之间又是怎样的关系?由此很自然地联想到中国与美国、与西方的人际关系之间又怎样的联系与不同。对于这些似乎属于常识性知识的所谓"关系",对于它们与我们的工作、生活、交往的密切关联,我们又真地了解多少?

如今,我们都在热烈地谈论全球化、地球村,事实上,这些也正成为我们生活或隐或显的内容与背景。我们不但要在学术上、在精神上和别人交流,同样也要在现实世界里与他人来往。这里的别人已经不再仅仅是你的邻居、你的同事,可能还包括远在大洋彼岸暂时陌生的美国人,或者另一块大陆上的德国人;你在商业上的竞争者已经变成大型的跨国公司。"关系学"已经牵涉到生产力。

带着这些问题,我回到了广州。行装甫卸,就读到了任京生君所著的《从东到西看关系——我在美国教授关系学》的书稿。细读之下,顿生豁然开朗之感。

这本书饶有兴味地阐释了"关系学"的要害与意义,解读了不同国度内部以及不同文化之间的人际关系的奥秘,并表现出由差异出发,寻找人与人沟通合作方式的努力。这是一种排除了虚构之后在东西文化交合处的出奇制胜。

京生在中国生、中国长,凡四十余年,他当过兵,支过边,下过海,当过官。大学时代曾担任校学生会主席,一时风头正健。其间结构关系,编制范围,对中国人的内和外、言和行、动机与手段、交往与禁忌,有相当的了解;而它们之间的分裂与合谋,有时相互抵触,有时又彼此印证的皮里阳秋或袖里乾坤,他亦知之甚深。

后来因为一个机缘,他到了美国,在俄亥俄州立大学做访问学者。初来甫到,时间充裕,他在不停地看、不断地听。这看与听便感觉到了许多新鲜,一方面开启了他的眼界,让他沉潜到西方社会文化当中;另一方面则促使他重新省思过往的生活经验与人生体悟,开始寻思如何在人与我、中与西之间获得和谐与平衡。不久后他开始担任该校商业文化课程"关系学"的中方主讲教师，尝试着把自己的人生所得与研究结果分享给更多的学生、更多的听众。这本深入浅出的著作就是他数年来讲授这样门课程的成果，他试图从比较的角度入手，把读者导入状态。作为一门学问，"关系"的丰富与神秘对人构成了很大的诱惑，要想深入进去，却又相当艰难，离不开各种形式的学习，也离不开合适的人选在前方加以指引。说到底，人情世故，无论是东是西，是男是女，是古是今，对有心人来说都是一件终生不可松懈的事项和修为，如火之焰，如珠之光。因此这是一本面向人生、面向现实的书；对读者来讲，这不单是一本有用的书，更是一本有益的书。

有人说，鸟在树上叫的时候，我们人并不知道它在叫些什么，但仍觉得好听，我们欣赏的只是它的叫声，至于它叫的内容我们并不关心。这是不求甚解的做法，本书则不同。京生不但讨论案例，穿插具体的个案、饱满的细节、中式的趣味和美式的幽默，而且还在平凡处起议论，于生活中找规律，探讨人际关系学的某些奥秘，试图寻找理论的解释和规律性的内容。在内容与形式的相辅相成当中，我们看到的是京生良好的理论功底与善良愿望，他在企盼着他课上的讲述与笔下流淌的文字能变成一支支火把，一点点照亮读者，把他们引入一个宽广的世界和一个可以更加完美的人生。

以人为本的创作动机与写作方式，保证了这本著作的实用性和指导性；作者丰富的人生经历以及对中国国情的谙熟，使这本书脱离了空泛的议论和教条的说教；作者对美国商业文化的了解和在美国著名高校的教学经历，则使这本书有着较强的开放性与超前性。多方面的知识、多元化的文化、多层次的人情在这里一一折射。

在美国，我曾与京生愉快相聚。他精神饱满地谈论今后的计划，在经历了许多磕磕绊绊之后，在大学做学者是他人生的一个新角色。他有信心沉入人性的本体之中，写出更为优秀也更为厚重的作品来,让他的人生再度辉煌,也让更多的读者与他分享和谐的人生与快乐的成功方式。

在大洋这一端,我们寄予无尽的祝福。

2002 年岁末

引子：在美国大学的关系学课堂上

人在中国，对关系学早已熟视无睹，正所谓"身在庐山中，反不知庐山真面目"。来到美国后，却突然发现，外国人似乎远比中国人更重视关系学的研究，不但有许多人在研究中国的关系学，有些大学甚至还开设关系学课程，将其列入商业文化的研究范畴。在我做访问学者的这所大学（俄亥俄州立大学）里，就有"中美关系学"这门课，我有幸参加了这门课的学习，然后又接手了这门课的教学工作。在学与教的生涯中，逐渐萌生了写作的愿望，希望把自己的感想与更多的人交流、分享，系统总结一下这几年来的教学研究心得和自己的许多人生体验，让关系学这门为人处世的学问帮助更多的人走向成功，于是便有了这本书的产生。

一、求学美国

几年前一个秋高气爽的日子，我怀着求索的信念，来到美国俄亥俄州的首府哥伦布市，在俄亥俄州立大学开始了新的学习生活。一门专门讲授商业文化的课程给我留下了深刻的印象，它的任课老师是一位中国人和一位美国人，学生中的美国人与中国人也各占一半。这门课就叫做"关系学",其目的就在于使中美两国学生更好地认识本国人和外国人的商业行为和生活习惯,从而灵活地适应异国的人际关系和生活方式。课堂上,老师会经常组织各种活动,并伴随一些实践练习,由学生演绎各自国家的民俗文化、传统习俗和人际关系。每次练习,就像是一次小品表演。例如,学习并练习怎样建立友情,怎样接受或拒绝邀请,怎样表达自己的意见,怎样接受面试,怎样处理人情,怎样对待隐私,等等。为了了解不同国家的不同请客方式,我们甚至还专门去中餐馆与西餐馆进了两次餐,在餐桌上亲身体会东西方不同的饮食文化。有的中国同学深有感触地说,我来美国好几年了,可还不知道我与美国人的交往方式有一些是错误的,要不是在课上学习到,我恐怕会永远这样错下去。因为美国人永远不会提醒你,或许他们认为这就是中国人的处事方式。可以想象,你在用你自认为是正确,而别人却认为是错误的方式与人交往,会得到别人的理解和好感吗?

中国与美国的人际关系有很多不同。由于文化背景的不同,产生了两个民族的思维模式的不同;受思维模式的影响,又产生了行为方式的不同;行为方式的不同,又造成了人与人之间关系准则的不同。所有这些,你要从实践中逐渐去搞清楚,恐怕要花上一辈子的时间,等你搞清楚的时候,恐怕黄花菜也凉了。而上课的好处就在于,可以把许许多多前人的经验和教训在一节课的时间内向你讲清楚,使你今后少走很多弯路。在课上,两国老师与同学在一起共同探讨两国关系学的差异,两国学生对异国文化和人际关系的一些疑惑和不解,经过大家的讲解,现在有了深刻的理解。在比较中,才能有鉴别,通过这门课的讲授和生活化的事例,我们都学到了很多有意义的东西。

有一次,老师让学生上台表演,学习怎样在异国寻求帮助。先是一位美国女生背着一个沉重大包向中国学生求助,中国学生很认真地帮助了她;接着是一位中国学生拎了个大包向美国学生求助，那美国小伙子也很客气地将包接了过去，可突然间，他拎起包，拧开门撒丫子蹿出门外。原来，那可怜的中国学生没遇到好心人，反而遇到了个抢劫犯，惹得全班同学一阵哄堂大笑。还有一次，为了引导同学们学习如何对待批评意见，老师让中国学生装着责问美国学生一些事情，看美国人怎样对待批评。轮到我时，我一时之间不知该责问什么好，便对旁边的一位美国小伙子开玩笑说："你为什么总是打你的老婆？"想不到他听后大笑不止。原来他娶了一位中国太太，平时不但不打老婆，而且还是一个有名的"SORRY"丈夫，他向别人介绍经验时说："对于老婆要不断地说对不起，是你的错要说对不起，不是你的错也要说对不起，这样才不至于晚上睡沙发。"

每年的春季学期末，俄亥俄州立大学东亚系都要组织一场别开生面的表演大会。全系汉语、日语、韩语各个班的学生都用自己一学期来所学的知识编排成短剧或小品，拿到台上汇报演出，以体现老师的教学水平和学生的学习成果。那个学期末，我们的课也准备了几个节目。先是一位美国学生和一位中国学生用中文表演了美国学生在中国的一次语言误会。这位美国学生去菜市场买茄子，结果他用糟糕的汉语发出来的语音却是"买妻子"，小贩以为他太寂寞了，想找女人，于是环顾周围没人后就和他谈了起来。这位美国学生越谈越不明白，为什么一个茄子要好几百元，而且还要偷偷摸摸的好像和犯法有关？讨价还价半天后才知道，原来他要的"茄子"是可以和人上床的。

此后几位中国学生和美国学生合演的节目，就充分表现了中美间的文化差异。一位美国女生应邀到一个中国家庭做客，夸奖主人家的茶壶好看——这在美国只是一种寒暄的做法——结果中国女主人却误以为她想要那茶壶，于是将茶壶送给了美国学生。接着，两个人心里都不停地犯嘀咕，女主人在一侧说："这美国人怎么这么不客气，连我们家的茶壶也要？"女学生则在另一旁抱着茶壶说："真不明白，为什么我说她家的茶壶好看她就把茶壶送给了我？"

　　轮到我和一位在美国出生的台湾女孩表演时，我扮演老师，她做学生。我问："这学期的中美关系学课结束了，学了这门课，有什么感想吗？"她说："我觉得在美国，人际关系比较简单，而在中国，人际关系太复杂了，这是怎么回事呢？"我说："这是一种文化现象，应该说是东西方文化的一种差异吧。在有些事情上，西方文化喜欢简单明了，直截了当；而东方文化则喜欢曲折迂回，含蓄变幻。比如：一个美国男孩喜欢你，会马上跑来向你说：I love you! 但一个中国男孩喜欢你，他会表现得很含蓄，甚至心里喜欢，嘴上不说，你根本看不出来。"她说："那我可要注意我周围的中国男孩，免得错过机会了。"全场一阵哄笑。我又说："又比如中国武术与美国拳击。美国拳击动作比较简单，就像美国的人际关系一样，讲究直截了当。而中国武术动作五花八门，令人眼花缭乱，讲究一种艺术。"她说："是吗？我听说过中国武术，但还没有见过，你能给我们表演一下吗？"于是，我在台上给他们打了一套中国拳，令全场皆惊。事后一些朋友打电话对我说："看你文质彬彬的，想不到还会这么好的中国武术，那天你的表演不仅中国学生拼命给你鼓掌，就连美国、日本、韩国和其他国家的学生也给你鼓掌。"

　　上这门课的时候，我还在上一门免费的英语课。有一次课上，老师让学生各自介绍自己都喜欢什么运动。当学生们介绍完后，有人马上反问老师喜欢什么运动。老师说："我喜欢骑马，我们家专门养了一匹马。"我对老师说："我不喜欢骑马，我宁愿让马骑我。"老师奇怪，问："为什么？"我说："如果我骑马，光马得到锻炼了，我没得到。"老师大笑不已。我又接着说："什么时候我能去你家，让你家马骑骑我吗？"老师说："那你要先练举重，能把我家马举起来。"还有一次我与夫人一同去上英语课，老师让一位南美洲的女孩说："如果我要嫁给你，你会给我什么？"然后让全班的男生回答。先是一位俄罗斯的老头回答，老头望着女孩身边的男朋友说:"我不敢说,我怕她丈夫打我。"老师说:"没关系,我们只是练习假设句。"于是老头说:"如果你要嫁给我,我将给你十万美元。"接着,有给金子的,有给房子的,等等。轮到我,我看夫人就在边上,哪里敢乱来,于是说:"如果你要嫁给我,我的老婆会吃了我。"全班一阵哄堂大笑,一位女士向我招手道:"你要被你老婆吃了,咱们告别吧。"

二、再执教鞭

没多久,我便有幸担任了中美关系学这门课的教师,我的搭档是中美纽带项目主管 Eric Shepherd 博士。此次应是我人生中第三次被人称呼老师了。第一次是在我高中二年级的时候,去给一所小学的文艺班担任校外辅导员,这是一群从全年级挑选出来的俊男靓女,每天课后要学习艺术表演。每到周末,我便带着他们去跋山涉水,玩游戏,并在他们演出归来的时候保驾护航。孩子们都亲热地称呼我叫"任老师"。第二次是 1986 年我参加中央讲师团,到青藏高原的一所藏族师范学校去支教,一年内,我的写作课竟有十篇学生作文在省级报刊上获得发表,在当地破了天荒。此次是我第三次重掌教鞭,所面对的学生却是一群博士、硕士,有美国学生,有中国学生,也有印尼学生,情况已经大不同前了。

度过了一个愉快的学期,马上又到了学期末例行的表演大会了,我们这个班的学生自编自演了一个反映中美文化差异的小品,将他们这个学期的收获串联起来。在小品中,两名美国学生和一名印尼学生扮演三名美国教授,在哥伦布市的一家中餐馆接待来自中国的三位访问学者。三位美国教授都会说中文,三位中国访问学者都会说英文。但是,懂得对方的语言,并不等于懂得对方的文化。接待活动中彼此频频发生误会,每次误会以吹哨表示警告,并有人用旁白表示抱怨。人们从这些含笑的误会中,领略了许多中美文化方面的差异。演出博得了全场的热烈掌声,教授们给予了良好的评价。以下便是这场小品的梗概。

三位中国访问学者在餐厅门口遇到三位美国教授,中方负责人先向一位年长的美国男教授伸出手去。这时,美方哨响,美方年轻的女教授抱怨说:"我是这里的负责人,他们为什么不先和我握手?"

(注解:中国文化尊敬老人,以长者为先,在分不清众人职务的情况下,常常先向年龄最大的人表示尊敬。而美国则是女士优先。)

接着,双方相互介绍,中方均称呼美方教授,美方均称呼中方先生、小姐,称呼中,双方均将对方姓与名搞颠倒,于是,双方哨响,纷纷予以更正。

(注解:中国是姓在前,名在后;而美国是名在前,姓在后。中国以称对方职务、头衔表示尊敬;美国则习惯直呼其名,或称先生、小姐。)

中国学者取出一份礼品送给美国教授,美国教授当面打开礼物,对礼物表示惊赞,并向中方表示感谢。中方谦虚说:"这只是我们家乡的一点小礼物,希望你们喜欢。"双方哨响,中方抱怨:"他们真没礼貌,哪有当面打开礼物的?"美方质疑:"这么贵的东西怎么叫小礼品?他们从哪得来的?"

(注解:这里表现了送礼与受礼方面的差异。在中国,送礼的人往往贬低自己的礼物,以示谦虚;受礼的人谢对方,但不夸礼物,不能当着客人面打开礼物,要等客人不在时打开。在美国,送礼的人往往夸耀自己的礼物;受礼的人要当着客人面打开礼物,夸赞礼物,并感谢对方。)

美方收下礼物后，便请中方入席。三位美国教授自己坐在了椅子上，三位中国访问学者则站在原地未动。中方哨响："他们怎么自己坐了，我们坐哪呀？"美方也哨响："这有三个空位子，他们为什么不坐呢？"

（注解：按中国文化，主人要向客人让座，并请客人先坐；而主客与主人要坐首席，即面向门口的坐位。而美国人入席一般比较随便。）

大家落座，点菜，一位美国教授开始拿起酒杯给自己倒酒。中方哨响："他怎么只给自己倒酒呢？"

（注解：按中国文化，主人要先给客人倒酒，有时还用公筷给客人夹菜；而美国文化，大家各吃各的，各取所需。）

美方教授致完欢迎辞后，大家起身干杯，结果，三位美国教授的杯子高高举在天空，碰在了一起；而三位中国访问学者的杯子在其之下，低低地碰在一起。双方碰杯落空，哨响。

（注解：这里表现了饮食文化方面的差异。中国人碰杯，习惯于将自己的杯口低于对方的杯口，以表示对对方的尊敬，因此酒桌上常出现彼此争相压低杯口的情形。）

酒过三巡，大家开始聊天。一位美国女教授对一位中国女访问学者说："我真喜欢你的皮包！"中方哨响，中国女学者满脸狐疑："她是想要我的包吗？"美方也哨响，美国女教授大惑不解："她为什么不高兴我夸奖她的包，甚至连谢谢也没有？"

（注解：美国文化用夸奖对方的服饰、提包等来向对方表示恭维，对方听说后要表示感谢；而中国文化，你要是夸奖别人的某件物品，会被怀疑想向人家索取这件物品。）

一位中国学者对一位美国教授说："我看了你上个月发表的

文章，觉得很不错。"可美国教授说："谢谢！那不值一提，下个月我会有一篇更好的。"中方哨响，旁白："美国人都那么骄傲吗？"

（注解：中国文化讲究谦虚，当你受到夸奖时，要说"哪里哪里"、"不行不行"之类推拒的话表示谦虚，否则会被认为是骄傲。美国文化讲究自我表现，要勇于表现自己，当听到夸奖的话时，要说谢谢。）

大家各自找着话题，一位中国学者问起了一位美国教授的父母情况和他的工资收入问题。另一位美国教授则与一位中国学者因台湾问题发生了争执。双方哨响，美国教授愤怒道："她是联邦调查局的吗？怎么尽问我隐私方面的事！"中国学者却为美国教授提出敏感的政治话题而满脸不悦。

（注解：在美国，个人年龄、经济收入等属于个人隐私方面的事情是不能问的；而中国文化讲究对人的体贴入微、关怀备至，个人的情况经常会被问到，人们不是有意打探你的私事，而是一种问寒问暖，示以关心的表示。外国人与中国人交谈，最好避开政治、军事等敏感话题，以免发生误会。）

接着，双方遇到请求帮助与拒绝帮助方面的差异了。一位中国学者想租一间房子，向美国教授询问了价格等方面的情况后，开始问美国教授是否知道有人要转租房子，美国教授回答"不知道"。中方哨响，旁白："看来他不想帮我。"

（注解：中国学者实际上是用旁敲侧击的方式请求美国教授帮助找房子，按中国人的拒绝方式，应在"不知道"后面加上"我帮你问一下吧"，这样才不显得拒绝生硬，否则会让对方面子上过不去。）

中国学者接着说："没关系，我可以问别人。"

（注解：这是一种遭到拒绝之后转换话题，找台阶下的方式。）

但美国教授却心中不解，"她为什么还要问别人？我没有回答清楚她提出的问题吗？"

另一位美国教授请求一位中国学者帮他修改一篇中文文章。中国学者说："我的水平不是太高，如改得不好，请不要介意。"美国教授非常失望，"原来她的水平不高，我找错人了。"

（注解：中国学者这样说，不是真的不行，也不是拒绝帮助，因中国文化讲究谦虚，习惯于贬低自己，抬高他人。而美国文化讲究表现自己，如中国人也在美国人面前自谦，则会被误认为其真的不行。）

一位中国学者对大家说："我最近要搬进一个新居，到时候请大家来吃饭。"美国教授立刻刨根问底地追问："哪一天？""什么时间？"中方哨响，"哇！看来这人几年没吃饭了！"

接着，一位美国教授邀请中国学者去看橄榄球。中国学者说："我不太懂橄榄球的规则。"美国教授道："没问题，我可以教你。"中国学者犹豫，美国教授又说："我会解释得很好的。"中国学者无奈："到时候再说吧。"双方哨响，中方旁白："他怎么不懂我的意思？我就是不想去嘛。"美方旁白："他们到底是去还是不去，为什么不直接说出来？"

（注解：这里表现了邀请与拒绝邀请方面的差异。中国文化有时邀请人只是一种客气，被邀请的人往往先表示推谢，以探虚实，等搞清楚是真请之后再接受邀请；如要拒绝邀请，直接说"不"有失礼貌，而是找个推辞的借口，婉言谢绝。美国文化邀请人要么不请，要请就是真请为多，被邀请的人要直接表示接受或不接受，绕弯子会让美国人摸不着头脑。）

以上，是这一小品的主要情节。学生们运用在课上学到的知识，将许多中美文化方面的差异凝练于短短的20分钟小品中，给人以深刻的启迪。

三、关于本书

在学习和教学的过程中，我发现，人们尽管很重视关系学，但迄今仍没有一部正式的关系学教材，也没有一部关于关系学的理论研究论著，人们对关系学的认识，就仿佛是盲人摸象，东一个耳朵西一条腿，没有一个完整的思路，有的人甚至对关系学存在一些片面的理解，无形中给中国的人与人之间的关系蒙上了一层神秘的面纱。为此我萌生了将关系学作一系统研究的想法，本书才应运而生。

平心而论，关系学并不像一些人想象的那样仅仅是"拉关系，走后门"，它还包含了许多为人处世的人生智慧，许多教育人们学做社会欢迎人士的学问，许多协调人与人之间关系的技巧。关系学如果被引导到正确的轨道上来，它可以帮助人们更融洽地相处，使社会关系变得更加祥和。然而，关系学确是一门敏感的学科，它有褒义的解释，也有贬义的解释，而贬义的东西说也不是，不说也不是；说深了不是，说浅了也不是。令人遗憾的是，目前许多大学开设的"公共关系学"课程，实际上就是对关系学避重就轻的一种变相研究。关系学中的一些不好的东西，不写是在对人隐瞒，写了又落下教人学坏和暴露社会阴暗面的嫌疑。如果我们也像其他"公共关系学"教科书那样回避关系学中的一些敏感话题，那么，作者的名节是保住了，而读者却看傻了。我们可以想象，那些学了如道德说教一般的关系学教科书的学生，到了社会上，不四处碰壁才怪呢。中国关系学是中国民俗文化的产物，是了解中国民情的一个窗口，人们如果不了解这种特殊的文化现象，在生活中，人与人之间交往就容易产生许多误解和不必要的麻烦。因此,本书本着实事求是的原则,有什么说什么,就像武术师教育自己的徒弟一样,我把武术中的技巧全告诉你,只是让你学会自卫和生存,不是让你去打人和逞强。

从体例上来讲,本书分上篇、中篇与下篇。上篇为理论篇,但只是一个抛砖引玉式的提纲,要用这块砖敲击关系学理论研究的大门,引来更多的仁人志士来共同探讨关系学的奥秘。中篇为实践篇,介绍关系学的实践经验。下篇为提高篇,介绍一些实用的交际常识和礼仪,并和美国的一些关系学作些比较,便于读者更好地了解关系学这门学问。因为关系学是一门实践性较强的学科,所以本书中篇和下篇构成了本书的主体,我非常希望,能将自己的这些所见所闻所想与大家共同分享,让诸位的人际关系更加理想,社会关系更加顺畅。这也是我写作本书最大的目的所在。

理论篇

关系未动，理论先行

第一章 揭开关系学的面纱

关系学，是这些年来越来越热门的话题。人不是孤处独居，而是生活在社会之中，每天都要与各种各样的人打交道，形成各种各样的社会关系，人就是生活在这样复杂的社会关系之中。关系处理得好，就会对你的生活和事业有所帮助；处理不好，你就会感到处处有人掣肘，举步维艰。可以说，关系学在各个国家、各个民族都普遍存在，只是因文化的不同而表现各异。然而在中国，关系学却显得异乎寻常得重要。人们曾有这样一个比较："日本是技术的社会，美国是能力的社会，中国则是关系的社会。"意思就是说，在日本，人们最重视技术，懂技术的人最吃香；在美国，人们最重视能力，最有能力的人最能取得事业上的成功；而在中国，人们最重视关系，最会搞社会关系的人才最能在社会上立足。中国有句老话："朝里有人好做官。"就是说人们要想升官，关键在于上面有没有关系去推荐他或提拔他。在商场上，发展最快的，也不是经营学问最高的人，而是最会拉关系的人。许多企业的老板是文盲，但他们照样可以通过他们的关系网把钱赚足。一些外国的大企业初到中国，想以自身的实力开出一片天地，但复杂的关系网却常常让他们受挫，于是一些聪明的老板便聘请社会关系深厚的中国人为其代理，结果一举成功。中国清朝著名的红顶商人胡雪岩曾说过："大凡我国人，无论为政为商，治世做人，都脱不开关系二字。"这位曾红极一时的清朝富商，昌盛时靠的是社会关系，衰败时也是因为其社会关系的改变。曹雪芹在《红楼梦》中也写道："世事洞察皆学问，人情练达即文章。"关系学就是这样一种经几千年淀积而成的特殊文化现象。

由此可见，关系学不可谓不重要。一方面，很多人认为，在中国最为重要的就是人际关系，人们要想取得事业的成功或得到生活的快乐，都离不开人际关系，关系学是中国最为复杂但却是最为实用的学问，是中国人的处世"胜经"。谁掌握了关系学，谁就掌握了通向成功之路的钥匙并获得了立身的法宝。但在另一方面，关系学又是在中国最缺乏理论研究的一门学问，时至今日，关系学还没有作为一门学科进入理论界的殿堂，虽然有一些书籍对关系学的实践作了一些解释，但尚没有一部完整的关系学理论的论著面世，人们甚至不知道关系学到底是什么，为什么在中国这样兴盛。人们关注、研究关系学，目前主要还是通过自己的耳濡目染去体验，通过自己的亲身经验和对他人的观察去感悟。因此，我们有必要通过理论的探讨和实践经验的总结，去揭开关系学神秘的面纱，让人们去认识它，了解它，从而获得这把开启成功之门的金钥匙。

第一节 什么是关系学？

要了解和研究一门学科，首先要知道这门学科是什么。那么，关系学到底是什么？

1. 目前社会上对关系学的种种看法和研究

让我们先来看看社会公众对关系学有何看法：有人认为关系

学是一种办事技巧，有人认为它是一种处世方法，有人说它是一种拉关系、走后门的不正之风。可见，很多人对关系学怀有一种贬义的看法。但这种意见中存在两个误区。第一，很多人对关系学只知其一，不知其二。确实，关系学中含有这样一种手段，一种用不正当手段达到用正当手段所达不到的目的的这样一种技巧；但是，关系学中也有协调人们社会关系，学做社会欢迎人士的这样一种教化手段在内。第二，很多人对关系学是只知其然，不知其所以然。很多人对关系学都能从自身的经历中总结出一些经验来，但只知要这样做，不知为什么要这样做；只知关系学在中国非常兴盛，但不知为什么这样兴盛。这样，人们在研究关系学时就会为其复杂的表面现象所迷惑，就会认为关系学非常深奥而感到高深莫测，无法把握它。其实，世间万物虽错综复杂，但总可以找出其规律性的东西来，总可以顺藤摸瓜寻找到它产生的根源。把握住它的规律，了解它的文化背景，知道了它产生的根源，就可以把我们的感性认识上升到理性认识，从而很好地把握它，其他一切问题也就可以迎刃而解，复杂的矛盾也可以变得简单化了。

目前对关系学的研究主要有两种倾向。一种是学院派，他们往往采取韬晦之计，有的将关系学改名为公共关系学，一方面想对关系学作含蓄委婉的探讨，一方面又想避开关系学的不良名声，结果许多公共关系学的教科书触及不到关系学的实质，没有向人们真正反映关系学的本质，只有理论没有实践，倒成了政治性的说教和伦理道德的教化，人们只能纸上谈兵，仍然不能真正地了解社会、认识社会，更不会去处理复杂的社会关系。另一种是实践派，实践派将自己的一些实践经验汇集成册，在许多方面反映了社会现实，给人们以丰富的社会知识和人生智慧，但只是一些实践经验的总结，对事物的本质缺乏理论探讨，只有实践没有理论，容易使人们对社会的认识越来越感到复杂，越来越感到糊涂。造成的结果就是，人们对关系学的解释众说不一，对关系

学没有统一的定义。如果我们对当下的关系学作一番仔细的审视,就会得出以下有趣的比喻:

关系学就像一块臭豆腐,闻起来臭,吃起来香;

关系学像是香烟和美酒,人们理智上抵制它,感情上却接近它,离不开它;

关系学又像一团迷雾,越朦胧,便越有神秘感,便越对人们有吸引力;

关系学像是一个通行证,有了它你就能畅通无阻,但并不是人人都能拥有它;

关系学又像一种黑箱操作术,是一种只可意会,不可言传的家传艺术,你从表面上学不到,只有靠你的想象和灵感去揣摩;

有时,关系学又像是树上的葡萄,吃到它的人说是甜的,吃不到它的人说是酸的。

看来,在对关系学进行探讨之前,我们有必要作出一个基本的定义。确切地说,关系学应有广义和狭义两方面的定义。

2. 关系学的广义解释

从构词上来看,"关系学"一词是由"关系"与"学"两词组成,意即研究关系的一门学问。那么,在研究关系学之前,首先要知道关系是什么。从广义上讲,关系是人或事物之间的关涉牵连,是人们在社会交往中所形成的一种人事的联系,是一件事对另一件事的影响。"学"是学科、学问、知识的意思。我们现在所说的关系不是物理学研究物质与物质之间的关系,而是关于人的一门学问,是研究人与人之间的关系。人是社会的人,人在社会生活中,不仅要与各个不同的人物交往,也要和各个不同的单位和团体相联系;人归属于不同的团体,团体和团体之间也要打交道。

因此,从广义上讲,关系学是研究人与人,人与团体,以及人所属的团体与团体之间的相互关系的一门学问。由此，可将关系学划分成许多不同的分支。例如，专门研究人与人之间关系的学问我们可叫它人际关系学，研究单位与单位如何打交道的学问我们可叫它公共关系学，研究公司与公司之间关系的学问我们可叫它公司关系学，研究党派与党派之间关系的我们叫它党派关系学，研究政府与政府之间关系的我们叫它政府关系学，等等。

3. 关系学的狭义解释

关系学的研究范围虽然广泛，但人们平常所指的主要是人们在社会交往中所形成的一种人与人之间的关系，以及个人与某个团体或群体之间的关系。这里，"人与人"是我们研究的主要对象。因此，关系学从狭义上说，也可以叫做是人际关系学，它包括了褒义和贬义两方面的解释。

a. 从褒义方面看，人不是生活在真空之中，而是生活在错综复杂的社会关系之中。人在儿童时代就要考虑如何处理好与父母之间，兄弟姐妹之间，以及与其他小朋友之间的关系，关系处理得好就会得到许多表扬和奖励，孩子的自信心就会得到满足；上学后要考虑如何处理好与老师和同学之间的关系，关系处理得好，威信就会高，就会得到老师的喜爱和同学的拥戴；工作后要考虑如何处理好同事关系和上下级之间的关系，关系处理得好，就会得到快的升迁，获得好的工资待遇；结婚后要考虑如何处理好夫妻关系和与老人的关系、与孩子的关系，关系处理得好，家庭就和睦，家和万事兴。可以说，人无时无刻不生活在关系之中，要不断地去学习如何处理好各种关系，这样你才能得到人们的帮助和信赖，你才能达到你的人生目的。随着社会的发展，人们在长期的社会交往中不断地协调彼此之间的关系，约定俗成地建立了一些彼此遵从的关系准则，照此执行，路途坦荡；违背准则，举步维艰。因此，关系学的褒义解释就是如何处理好人际关系的一种学问，是人们为实现个人目的，更好地立足于社会而遵从的一种为人处世的方式。为人处世包含两方面含义，一个是为人，即做一个什么样的人才能受到社会的欢迎？怎样与人交往才能建立良好的人际关系？一个是处事，即处理各种事情的技巧，即人们通常所说的会办事，会办事的人，别人办不成的事他能办成；不会办事的人，好事也会办成坏事。

b. 关系学从贬义方面看，"关系"即指特定的人。例如人们所说的"拉关系，走后门"，这里的"关系"即指掌握了一定实权的人。人们要想办成某种事情，必须得到他的批准，因此人们要想办法拉拢他；"走后门"即指让他违反原则，从背地里批准你的请求。"关系网"即指一些利益攸关的人所组成的朋友圈子，在这个圈子里，人们彼此扶助，官官相护，一损俱损，一荣俱荣，人们甚至去干一些违法的事情却可以得到圈内人的庇护。关系网常常是对于法网的对立。关系学在这方面的解释可以说是怎样拉拢人的权谋与技巧。这也是许多人对关系学反感的原因之一。

4. 关系学的研究对象

知道了关系学是什么，我们的研究就有的放矢了。首先，不应仅仅限于关系学经验的研究，还要对关系学进行理论性的探讨，建立其作为一门学科的理论体系。要搞清楚为什么关系学在中国这样兴盛，但却又这样缺乏理论研究；为什么在西方社会与中国社会的关系学有那么多的不同；要从历史上探讨关系学的起因及发展，从现实社会中探讨关系学对社会正反两个方面的影响，从未来社会发展来探讨对关系学的改造，帮助人们认识和区分良莠，用正确的理论去指导关系学的实践。

第二节 为什么要掌握关系学?

现代社会为什么越来越重视对关系学的研究？其实原因很简单，因为人们越发地意识到关系学的重要性，它是一门非常实用和普遍的学问，对于社会生活有着非凡的影响。

1. 研究者：关系学是了解社会民情的金钥匙

中国是一个重视人际关系的社会。中国传统文化以儒家文化为主线，儒家文化又以伦理道德为侧重。孔孟之道的很重要的部分便是教育人们怎样做人，怎样处理各种社会关系。传统做人的准则是仁义礼智信，处理好人际关系便是要遵从君君臣臣、父父子子等关系的准则。而以社会主文化相对立的民间亚文化，在很大程度上也是关于哥们义气、朋友礼节等方面的人际关系准则。无论主流文化还是民间文化，在为人处世方面都有所侧重。中国古典文学中最受百姓敬仰的英雄人物，大部分都是最会做人、最会处理人际关系的人，例如《三国演义》里的刘备、关羽，《水浒传》里的宋江等等。时至今日，社会上最受欢迎的人物，也依然是那些人们认为最会做人和最会处理社会关系的人。在我们周围，我们可以看到很多这样的例子：有的人能力并不强，但品行端正，为人老实，每次群众选举时，他的票数总是最高，甚至高过官大于他，功高于他的人；有的人无德无才，但在走上层路线，拉领导关系上有一手，于是攀龙附凤，照样青云直上；有的人德才兼备，但却过于耿直，不善于拉关系，于是终生怀才不遇，只能暗自空叹做人难。目前，走出国门，到海外学习和创业的人越来越多，很多人不愿意回国，究其原因，不少就是因为怕难以再适应国内复杂的人际关系。随着越来越多的外国人进入中国，许多外国人也开始明白，要想在中国的市场上一较高低，有所作为，光靠雄厚的资金还不够，还要理解中国特殊的文化特性，要学会在复杂的人际关系中游刃有余。因此，要想对中国社会进行深入细致的研究，不了解关系学是不行的。

2. 民众：关系学是立身处世的法宝

中国人非常注重人与人之间的关系，办事要找关系，升迁要靠关系，赚钱要靠关系，生孩子要找关系，找个好医生要靠关系，给逝者办丧事也要托关系，一个人从出生到去世，几乎处处离不开关系。懂点关系学，不仅使人们变得会办事，能办成事，而且会生活得更加愉快。因为关系学中还有大量的为人处世的学问，掌握了这些学问，你就会在人与人的相处中更加受人尊敬，更加受人喜爱，你就会在处理各种复杂的人际关系中游刃有余，得心应手。当你有了一个稳定的朋友圈子，当你生活在一个祥和、友爱的关系网中的时候，你就会感觉人与人之间的关系是那样友好，交友活动是那样的丰富多彩。更让你感动的是，当你有问题需要人们的帮助时，会有一双双友爱的手伸向你。如果你不懂得为人处世的学问，这一切则恰好相反。

3. 商人：关系学是叩开市场大门的敲门砖

中国现正处在商品经济发展初期，全民经商的热潮一浪高过一浪，在生意场上，关系学更是举足轻重，几乎成了人们成败的关键。我们现在仅以商业领域里的一些实例来加以说明关系学的重要性。

老王和小李都是一家国营企业的职工，都想自己开公司。老王年纪大，社会经验丰富，朋友关系也多。老王先和本公司经理拉关系，取得了本公司经理的信任，经理同意他在总公司下面开办一家子公司。开公司先要到工商管理局去办营业执照，前几年开公司还不像现在这么容易,老王在工商局有几位要好的朋友,老王找到他们,没花多少钱,一个经营范围齐全的营业执照就拿到手了。小李大学刚毕业,虽学的是商业,但还没有社会经验。小李找到他所在公司的经理,希望上级公司能为他出示证明,在上级公司下面再成立一家子公司,由他负责经营,保证每年给上级公司上交足额利润。由于小李与经理的关系不是太熟,费尽周折才得到经理的批准,当小李好不容易拿着公司的批准文件和财务证明去工商局时,却又在工商局碰了壁。他跑了好几趟工商局,每次都因材料不全被驳了回来。于是,心高气傲的小李不得不去求助于老王。老王带着他把工商局的朋友请了出来,吃了饭,送了礼,没过多久,营业执照便办了下来。中国有句老话"朝里有人好做官",如果你在一些部门有熟人、有关系,别人办不成的事情你能办成;如果没关系,也许本应能办成的事你也办不成。

　　开公司和开餐馆的小老板们都知道,当老板虽然风光,但却很辛苦,人们几乎要用一半的精力去处理各种关系,一半的精力去从事业务。如果关系处理不好,你就会后院起火,不但业务搞不好,还会钱财受损,甚至公司难保。大家都知道,开一家餐馆要和工商、税务、卫生、统计、街道、公安、消防、市容、房东等等许多部门打交道,几乎哪一家部门都对你有处罚权,你得罪了哪一家婆婆都会招来灭顶之灾。因此你要学会和以上各个部门搞好关系。关系好,你就会很太平;关系不好,你就会很麻烦。很多人失败的原因就在于忽视了各方面的关系,以为一门心思地去赚钱,事业就能发达,但却想不到自己辛勤努力得来的成果却常常因处理不好复杂的社会关系而前功尽弃。

　　小许和小张同样经销某水泥厂的水泥,小许的效益非常好,很快就买了车,置了房,因为水泥厂的供销科长是小许的同学,小许不仅能拿到厂里最低的经销价,而且能将货卖出后再给厂里钱;而小张和厂里什么关系都没有,每次要先付款后才能提货,遇到一些大的工程，由于资金不足，他就只能眼睁睁地看着小许将订单接走。不久，小张不得不关门停业。商品市场的竞争，一方面是产品质量的竞争，一方面也是关系的竞争，有了关系你就可以借鸡下蛋，借船下海，借关系的力量赚大钱。

任何国家和任何社会都离不开关系，例如，你在政府部门有一个朋友，你到那里去办事就好办一些；有好几个人竞争一家公司的工作，有人向那家公司的经理推荐一下，你就容易取胜。世界各国，只要有人类的地方都如此，中国当然也不例外。一些外国公司以为凭借自己雄厚的实力就能轻而易举地占据中国市场，但强龙压不过地头蛇。很快，他们就发现他们在国际上一些惯用的手法在中国这块土地上未必行得通。于是，他们改聘关系深厚的中国人为其打通各个方面的关系，这才将业务开展下去。很多时候，人们不可能到处都有关系，也不可能打通所有关系，这样，花钱聘用一些有关系的人去帮你打通关系，会省去你很多麻烦。

美国与中国文化背景不同，在人际关系方面存在很大差异，相比之下，中国文化的近亲日本优势则明显得多。日本人更懂得怎样与中国人打交道，更容易在一些商业谈判上抢占先机。不过，美国也有在中国市场上独占鳌头的典范，麦当劳就是这样一个例子，它的成功诀窍就在于能从两个方面将西方文化与中国文化巧妙地融合在一起。第一，饮食文化对于中国的社会关系具有重要的影响，在中国搞洋快餐，将新奇的西方饮食文化介绍到中国，必胜无疑；第二，中国目前是以独生子女为中心的家庭关系，麦当劳倾全力去采用各种方法吸引儿童，以儿童带动父母，孩子请客，父母掏钱。在中国的麦当劳餐厅里，各种针对孩子的游戏和玩具花样翻新，生日会把孩子哄得高高兴兴。麦当劳抓住了中国当今家庭关系的重心——孩子，就抓住了成功。赚孩子和女人的钱最容易，这已是在中国市场上公认的事实。

通过以上几个例子，我们便可以对关系学的重要性管窥一斑，但是窥一斑可见全豹。毋庸置疑，关系学的重要性是千万人从失败和挫折的经验和教训中总结出来的。

第三节 古今谁在论？

研究伊始，我们要先对关系学的研究成果和现状作一番扫描，了解古今中外都有谁做过这样的工作，有过哪些成果？当前的研究水平如何？这样有利于我们站在前人的肩膀上，站得更高，看得更远。

1. 中国古代与近代对关系学的研究

中国古代社会关系学虽然盛行，但却停留在人际交往的实践中，未有专门的研究论著。儒家文化与道教、佛教文化中都有大量的教育人们做人与处事的成分，可以说对关系学作了间接的研究。《资治通鉴》等一些巨著也从一些方面对关系学作了间接的解说。到了近代，又出现了一些以文学作品方式描写人际关系的作品，如《官场现形记》、《二十年目睹之怪现状》等，对关系学的阴暗面作了揭露。《三国演义》、《水浒传》、《红楼梦》等文学名著，都以高超的文学手法，将中国社会的人际关系刻画得惟妙惟肖。而《菜根谭》等著作的出现，可以使人们可以从正面了解到做人的学问。《厚黑学》则使人们从反面感受到关系学的厚重。综观中国古代社会，虽然关系学是中国最为普遍和最为实用的学问，但还是没有一部专门研究关系学理论的论著。为什么会出现这样一种不平衡的现象？究其原因，大致有三：

　　a. 理论研究的承担者是知识分子，而中国古代的知识分子常以清高自居，并以研究社会公认的高雅学问为荣。一方面，他们将关系学视为旁门左道而不屑一顾；另一方面，他们也确实不懂关系学，一些知识分子仍被人们喻为书呆子而与社会格格不入。

时至今日，大学与研究机构常常被人们称为世外桃源，文人学者们一进入社会，就发觉自己很难理解周围复杂的社会关系，常常与"狡猾的商人"和"世俗的人群"在思想上难以沟通。很多知识分子对世俗的人际关系深恶痛绝，他们不懂，也不想了解关系学。而关系学的高手常常活跃于官场和商场，官员求权，商人求利，热衷于功名利禄的追求之后，谁还愿意寒窗之下去苦心从事理论研究？这就使得关系学的研究缺乏具有哲学思维和理论素养的实际承担者。

b. 在中国历史上，有两种事情是最为神秘，最不能谈的，一种是性学，一种是关系学，这是统治阶层严密控制的两大禁区。人们谈"性"色变，因为中国历史上宣扬禁欲主义，"万恶淫为首"，人们谈"性"便恐遭淫乱之嫌。人们不敢谈关系学，因为关系学中包含了许多对人的计谋，是一种只可意会、不可言传的黑箱操作术，一旦讲出来便会被人们误解为会耍手腕，甚至宣扬社会的阴暗面。因此很多人对此秘而不宣。然而正因如此，这块未经开垦的处女地便变得更有开发价值，走前人未走的路，才充满探索的乐趣。

c. 关系学可以说是社会经验的百科全书，是各种理论学科纵横交错的综合交叉学科。要想深入了解这门学科，需要对中国的传统文化有深入的了解，需要有在中国的商场、官场多年的摸爬滚打的经历，需要有社会学、伦理学、哲学、历史学、管理学等多方面的知识的涉猎。这对于一般的专家学者来说，的确是件不容易的事情。

2. 中国当代社会对关系学的研究

随着"反右"、"文革"等一场又一场政治运动的噩梦结束，中国终于踏上了改革的道路。经济体制的改革，给中国社会的各种关系带来了深刻的变革，人们越来越认识到关系学对社会生活的重大影响,越来越多的人开始去探讨它,研究它。目前的中国社会,对关系学的研究大致可分为两部分人。一部分人是从实践到实践地去研究。关系学的禁区在逐步被打破,介绍关系学的作品也陆续问世,其中不乏优秀之作,也有抄袭和拼凑之作。但它们大多仍是对关系学的经验介绍,没有上升到理论高度去认识。另一部分人是从理论到理论地去研究公共关系学。为了满足社会的需求,一些大学里开设了公共关系学课程和专业,关系学前面被加上了"公共"二字,以避免关系学的不良名声,使得高等学府里对关系学的研究是"犹抱琵琶半遮面"。一些学者也已认识到关系学对于中国社会的影响,但由于长期生活在大学校园里,缺乏在官场、商场的实践经验,一些研究明显地与社会实践相脱离。一些公共关系学的教科书,也只是空洞的理论教条,或者说是伦理道德的说教,人们从书中并不能了解真正的中国社会,也学不到真正的关系学技巧,学了它,学生更感觉无法应付复杂的社会关系。在这里,研究者们也有其自身的苦衷,一些东西写深、写真实了,便也就恐遭忌讳了。毕竟,关系学中的一些阴暗面,人们说也不是,不说也不是,这还要看人们思想的解放程度和社会对于表现真实情况和说真话的容忍程度。

3. 西方社会对于中国关系学的研究

不仅中国人在研究关系学,许多西方学者也在研究关系学。卡耐基的关系学不仅成为美国人的处事哲学,也为许多中国人所推崇。许多西方学者不仅研究本国关系学,而且将研究对象瞄准中国,一些西方学者,以及西方学者与中国学者合作写作的中国关系学论文也已面世。相比起中国人来说,外国人研究中国有其不可比拟的优势,因为他们"旁观者清",而在一些事情上中国人是"身在庐山中,反不知庐山真面目"。他们有随意写作的自由,思想不受限制,行为不受束缚,好的坏的人们都能说,因此反映的情况应该更加真实一些。但是，西方人研究中国，也有其不利的一面，因为一种文化的果实，是生长于它原有的文化根基之上的。没有在中国长期生活的经历，不了解中国的传统文化，不了解中国的历史背景，用不同民族的思维方式去对比另一个民族的思想，必不可免地要带有许多片面的结论，也缺乏文化的深度。由于中西方文化的不同，中西方思维模式也存在较大差异，中国人喜欢广，看问题往往是先宏观，再微观，讲究事物的系统性、连贯性，编教材、写文章均如此，设公司、办学校喜欢小而全、大而全。西方人喜欢专，研究问题不喜欢涉猎太广，而是一个小小的口子切下去很深很深。西方人也讲究实证，凡事都要用实验加以证明。由于西方人的这一思维特点，使得他们在研究中国的关系学时遇到很大的障碍，因为关系学是一门涉猎非常广泛的综合性学科，非一般专家所能掌握的。关系学更适合将其定义为一门神秘的艺术，而艺术是很难用某个试验加以验证的。艺术不同于数学，在艺术领域，有时一加一会等于一百，而一百加一百却等于零，它是一种形象思维。这就使得一些善于逻辑思维的西方学者在研究中国关系学时容易走进死胡同，钻进牛角尖。这也是一个民族看待另一个民族的思维和行为，越看越奇怪，越看越不能理解的原因之一。目前，一些西方国家的大学中也开设了关系学课程，有的专门教授和研究中国的关系学；有的进行本国与中国关系学的比较研究，但从总的情况看，尚没有一部从总体上把握，从理论与实践上结合的有力度的研究论著。

第四节　怎样精通关系学？

1. 从理论上去认识关系学

很多人在向别人打探关系学的奥秘。或许，有他人的教诲和指导会使人变得聪明一些，但那只能使你解一时之渴，而不能永远立于不败之地。要真正懂得关系学，就要从理论和实践两个方面去努力。不仅要知道一些事情怎样去做，还要知道这件事情为什么要这样去做，从文化深层次去认识它，从思维方式上去适应它。关系学不仅外国人看起来复杂，中国人看起来也复杂。很多中国人深知关系学的重要性，不断地研究它、学习它，但一生坎坷，到死也没有搞懂它。其原因就在于只看到关系学的一些表面现象，而不知道关系学所产生的深层的文化根基，被关系学的表面现象所迷惑。任何社会现象的发生都不是孤立的，也不是偶然的，往往带有复杂的文化和历史背景。人的行为也如此，人们显现在外的是他们的行为方式，而暗隐于内的则是他们的思维模式，行为方式受思维模式支配，而人的思维模式的形成又深受其所接受的传统文化和所经历的时代特征所影响。就像水面上的冰山，人们看到的只是显现在水面上的三分之一，而这三分之一是靠水面下的三分之二所承托的，如果你只将这水面上所看到的三分之一作为冰山的全部，那就会大感不解并误入歧途了。关系学的一些表面现象就像冰山在水面上的那三分之一，而关系学所产生的社会文化根基便是冰山在水面下的那三分之二，不对关系学所产生的社会文化根基作深入的理论探讨，人们便永远跳不出关系学的云山雾海，便永远在关系学的迷宫里打转转。理论研究的重要性就在于理论是对实践经验的总结和升华，是透过现象对事物本质的认识，是从纷纭的现象中寻找到事物发展的共同规律，从而使复杂的现象简单化、系统化。

对关系学进行深入的理论研究，将有助于人们对关系学进行全面的认识和了解。由于中国关系学是在中国传统文化的土壤里生长起来的一种特有的民俗文化，因此人们要从理论上认识中国关系学，首先要对中国的传统文化有深入细致的了解；关系学是一种普遍的社会现象，它与社会学、伦理学、行为科学、心理学、管理学等许多学科都有密切的联系，因此人们应对上述学科有所涉猎；研究关系学是要从复杂的社会现象中抽取共同的规律，提供给人们解决问题的有效方法，因此人们还要用哲学的思维和系统论的观点去看待它。

2. 从实践中去学习和掌握关系学

关系学是一门实践性很强的学问，有些东西是纸上谈兵所学不到的。从某些方面可以说，关系学是一种"黑箱术"，其中的某些奥秘人们是秘而不宣的，人们从书本上学不到；关系学又像是一种游泳术，学再多的技巧，不下水去练习，到头来还是不行。因此人们应到中国的官场、商场等领域亲自去摸爬滚打，亲身从事一些关系学的活动，从而对关系学拥有亲身体验和切实的感受。这样，才不至于使理论研究与实践经验相脱离。这样，你再去思索中国的传统文化，才能从理论上去理解它，从宏观上去把握它。目前，市场上有一些介绍关系学实践的书籍，如《关系学全书》、《菜根谭》、《厚黑学》等等，这些书都是前人对关系学实践经验的总结，充满了许多人生的智慧，多读一些这方面的书，可通过前车之鉴使后人变得更加聪明，也可减少人们生活和工作中的挫折，帮助人们取得事业上的成功。

3. 以发展的眼光去看待关系学

关系学是随着社会的变迁而演变的。综观中国历史，关系学的发展有了很大的变化。即使各个朝代的建立初期与中期及后期也都有所不同。唐朝初期的贞观之治，社会上曾出现了夜不闭户、路不拾遗的良好的社会关系；但到了后期，却是世风日下，人心不古。中国20世纪50年代、"文革"时期和当前社会这三个时期的关系学也有很大区别，一些方面甚至是截然相反的。随着社会的发展，中国未来独生子女社会的关系学又会发生很大的改变，如果仅了解了当前社会的关系学，就以为了解了中国关系学的全部，那就大错特错了。因此，要用历史和发展的眼光去看待关系学，至少，要了解20世纪50年代、"文革"时期和当前社会这三个时期关系学的演变。

4. 以辩证的态度看待关系学

要承认，关系学中确实有些丑陋的东西，俗话说："家丑不外扬。"暴露阴暗面是一件痛苦的，不光彩的事情。社会实在是太复杂了，有些东西很难一概而论。就像腐败，人们都对它深恶痛绝；可也有人说它是一剂润滑剂，例如，你要到政府机关去盖章，本来要等一星期，但你送点礼，找个关系，也许一天就盖出来了，为企业争取了时间，争取了效益。但是从宏观上讲，腐败必定是腐蚀剂，它腐蚀社会机体，培养社会蛀虫，污染人们心灵，是我们要坚决加以批判的东西。好在关系学不像腐败，关系学中有不好的方面，也有好的方面，要加以辩证地看待。实际上，社会关系中的那些丑陋之事天下人早已是心知肚明，只不过它是"皇帝的新衣"，看谁来捅破这层窗户纸罢了。谢谢古人创造了"讳疾忌医"这个成语和典故，它的原意是，隐瞒病情，不愿接受医治，宁肯病入膏肓死去也不悔悟。它比喻一些人害怕别人的批评，就掩饰缺点错误，只能使错误更加严重。由于我们有太多的人患有"讳疾忌医"的精神疾患，只能让人说好，不能让人说坏；只许己骂，不许人骂；听到别人的批评意见，不是去审视自己，克服缺点，让人们去转变观点；而是认为别人诬蔑自己，去捂别人的嘴，与别人展开针锋相对的斗争。正因为一些"善良之士"的这些举动，使一些专行不正之风之徒得到保护，使社会不良风气得到蔓延。研究关系学，实际上也是一种自我的反省过程，通过反省，我们可知道自己身上哪些是优点，哪些是缺点，从而保持优点，克服缺点，使自己的形象变得更加美好。关系学有正反两方面的含义，一些反面的东西，如拉关系、走后门等带来社会歪风邪气，是我们要加以认清，加以克服的。但要克服这些缺点的第一步是要勇敢地去面对它、承认它。就像人身上的缺点一样，如果"讳疾忌医"，怕别人讥笑自己就想法去掩盖缺点，那就根本谈不上去认清它和改正它了。因此，关系学理论研究的另一大任务就是将关系学中的许多黑箱操作术暴露在阳光下，让更多的人去认清它，了解它。就像一件秘密武器一样，让越来越多的人掌握了它的技术，就会使越来越多的人聪明起来，少数人用它来纵横江湖、操纵他人的市场就小了。

第二章 关系学的起源及演变

第一节 关系学的起源

研究关系学的起源及演变,可以使我们明白关系学为什么在中国这样兴盛,中国的关系学是一种什么样的关系学,以及为什么会产生这样的关系学,它的社会根源在哪里。要认识上述问题,需要从地理环境、经济体系、政治制度、文化传统等方面去考察。

1. 地理环境

人类的生长和繁衍,首先离不开生活环境。人类最早产生之时,由于生产力极其低下,主要的是想办法适应环境,因此人类赖以生存的地理环境最早对人们的社会关系产生影响。中国是一个内陆国家,不像许多欧洲国家那样面临大海。中国自古以来对地大物博引以为豪,她从东到西,从南到北都是连绵不断的大片陆地,任人纵横,长江与黄河横贯东西,各种江河湖泊纵横交错,风景秀丽,物产丰富,给人类生存提供了良好的自然环境。

中国为何能成为世界四大文明古国之一？为何能在这片土地上建立起五千年的历史文明？就是因为这片土地最早适合人类的生长和繁衍。这就给中国最早的社会关系融入了一种恋土情结。

在当代社会，人们可以通过高新的技术和发达的经济去改造环境，在一个资源贫瘠的土地上建立起高度发达的物质文明。但在生产技术极其落后的原始社会，人们没有能力去控制自然，无法改造社会，更多的是听天由命，顺从大自然的摆布去适应环境。因此在中国最早的社会关系中便存在许多信鬼神、顺天地的神秘色彩。

在没有现代化交通工具的古代，人们以徒步和骑马为主要交通方式，因此越是大片的土地连接，越是适合人们彼此交往，越是容易建立起统一的国家。从公元前3世纪秦始皇统一中国，中国便一直作为世界上人口最多，土地面积最大的国家之一而绵延至今。在这样一个人口众多的国家里，人们彼此交往频繁，关系也就越变越复杂。因此形成了中国人际关系的复杂性。然而中国又是一个多山的地理环境十分复杂的国家，除了军队、官员、商人、文人经常迁徙之外，普通百姓则因交通落后不便经常搬迁，加上丰富的自然资源容易使人们安土重迁，因此人们常常世代居住在同一个地方，子孙相传，培养了浓厚的乡土观念和恋土情结。这使中国的社会关系最早带有了浓重的乡土气息。时至今日，这种恋土情结仍对人们心理产生深刻的影响，人们无论走到哪里，都忘不了自己是龙的传人，都想着落叶归根。中国人在彼此交往中，特别注重感情因素，浓厚的老乡观念就是这种心理现象的一种折射。

2. 经济体系

随着生产力的发展，人类建立起了自己的经济体系，并对社会关系的形成和发展产生影响。由于中国地大物博的地理环境，为农业耕种提供了良好的自然条件。与游牧民族的牧业经济相区别，中国形成了以农业为主的男耕女织的小农经济体系。男人在外种粮，女人在家织衣，日出而作，日落而息，老婆孩子热炕头成了人们生活中的最大享受。这种小农经济体系又是一种小而全、大而全的农村庄园经济，人们吃、穿、住、行等一切生活资料都可以在庄园中自行生产解决，不用出外交换，人们安于现状，因此极大地限制了商品经济的发展。中国古代社会重农轻商，商人被认为是"十商九奸"，遭人歧视的。因此，中国古代人与人之间的关系多表现为纯朴的农民关系。随着手工业的发展，人们的物质基础提高了，商品交换的愈来愈频繁，逐渐地将物质利益带入人们的社会关系。同时，生产力的低下，总也满足不了人们对物质的需求，激发了人们对贫穷的恐惧和对物质的渴望，因而，人与人之间又表现为一些物质利益的关系。今天，随着商品经济的建立，现代社会人与人之间的关系更多地充满了商业气息，这种物质利益的关系更加浓厚了。人们可以感受到，越是商品经济发达的地区，金钱在人们的社会关系学中就越显得重要；越是内地经济落后地区，人与人之间的关系就越显得纯朴。

3. 政治制度

政治制度对社会关系的形成也有着至关重要的影响。自秦始皇统一中国以来，一种封建的大一统的皇权统治便一直绵延两千多年。中国人自古以来喜合不喜分，一种严密的官僚体制将整个国家统治得水泄不通。由于国家推行科举制度，"万般皆下品，唯有读书高"的古训将全国的知识分子巧妙地吸引到官僚体制之下，为朝廷所用，更加加强了官僚体制的巩固。由于严密的封建统治，社会缺乏民主，百姓们的意见得不到正常的表达，便采取暗中的抵抗，形成了民族关系中特有的窝里斗。

官僚在中国社会地位最高，最受民众瞩目，官本位思想在百姓头脑中根深蒂固，正由于官僚体制的过于强大和不受约束，其结果是绝对的权力必然导致绝对的腐败，历代统治者用封建的官僚体制压迫百姓要服从和听命，但是，吏治清廉之时，才是百姓拥戴之时；吏治腐败之时，便是百姓揭竿而起之日。中国历史上从来就没有停止过反抗压迫的农民起义。中国的百姓就是这样，既拜官、怕官、又恨官、反官。清官自古以来就是民众盼望和赞颂的对象，贪官一直最为人们所唾弃。官民关系自古以来是中国关系学中的一个主旋律。

4. 文化传统

中国传统文化博大精深，包罗万象，但有两条线索却是贯穿始终的，一条是伦理道德，一条是诗词歌赋。中国传统文化重伦理道德，它加强了人的品性修养，提高了社会的文明程度，使中国成为礼义之邦。在那生产力与教育水平极其落后的封建社会，伦理道德起着教化蛮荒，规范社会的重要功能。可以想象，一个没有伦理道德的社会，将会是多么野蛮与荒淫。然而，中国社会鼓吹伦理道德，社会是否真的就纯洁高尚了呢？有时，我们发现人们所求与其所得往往出现一种相反的趋向。我们知道，中国统治阶层自古宣扬集体利益大于个人利益，可是现实中个人利益大于一切的现象却比比皆是。为何产生这种现象？因为一个社会不仅有主流社会所宣扬的主文化，也有与之相对立的民间流行的亚文化。统治者也会利用封建的伦理道德压抑竞争，束缚人的智慧和个性发展，培养民众听命、谦让、从众和平均主义的民族思维模式。这导致了从人到社会等各方面的畸形变态，形成了封闭式的文化氛围。由此，与之相对立的社会亚文化也相应而生。就像小树总要长高，不让直着长就歪着长一样，人们在压抑中顽强发展，发展不了阳面就发展阴暗面，明争变成了暗斗，当面鼓变成了背后锣，积极抗争变成了消极抵抗，形成了我们民族特有的

"窝里斗",表现为人与人之间会形成过多的争斗和内耗。这与民主、开放式的政权下所形成的社会关系成鲜明对比。

中国传统文化的另一条线索是诗词歌赋。中国传统文化具有浓重的感情色彩,其中最脍炙人口的就是那些抒情写性的诗词歌赋。在这种传统文化熏陶下的社会关系也带有浓烈的感情色彩。中国传统社会特别看重亲情、友情,人与人之间的感情纽带非常重要。历史上有许多这方面颇具代表性的言论。朋友之间要讲究义气,要"为朋友两肋插刀"。臣子遇到信任自己的君王,便不管其是昏君还是明君,都愿为其献出生命,"士为知己者死"。"杀人可恕,情理难容",意思是说如果情理上说得过去,人死了都无所谓;若情理上说不过去,再小的事情也不罢休,情理看得比性命还要重要。"感情深一口闷"这句目前酒桌上常听到的话,意思是,只要咱俩感情好,就要将酒一口气喝下去,至于酒的好坏,喝下去会不会伤身体,则在其次了。因此,研究中国社会的人际关系,不可不重视人与人之间的感情纽带。

5. 宗教影响

佛教与道教是中国历史上的两大宗教,对中国社会具有很大的影响。佛、道两教都劝人从善,在化解蛮荒、净化人们心灵方面有着不可缺少的作用,也确实扶正了许多人的良心。但在历史上,中国宗教从来没有像西方教会那样强大过。中国的宗教里面有很多的清规戒律,例如佛教规定不杀生、不吃肉、不结婚、四大皆空,以及要三叩九拜,不停地磕头等等。受此限制,真正成为专职和尚或道士的人不多,而更多的人则是未入教的信徒。有的地方甚至大部分人都拜佛,不但好人信佛,坏人也拜佛,但只是求神保佑自己平安,保佑自己实现某个目标,而出了庙门就一切如故,该干什么还干什么。有的甚至有事才拜,无事不拜,临时抱佛脚。

在中国，儒家文化对人们的影响远比宗教要大，因此有人将儒家文化称作儒教，归入宗教，也不为过。儒家文化注重宣扬伦理道德，使得那些品德高尚，能力非凡，或是获得至高权力的人，常常被人们奉为神的化身来加以崇拜。许多地区，许多人群，都有一名精神领袖，是人们追随的对象。有了这个核心人物，这个集体就强大，没有这样的人，这个集体就一盘散沙。在中国的传统文学中，人常常被描写为神的化身，常常有神仙下凡或投胎为人。因此好人常常会被人们尊为神的化身，坏人常常被人们视为魔鬼转世。

中国百姓自古拜明君，拜清官，而不是拜制度。在中国历史上，皇帝被视为真龙天子。农民起义，要想得到百姓的支持，也打出替天行道的旗号。就在"文革"时期，名义上是打破了一切的宗教信仰，但实际上人们也同样将领袖视为神仙而加以顶礼膜拜。

因此，东西方的宗教有一个很大的不同就是：西方宗教神是神，人是人，二者泾渭分明。西方宗教改革以后，免去了许多繁文缛节，神变成了人的朋友，人们可以自由地信教。基督教育人们要做好事，要保持美好心灵，人们永远服从。由于神是无形的，神永远不会犯错误，神在人们心灵中永远美好，信教的人可以永远处在一种较高的道德修养之中。而中国的宗教是天人合一，人神不分。这种天人合一的宗教观最大的弊端就是，宗教常常被一些别有用心的人所利用，成了他们愚弄百姓，达到个人目的的工具。因为人毕竟是人，人有明智的时候，也有年老昏庸的时候。人可以在明智的时候，利用自己的威信将社会领向光明；也会在被胜利冲昏头脑的时候，或是年老昏庸的时候将社会带向黑暗。由于人是会犯错误的，当人的错误对社会产生破坏力，为天下百姓所共知的时候，也就是人们信仰破灭，社会产生动荡之时。中国"文革"时期的惨痛教训足以证明这一点。由于中国社会天人合一，将名人也奉为神，人一旦出了名气，就成为人们心目中的神了,就过着众星捧月,神一样的生活了。例如歌星,被童男童女们当作神一样地敬拜着,可这些歌星们并不是神,只是一些孩子。由于过早地承受了太多的荣耀,心理上已无法自律,有的飘飘然为所欲为,甚至做出一些离谱和犯罪的事情。了解中国的宗教对社会的影响,我们可以看出,中国社会是一个造星的社会,又是一个毁星的社会。把人尊为神的思想造成了社会关系的动荡,不稳定。然而又可以使我们得出这样的启示,不要以为光学会一些处理人际关系的技巧便可纵横江湖了,关键还要学会做人,做好人。不要以为老实人吃亏,实际上老实人是吃小亏占大便宜,因为中国社会崇尚好人,好人是人们心目中的神。你今天奉献给人们的多了些,明天人们给你的回报会更多。

第二节　中国社会关系变化的历程

若要问中国最大的特色是什么,恐怕就是她悠久的历史和古老的文明了。中国是世界上最古老的国家之一,从公元前3世纪秦始皇统一中国,中国作为世界大国已有两千多年的历史,而追溯到黄帝和尧、舜、禹时代,中华民族已有五千年的文明史。如此深远的历史,是财富,也是包袱,财富给人们丰厚的精神食粮,包袱则使人处处离不开传统的制约。看中国社会,到处都有历史的影子和前人的印记。现实是历史的承继,因此我们要用历史的眼光看问题,当我们考察现实社会的问题时,必不可少地要先了解它的历史起因。当我们从横向考察当今社会的关系学时,也要从纵向去了解关系学的历史。

1. 中国古代社会关系变化史

中国古代关系学史可从春秋战国时期以前和秦始皇统一中国以后划分为两大时期,两大时期具有不同的特色。春秋战国时期是中国社会关系最为活跃的时期,此期中国分裂为各个小国,群雄争霸,百家争鸣,人们可以四处奔逃,各方投靠,东方不亮西方亮,黑了北方有南方。因此这一时期是中国历史上人们思想最为活跃,个性最为解放,各种学说最多涌现的时期。这一时期各方游侠、说客纵横捭阖,政治、外交活动异常频繁。各国储君都时兴养门客,门客越多越有声望,社会地位也越高。例如孟尝君,他手下有门客三千,鸡鸣狗盗皆为用。各种社会关系极其复杂,这一时期的中国社会关系带有浓重的个性特色。从秦始皇统一中国以后,中国社会便一直是在一种大一统的皇权统治之下。秦王朝以后,统治者禁止集门客,禁止结党营私,讲究国家利益为重,而中国社会关系特色也转而带有浓厚的共性色彩。在中国的封建社会,人际关系的一个最大特点就是讲人情、崇血缘、重乡情,讲究人际关系的和谐。在做人方面提倡守信用、讲礼节、重义轻利、和为贵、公而忘私和自我修养。

2. 中国近代社会关系变化史

中国近代史是一段饱受外国侵略,国内战祸不止的年代。西方文化随着洋枪洋炮一齐涌入中国,人们从睡梦中初醒,带着彷徨,带着惊异看世界,各种社会关系在发生着天翻地覆的变化。这期间国弱民穷,灾难不断,人们哀叹人心不古,世风日下。辛亥革命后,几千年的封建统治结束了,新文化运动、五四运动等一个接着一个的思想启蒙运动给人们灵魂带来了空前的震撼,西方现代文明与中国古老文化激烈交锋,各种社会关系交错纵横,这一时期的社会关系是中国历史上最为复杂的时期。

3. 中国当代社会关系变化史

中国当代关系学可分为三个时期,即:20世纪五六十年代的关系学，"文革"时期的关系学和中国改革开放以后的关系学。这三个时期的关系学具有明显的不同特色。如今，很多中国的老人都认为中国20世纪五六十年代社会关系非常简单，人们思想非常单纯。很多老人都怀念中国20世纪五六十年代人们那种奋发向上，无私奉献的忘我精神。对20世纪五六十年代的精神文明进行分析，我们感到：当时中国社会人与人之间的关系，主要表现为一种政治关系。人们为了一个共同的政治信念，相互之间可以不谈金钱，不徇私情，人与人之间交往，政治性被摆在了第一位。

"文化大革命"时期人们被现代迷信所愚弄，对现代神的崇拜到了无以复加的地步，社会中到处充满了愚昧与狂热。人们为了信仰和保卫"领袖"，不惜灭己灭亲，毁灭文化，生活中完全迷失了自我。此一时期名义上是破除宗教，扫荡一切封建残余，但实际上是封建主义的回光返照，建立的是一种现代迷信。此期人与人之间的关系主要表现为一种宗教关系。"文革"时期过来的人给自己的孩子讲述"文革"时期的事情，现在的孩子怎么也不相信那是真的。

改革开放以后，中国社会发生了巨大的变化。一方面，随着计划经济向市场经济的转变，生产力得到了快速发展，人们生活得到了极大的改观；一方面，随着国门洞开，西方各种思潮大量涌入，人们的思想得到了前所未有的启蒙。经济的发展和思想的解放，虽然是有限度的，但中国毕竟从几千年的封建枷锁和几十年的现代迷信中解放出来。或许这一切来得太突然了，旧的信仰打破了，新的信仰还没有树立起来，习惯了在一种思想统治下统一言行、统一意志的人们显得有些准备不足，许多人病急乱投医，开始将金钱视为人生的目标，出现了全民经商，蜂拥下海的社会潮。此期的人与人之间关系比较复杂，以经济关系为主流，包含其他一些关系。

第三节　历史的启示：关系学与社会变革

通过了解中国关系学史，可以使我们对关系学的发展规律以及它和社会变革的关系有更深刻的认识。纵览各个朝代从兴盛到衰败的发展过程，我们感受到了这样一个发展规律：随着一个腐朽的政权灭亡和一个新兴的政权建立，此期虽经过多年的战乱，国家经济已到了一穷二白，濒于崩溃的地步，但由于新的政权励精图治，百姓团结向上，会出现一个经济快速发展，社会风气祥和美好的时期。唐朝的贞观之治，宋、元、明、清等许多朝代的前期都出现过夜不闭户、路不拾遗的社会安定景象。这一时期人们相互帮助、彼此信任，人与人之间关系友好热忱，呈现良好的社会风尚。但随着时间的推移，经济一天天发展，政权却一天天腐败，社会上一些惟利是图、道德沦丧的现象开始出现，世风日下，人心不古，人与人之间关系开始变得冷漠和险恶。有时人们考察一个朝代的前期和后期，会得出许多不同的结论。关系学是社会变迁的一面镜子。

第三章 关系学的地域差与国别差

要想了解中国,就要先了解她最大的特点。中国除了有历史悠久这一大特点外,还有人口众多,地域广阔这两大特点。中国有13亿人口,有960万平方公里的土地,面积仅次于俄罗斯和加拿大,为世界第三。由于人口众多,地域广阔,地域差异极大。单从语言上讲,秦始皇虽统一了中国的文字,但没有统一中国的方言,中国现有七大方言,除了以北京话为代表的北方方言为基础方言外,还有吴方言、湘方言、赣方言、客家方言、闽方言、粤方言等,闽方言还分为闽南、闽东、闽北等次方言,福建省有的地方县与县、村与村之间都语言不同,难以沟通。另外,部分少数民族也有自己的语言文字。不用说外国人听不懂中国的所有方言,就连中国人也极少有能听懂所有方言的。由于语言、地域等的差异,不同人群的关系学也存在着差异,不同民族的生活习惯、礼仪等也有很大的差异。在民间有很多表现地域差异和地方特色的顺口溜,如:"穿在上海,吃在广州,玩在北京。"意思是说上海人最擅长穿着打扮,广州人最喜欢大饱口福,北京名胜古迹最多,是旅游的好去处。又有说:"到了北京才知道官小,到了东北才知道胆小,到了深圳才知道钱少,到了天津才知道口才不好,到了广州才知道胃口不好。"意思是形容一个人,他以为自己官大，可到了北京才知道比他官大的人有得是；他以为自己胆子大，可到了东北才知道东北人胆子比他大，东北人以胆子大著称；他以为自己有钱，可到了深圳才知道很多深圳人比他更有钱，深圳商品经济发达；他以为自己口才好，可到了天津才知道天津人都比他能说，天津人能说；他以为自己什么都吃过，可到了广州才知道是小巫见大巫，广州人什么都敢吃。中国地域差异虽大，但从总体上讲，可从以下方面考察它的不同。

第一节 关系学有地域的差别

中国人习惯上将人们分为南方人与北方人。南方人与北方人的性格特征有所不同，北方人相对豪爽粗犷，南方人相对精干细腻。北方人，特别是作为皇城子民的北京人喜谈政治，热衷文化，因此历次大的政治运动都是从北京发起，波及全国。南方人则喜谈经济，善于经营，加上南方气候与地理条件优于北方，自古以来南方富于北方。中国的中部是长江与黄河这两河流域，两河流域是中华民族文明的发祥地，两河流域的人们则融南北方人的特点兼而有之，湖北、湖南人则最具智慧，自古政治家与军事家多出于此。随着历史的推移，中华文明的兴盛区由黄河流域向长江流域推移，又由长江流域向广东沿海这样由北向南推移的趋势。结束了中国两千年封建统治的辛亥革命由广东发起，中国当代的改革开放又从广东发起，走向世界，将中国餐馆开到世界各地的也是广东人。广东成了将中国文化融入世界文化，促进中国现代化发展的先驱。由于南北方人的性格差异，有些在南方通得行的事情，到了北方不一定有效，反之亦然。有这么个例子，一位外国歌星在上海演唱，歌迷们的狂热程度让她出乎意料；她来到北京，以为又可以火一把，可谁知北京人反应冷冷清清。人们作了这样一个有趣的比喻，一位女婿，要是为给丈母娘送礼货比三家，找最便宜的，上海老太太会想，这样的小伙子会持家，可以要;但北京老太太就会生气地说:"这样的人哪能要,太小气了!"

1. 中国东部沿海地区与内陆地区关系学的异同

"仁者爱山,智者乐水"。或许由于近水者多吃鱼的缘故,中国沿海地区的人自古聪明,而内陆地区的人则自古忠厚,沿海与内陆地区的关系学也有所不同。中国西部地区由于地理环境较为落后,人们的生活态度比较保守,生活节奏也比较缓慢;而东部沿海地区则较为开放,但由于中国海岸线较长,由北到南各个沿海地区的特点也有所不同。山东地区是孔子的故乡,也是儒教的发源地,山东人相对忠厚老实,民风淳朴,山东也自古出豪杰,皇帝身边的保镖和御林军也多从山东人中挑选。长江三角洲的江浙地区则是中国自古最为富饶的鱼米之乡,素有"上有天堂,下有苏杭"之称。苏州、杭州这一带自古是人杰地灵,才子佳人云集的地方。皇帝选美女,文坛出佳篇,人们都少不了要将目光集中在这一带。而今天的上海则更是中国人才最为集中的地方之一,浙江的温州人则以"敢为天下先"的精神,将生意做到了世界各地。因此这一带也是中国自古人际关系最为开放,思想最为活跃的地方。广东、福建可谓后起之秀,在近代史上一跃而成为最受人们瞩目的地区,今天的广东、福建人与海外的联系最广泛,接受西方的先进文化最快,思想转变也最快,也最务实;但同时你也会发现,广东、福建人的传统习俗也最多。与沿海相比,内陆地区经济则相对落后,尤其是西部地区,西部一些沙漠、高山地区人们的思想观念、生活方式要比沿海地区落后许多年。四川省虽也为西部,但被誉为天府之国的成都、重庆两地则靠着特殊的地理环境独异于西部而成为富饶的土地,成都、重庆两地的姑娘也以漂亮、性格活泼而著称,这两地的人际关系也明显地比西部其他地方的人际关系要开放。

2. 中国少数民族的关系学

中国是由 56 个民族组成的国家,汉族虽占总人口的 90% 以上,但研究中国的关系学,也不可忽略少数民族。中国的少数民族除满族、回族等族的人居住分散,与汉族人较为混居外,其他许多民族的人则居住较为集中。如维吾尔族人在新疆,蒙古族人在内蒙古,藏族人在西藏、青海,等等。许多少数民族都有自己的风俗习惯,有的与汉族人完全不同,人与人之间的关系也有所不同。

3. 中国城镇、农村关系学的异同

中国城乡差别较大。城市作为经济、文化和政治的中心,人们见多识广,因此人际关系也较为复杂一些;而拥有 9 亿人口的农村,人与人之间关系相对保守一些。尤其是西部地区的一些落后农村,人们甚至还没有解决温饱问题,人际关系中保留了很多传统的习俗。小城镇介于大城市与农村之间,将两者特点兼而有之。北京、上海、广州等中国几个最大的城市,现代化建设与世界发达国家的城市已不相上下,人们的一些生活方式已经西化,人与人之间关系已经都市化,现代化。外国人若与这些地方的人打交道,相互理解,彼此沟通的地方恐怕会更多一些。

4. 中国内地与港澳台地区关系学的异同

香港、澳门、台湾与内地同为炎黄子孙,龙的传人,但制度不同,经济发展也不同,人际关系也有所不同。香港、澳门西化程度较高,民主、法制比较健全,因此人际关系比较简单。有这么个例子,一位大亨凭着他的特殊身份,在一个收费路口不用交钱就开车过去了,他在内地的朋友羡慕他有本事,地位高;可他在香港的朋友听说后说:"这怎么能行呢?这不平等。"内地与港澳地区的人思想观念上存在差异。研究香港、澳门等地的人际关系,可以看到在经济高度发达,民主法制高度健全情况下的中国社会关系会是怎样。

5. 中国内地与海外华人关系学比较

海外华人与港澳台地区的中国人还有所不同,海外华人已改为他国国籍,有的已脱离中国人的圈子,融入到其他社会之中。考察海外华人的社会关系,了解他们改变了多少传统习俗,仍保留多少中国的传统习俗,了解他们在一个全新的社会环境中怎样为人处世,可以了解到在民族特性中哪些是可以改变的,哪些是不可改变的,会对我们的民族特色有更深刻的理解,会得出许多有益的启示。随着越来越多的中国人走向海外,人们看到:中国人只要一出国,很多都能干得非常出色,这其中有多种因素。其一,能够跻身出国、漂洋过海的人,本身就是较能干的人。其二,人挪活,树挪死。到海外去接受两种文化的交融,会使人产生飞跃性的进步。哲学有句话叫做,同类物质的积累只能产生量的增加,只有异性物质的相交才能产生质的飞跃。其三,开放、民主的社会制度更有利于人的才能的焕发,而不民主的制度会压抑人的个性,这是值得人们深思的。

第二节 中国关系学与外国关系学的比较

人是生活在社会关系之中的,只要有人的地方,就有关系学。不仅中国社会注重关系学,其他国家也一样,只不过由于文化背景的不同,关系学的表现方式不同罢了。中国近些年来与世界各国的交往越来越多。中国加入世界关贸总协定之后,中国与世界的交往又将进入一个全新的阶段。中国要想走向世界，发展与各国的交往，就需要了解各国的社会关系，这样，才能更好地与其打交道，更容易地接近对方，才能在对外交往中不失礼。中国人口众多、土地辽阔，存在一个巨大的市场，许多国家的企业想在中国的市场上获得利益，而关系学，是打开中国市场的一把金钥匙。同样，外国企业要想顺利地进入中国，也要了解中国的民情和人际关系。因此，进行中国关系学与外国关系学的比较，将有利于增进彼此的了解与合作。

1. 中国关系学与美、欧关系学比较

西方社会的各个国家在先进的科学技术、发达的市场经济、民主的社会制度等方面具有一致的地方。中国应加强与西方先进国家的交流，原因一：这不仅可以使中国学到先进的科学技术，而且可以学到科学的社会制度、管理体系和民主与法制。如果我们只跟制度落后的国家交往，我们眼光将会更短浅，将会停滞不前。"近朱者赤，近墨者黑"。原因二：自然界、生物界和社会等各方面的实践结果都已证实，不同质的物质的嫁接或交流，能使新生物质产生质的飞跃。亚洲四小龙是学习西方先进制度和思想的典范。它们成功的经验都证明了这一点。原因三：进行中西关系学比较，可以增加东西方人士之间的交流和了解。同一国家、同一民族的人在一起，都难免会有彼此误解的时候，更何况两个不同国家、不同种族的人相处，误解更是在所难免。中国自改革开放以来，与世界各国的交往越来越频繁，随着中国加入世界关贸总协定，中国将向世界更大地开放其13亿人口的巨大市场。更多人希望加强东西方之间的合作与交往。

而对于整个西方社会来讲，美国、加拿大与西欧有共同的地方，也有不同的地方。西欧各国是历史悠久的传统国家，美国、加拿大是新兴的移民国家。西欧与美、加在经济体系、政治制度

等许多方面有相似之处,但在传统文化、行为方式等方面又具有不同之处。美、加从来没有经历过封建社会,美、加是在一块新大陆上建立起来的现代文明,相对于美、加的民主思想,创造精神,实践活动等,西欧则表现为等级观念、虚幻空想和理论思辨等等。西欧的某些传统思维,在某些方面倒与中国相像。而西欧的英、法、德等国及北美的美、加等国,国与国之间亦存在许多差异。不仅国与国之间这样,美国国内各州在开放与保守等方面也存在很大差异。

我们应特别加强与美国、加拿大等这些文化多元的发达的民主国家的联系和交往,因为美国、加拿大是一个多种文化兼容并蓄的大熔炉,与中国相比,一个在地球的东半部,一个在地球的西半部,在经济、政治、文化等各方面都差异较大。比起中国人对美国的了解,美国人更缺乏对中国的了解,这就是中美之间的一些合作总是陷入僵局的原因之一。怎样使两方面的人员有更好的交往?那就要彼此了解对方的文化背景、思维模式和行为方式,只有建立在彼此了解基础之上的交往,才能有更多的理解和谅解,更少的误解,才能建立更加稳固、友好的关系。因此进行中、美关系学的比较,会给人们很多有意义的启示

2. 中国关系学与日本关系学比较

中国人和日本人在人种、文化等许多方面都非常接近,但地理环境却有很大的不同。有时中国人和日本人在一起,常常会让西方人搞混。中国的社会关系与日本的社会关系有相近的地方,也存在着很大差异。有人形容,当一个中国人和一个日本人在一起的时候,中国人是条龙,日本人是条虫;而三个中国人在一起就变成一条虫,三个日本人在一起就变成一条龙。这是说:如果要一对一地竞争,中国人常常会取胜,因为中国人吃苦耐劳,踏实肯干。但是中国人缺乏团队精神。而日本人最具团队精神,当

一群日本人融于一个集体之后,这个集体会变得非常有战斗力。日本今天所取得的成功,很大程度上有赖于它的团队精神。进行中日关系学比较,可以使我们认识到,为什么中日文化如此接近,但团队精神却有如此差异?

日本人却比美国人更会与中国人做生意,日本人比美国人更会抢占中国市场。美国人与中国人进行商业谈判,常常想以自己雄厚的技术和资金取胜,但很多时候事与愿违;但日本人更了解中国的文化,日本人常常绕过马其诺防线,从侧面进攻中国的人际关系,并一举抢占先机。美国与日本进行贸易,也常常处于劣势,日本商品行销美国,而美国商人却视日本市场为"攀不上的富士山"。原因就在于日本人善于研究各国的风俗习惯,先谙其风土人情然后再行商。而美国人不善于这一点,美国人常常以自己的思维模式去思考别的民族,认为在本国畅销的产品拿到国外也一定畅销。因此进行中日关系学比较,也会给人们很好的启示。

然而,进行中日文化比较的时候,我们要防止文化上的近亲繁殖。日本与中国在文化传统上有很多相近之处,如同生物界近亲繁殖会产生许多不良后果一样,两种相同文化的交流也要防止近亲繁殖。

第三节 比较的结果:戒除人际关系中的弊端

进行关系学比较的目的,在于发现我们民族人际关系中的优劣之处,从而学习先进、剔除糟粕。比较中,才能有鉴别。众所周知,窝里斗,是阻碍我们民族进步的一大恶瘤。对比传统的窝里斗与现代竞争方式,我们发现有如下区别:

★ 竞争具有公开性,培养人们光明磊落、勇敢进取的精神;窝里斗具有隐蔽性,当面合作,暗中拆台,培养人们阳奉阴违、尔虞我诈的品格。

★ 竞争以法律为裁判,优胜劣汰,公平合理;窝里斗胜败无正义标准，胜者为王败者寇，助长邪气。

★ 竞争崇尚褒强贬弱，如筛选法，去小留大，弃劣存优，有利于民族素质的提高；窝里斗崇尚惩强扶弱，如搅拌法，将方磨圆，将大压小，不利于民族素质的提高。

★ 竞争使人们集中精力于事业和与大自然的斗争；窝里斗使人们的精力陷于人际关系及人与人之间的斗争，以及干一些自己左腿绊右腿的勾当。

★ 竞争鼓励个人冒尖，使优秀人才脱颖而出；窝里斗"枪打出头鸟"，具有束缚人们手脚，毁灭优秀人才的机制。

★ 竞争肯定人的价值和竞争对手的生存权利，对社会具有建设性；窝里斗讲求你死我活，极端排斥对方，是心胸狭隘的表现，对社会具有破坏性。

★ 竞争引导人们如雨后春笋，靠发展自己赶超别人；窝里斗造成人们如篮中螃蟹相互掣肘，甘愿共同落后也不容对方超过自己，培养了怯弱和平均主义的社会心理。

★ 竞争促进法律制度健全；窝里斗导致社会关系网越来越牢固，常常是关系网的魔力大于法网的威力。

★ 竞争导致万马奔腾；窝里斗导致英雄落难，万马齐喑。

★ 竞争有利于和风细雨式的经济建设和科技发展，导致社会良性运转；窝里斗促进权谋伎俩的发展，助长争权夺利的残酷斗争，导致社会恶性循环。

如前所述的窝里斗的种种危害，我们必须对窝里斗所产生的历史根源和现实基础作深刻的探索。

从传统政治制度看，窝里斗产生于封建的极权统治。我国战国时期曾有过一段时间的百家争鸣式的自由竞争。但从秦始皇以后，竞争便被历代统治者所排斥了。历代统治者用封建的伦理道德教育人们要服从和听命，其结果是：中国封建社会压抑竞争，束缚人的智慧和个性发展，导致了从人到社会等各方面的畸形变态，形成了我们民族特有的"窝里斗"。

从传统经济体系看，我国地大物博的地理环境形成了我国古代日出而作，日落而息的男耕女织的小农经济体系。由于一切生活资料都能在大而全、小而全的庄园中实现，人们安于现状，勇敢精神、勤劳智慧没有发挥在与大自然的抗争中，而在人与人的封闭小圈子里彼此争斗，没有发展技术而发展了权术。

从传统文化看，传统文化中的一根主线就是伦理道德，它培养的是平均主义和从众、谦让的民族思维模式，形成的是封闭式的文化氛围。有人比喻西方人为动物性民族，具有弱肉强食的特性；而东方人为植物性民族，具有安土重迁、落叶归根的特性。这样看来，东方式的谦和似乎比西方式的竞争更美更仁义。然而，人们善良的愿望常常导致道德上的二律背反，求于此而达于彼。历史发展是不以人们意志为转移的，人类社会离开竞争也就无从发展。西方社会崇尚弱肉强食，但对真正的弱者却非肆意欺凌，比如我们经常听到的妇女优先、儿童优先等等。而在中国封建社会倡导惩强扶弱，但在老弱病残孕这一排序中，只有老人真正得到保护和尊敬，而真正的弱者妇女却受了几千年的欺压，儿童则一直要对家长百依百顺。欧洲文艺复兴以后，所倡导的天赋人权、追求理性等开放式的思想造就了公平竞争的文化氛围，而我国封建社会封闭式的文化氛围，将人们思想禁锢在狭隘的天地里，不发展公平竞争，则必然导致无情斗争。

从现实基础看，商品经济发展的不完善，两千多年封建思想对现实社会仍有着惯性影响。传统的斗争方式虽经改革开放的荡涤而有所更新，但窝里斗仍在对人们进行着侵袭。例如商业上竞争不过就从男女关系、生活作风上将对方打倒等等不健康的斗争手法时有发生。窝里斗是伴随落后的生产力而来的一种衍生物，而现代竞争方式是伴随发达的商品经济而来的公开竞赛的产物。

认识了窝里斗的危害和其产生的社会根源，将有助于我们改革传统的斗争方式，尽力减少无谓的内耗，形成良好的社会关系。

第四章 关系学的分支与外联

第一节 关系学的内部分支

如上所述,关系学有广义与狭义两方面的解释,从广义上说,关系包括个人与个人之间的关系,个人与团体的关系,团体与团体之间的关系等。团体与团体之间的关系包括政府与政府之间的关系,党派与党派之间的关系,政府与党派之间的关系,公司与公司之间的关系等等。个人与团体的关系包括个人与其他单位的关系,个人与社会的关系,个人与集体的关系,个人与国家的关系,以及个人、集体、国家三者之间的关系等等。个人与个人之间的关系包括家庭关系,同学关系,朋友关系,老乡关系等等。如按地域分,又可分为南方关系学,北方关系学,沿海地区关系学,内陆地区关系学等。如按国家分,可分为中国关系学,美国关系学,日本关系学等。如按性质分,可分为经济关系学,文化关系学,政治关系学,宗教关系学等。如按职业性质分,可分为官场关系学,商场关系学,知识分子关系学,工人关系学,农民关系学等。如按生活环境分,可分为城市关系学,乡村关系学等。由此划分,可划分出各个不同的关系学分支,而研究个人与个人之间的关系可统称为人际关系学。人的一生,会经历或变换不同的生活环境,接触不同的社会关系。由于社会环境和人群的不同,所表现出的人际关系也不同,以下,我们仅列举几个主要的关系学分支。

1. 家庭关系学

人们从小到大,一直离不开家庭环境,因此也一直在处理家庭关系。家庭关系分两部分:

a. 家庭内部关系。处理好家庭内部关系,会对人的生活和事业有很大的帮助;如处理不好家庭关系,你就会后院起火,被釜底抽薪,给事业上造成很大损失。

b. 家庭与外部环境的关系。家庭作为一个整体,如何共同应对各种外界关系?就要做好分工,先协调好夫妻之间的关系。人们常说:"一个成功的男人背后,必定有一个伟大的女人。"有的家庭一个主内,一个主外;有的家庭丈夫攻事业,而开展夫人外交;等等。常言道:"家和万事兴。"家庭和睦,分工明确的家庭,其应付外界关系的能力必定就强。家庭关系是人生最早接触并伴随人的一生的关系。

2. 商业关系学

商业关系学是研究经济领域里人们之间相互关系的一门学问,主要分以下几个主要方面:

a. 在一个企业内部,有职工关系、股东关系、董事关系等,作为领导者如何协调好各方面的关系?对于调动职工的积极性,增强企业的凝聚力有着重要作用。

b. 企业外部,如何吸引更多的顾客,关键在于怎样摆正商家与顾客的关系,商家与顾客的关系越好,商家的效益也就越好。

c. 作为一家公司，不仅要考虑与顾客、与内部职工的关系，还要考虑与工商、税务、政府、社区、媒介等各个有关部门的关系。处理好这些关系，对于企业的成败也是至关重要的。

3. 官场关系学

官场关系学主要包括两大部分。

a. 研究官员们之间的关系。在政府部门，人们要想获得升迁，就要处理好上下级和同事之间的关系。在西方国家，官场上的关系与商场上的关系有很大的不同；但在中国，一些国有企业的干部还不是真正的商人，还与政府官员没太大区别。除了私营企业与一些改革了的国有企业外，许多国有企业也表现为官场关系。

b. 官民关系。为政之要，在于平衡社会各方面的关系。政府本是为民众服务的。但在一些官僚作风严重的部门，百姓要想与其打交道，就要考虑有好的技巧，能巧妙地协调与官员的关系，这样，你才能办成事。官场关系学也研究如何与官员打交道，如何能从政府部门尽快办成事。

4. 知识分子关系学

在校园，在研究机构，在知识分子聚集的地方，人与人之间的关系就与社会其他部门有所不同。知识分子一旦走向社会，就会感到社会上复杂的人际关系难以应付。同样，将社会上的一些用法用于与知识分子打交道，也未必行得通，因此要了解知识分子这个特殊人群的社会关系。例如在一些大城市举办婚礼，一般市民阶层比较讲究排场，要有庞大的婚礼宴席、婚礼车队等等，政府、院校、研究部门就形式简单。在工厂，工人们之间言语直接，情绪外露，相互斗勇；而知识分子之间可能就比较含蓄，相互斗智。

5. 上层建筑关系学

政府、党派、军队等组织组成了一个国家的上层建筑，上层建筑各部门能否关系协调，对于国家的稳定和发展具有重要作用。这方面研究的范围非常广泛。其主要分支有：

a. 国家与国家关系，国家与国人关系，国家与民族关系。

b. 党派、国家、政府、军队、人民之间的关系。

c. 政治领域与经济领域、文化领域、宗教领域和其他社会领域的关系。

d. 中央与地方的关系。

e. 民主与法制关系，等等。

当然，关系学的分支不仅仅是以上这些，还可以有朋友关系学、同学关系学、老乡关系学、邻里关系学等等，不胜枚举。

第二节 关系学与其他学科大有联系

关系学是研究人的一门学问，而人是世界上最为复杂、最为高级的动物。人的行为关系的形成是受各种综合因素综合作用所形成的，因此研究人的关系学，离不开各门学科的支持。

1. 关系学与哲学

关系学虽然复杂，但也有一些共同的规律可循，这就要求我们用哲学的观点去看待它，研究它，将一些感性的东西上升到理性去认识，去透过现象看到事物的本质。这样，可以使我们站得更高，看得更远。在历史上，中国古代哲学对于指导人们思想，影响人们行为方式一直起着巨大的作用，人们在此哲学思想指导下为人处世，形成了具有中国特色的人际关系。因此，认识中国古代哲学，对于认识中国式的人际关系具有见微知著的作用。考察中国古代哲学，我们发现中国古代哲学具有非阴即阳的两极性。受此思维模式的影响，中国的人际关系也具有明显的非左即右、非好即坏的两极性。

任何国家，任何民族的先哲们，都试图探寻世界的本源，用一种普遍的真理去解释世间万物的发展规律。有的哲学大师认为世界是有序的，可以认识的；有些哲学大师竭尽心血之后，却发现世界是无序的，不可认识的。大部分中国古代哲学家则认为世界是有序的，可以认识的，他们喜欢寻找一种绝对的真理，然后以之引导所有人的思想和行为。中国人常说"你有千变万化，我有一定之规"，喜欢以不变应万变。而中国古代哲学就是中国人的"一定之规"，是中国人认识世界的精神武器。

中国古代的主流哲学认为世间万物都是由阴与阳组成的矛盾的对立统一体，例如上与下、好与坏、生与死等等，两者相互依存，相互转化，组成世间万物的基本规律。可以说，中国古代哲学是中国古代人民的一盏指路明灯，它照亮了中国几千年的历史长河，为中国古代人民探索世界指明了方向。但是，与崇尚今天与未来的美国人所不同的是，中国人过于厚古薄今，过于沉湎于古人的谆谆教导之中，以至于作茧自缚，让古人限制了今人的发展。人们可以想象，中国古代哲学是远古时期的人们在没有高等数学、没有量子力学、没有高分子化学等所有现代化科学与技术的情况下，根据当时特定的生产力状况，根据当时具有的知识水平，所总结出来的人生智慧。其能大放光芒于当时，还能永远闪烁于未来吗？如果将古代社会人们的生活和交往比喻为平面几何的话，那么当飞机升空、火箭上天之时，人们的生活和交往就变成立体几何了，而当人们看不见、摸不着的无线电、电脑软件程序等等横空出世的时候，人们的生活又变成解析几何了。随着科技的发展、生产力的提高和社会的进步，哲学对社会的认识也在转变和提高，一些原有的真理被现有的真理所取代，现有的真理也将必然被未来的真理所更新。

中国古代哲学的阴阳观对世界是一种平面几何的解释方法，而现今许多事物是立体几何的。例如一个立着的纺锤，不仅有上下两点，更多的是它的中间部位；一个正方体，不仅有正反两面，还有东西南北几面。现今的许多事物，又是立体几何、解析几何所难以解释的，例如，电子在电线中通过，光波在空中穿越，这又哪是阴，哪是阳呢？在这里，我们无意于否定中国的古代哲学，只是需要指出的是，中国古代哲学的两极性，是产生中国人际关系两极性的理论基础。对于中国古代哲学的阴阳观的狭隘理解，是培养人们非亲即仇、非好即坏这样一种简单思维模式的思想根源。这造成我们在与人相处时常常容易踩钢丝，走极端。要么，他就是好人；要么，他就是坏人。要么，我们是朋友；要么，我们就是敌人。在美国，有一个庞大的中产阶级，很富和很穷的人都在少数；极左极右的人也很少，持中间观点的人在多数；很多东西都是中间大，两头小。而中国是划分左派和右派，你想当中间派吗？那不行，那是立场不坚定。我们经常处在一种非左即右的摇摆之中，人际关系总是大起大落。

好在还有孔子的"中庸之道"对中国古代哲学进行了补充。孔子的"中庸之道"讲究不偏不倚、矛盾调和，对于中国古代的人际关系起了巨大的协调作用。因为世间大部分事物都是中间大，两头小，好人坏人都在少数，大部分人则好坏品性兼而有之。但是，用孔子的"中庸之道"是否就能解释世间所有的事物了呢，也不完全。例如，纺锤是中间大，两头小；哑铃却是中间小，两头大；而篮球就根本没有中间与两头。世界之丰富多彩，的确是不能用一两个理论就能解释清楚的。

德国哲学家康德认为人的认识能力是有限的，事物的本质是不可认识的，他的科学实验证明，有四组两两相对的命题，它们之间是相互排斥的，但各自本身却又都可以被证明同样正确。他把这种矛盾称为二律背反,并以此来论证人的认识能力是有限的,事物的本质是不可认识的。的确,在现实社会中我们也可以看到这样的例子,好人用其善良的方法,坏人用其邪恶的方法,有时可以达到同样的目的。在世界是可认识还是不可认识这两种选择中,我们认为两者都有其存在的价值。因为,宇宙是无限大的,事物的发展是无止境的。某个人是伟大的,但相对于整个人类来,就变得渺小了;人类是伟大的,但相对于整个宇宙就变得渺小了。人类没有认识到的事物还有很多很多,所以人的认识的确是有限的。但是,世界又是可认识的,中国古代哲学就是对中国古代社会的一种认识,康德的哲学也是对其当时所处社会的一种认识。只不过是,世界是发展和变化的,人的认识也应该随着其发展和变化。两百年前,你向人们谈论飞机和电话,人们会说你是幻想和迷信,可今天它却是现实。

认识了这个道理,我们可以在尊重中国古代哲学的历史作用的前提下,去发展和创新现代哲学;在保持古代哲学优良传统的同时,剔除其非阴即阳、非好即坏的片面部分;改变我们走偏激的绝对化的思维模式,对于人的认识千万不能绝对化,与人相处千万不要走极端,以使我们的社会关系变得祥和、稳定。

2. 关系学与中国古代伦理学

如前所述,伦理道德是中国传统文化中的一个重要组成部分。关系学中有教育人们怎样为人处世的学问,而如何为人处世?则可以从伦理学中找到答案,因此,关系学与伦理学有着密切的联系。今人看待中国古代伦理学,应用全面的眼光去看待它,应看到它优良的一面,也应看到它糟粕的一面。一个在当时历史条件下被人们尊奉的真理,到了今天就有可能变成谬误。就像马车在今天是落后的交通工具,但在远古它却是最先进的运输工具。因此,我们还要用历史的眼光去看待它。中国古代伦理学有很多必须坚决剔除的地方，例如它对妇女的种种限制，它的男女授受不亲等封建条理，等等。这些，我们认为它无论是在今天还是在历史上，都是一种糟粕的东西，必须加以批判。而中国古代伦理学中优良的一面，在今天，仍然值得我们去学习和借鉴，例如，古代做人的标准——仁、义、礼、智、信，做人要讲究仁义宽怀，要坚守信用，等等，在今天，仍是我们应推崇的。

3. 关系学与西方现代行为科学

关系学是研究人与人之间关系的一门学问，如何处理好人际关系，如何做一个好人？很多时候在于我们如何去行动，在于我们该干什么，不该干什么和怎样去干。这些，也正好是行为科学所研究的东西。行为科学是西方社会一门非常行之有效的管理理论，但西方人与东方人存在一些不同的思维模式和行为方式，一些在西方社会行之有效的东西，到了中国，就不一定能行得通。关系学，从某种意义上也可以说是东方人的行为科学。

4. 关系学与系统论

系统论告诉人们要用全面、整体、历史的眼光看待这个世界。整个自然界是以系统的形式存在的有机整体，世间万物都是由诸要素，也即各个子系统以一定结构组成的具有相应功能的系统。国家是一个大系统，这个系统是由经济系统、政治系统、文化系统等各个要素，也即各个子系统所组成；人体是一个小系统，这个系统又是由神经系统、呼吸系统、消化系统等各个要素也即各个子系统所组成。系统的发展必须具备两个前提：一是各个子系统必须是相互独立的；二是各个子系统之间的关系又是相互协调、相互制约、相互促进的。我们不可能单独地注重系统中的某一要素就能使整个系统得到发展，因为系统中的任何一个要素受到忽视都会导致整个系统失去平衡，遭到破坏。我们只有全面地注重系统中的各个要素的关系，使之协调发展，才能达到整个系统的发展。从组织结构看，一个组织就是一个复杂结构的系统，系统的整体能力不只取决于每个人能力的简单相加，而主要取决于系统结构，即每个人之间的关系。如果结构合理，关系协调，便 1＋1＞2；如果结构不合理，关系不协调，就会产生内耗，使 1＋1＜2。因此管理者的责任在于，研究组织内部人与人之间的关系，协调好他们之间的关系，这样才能达到组织功能的最大化。用系统论的观点去看待各种人际关系，可以使人们更好地把握全局。

5. 关系学与管理学

管理学是研究作为管理者怎样管理好自己所统领的部门的一门学问。其实，为官之要术，就在于端平一碗水，协调好各方面的关系，包括干群关系，上下级关系，同事关系，等等。处理好各方面的关系，其他问题就好解决了。西方管理学中有很多非常先进的东西，但西方管理学是在西方文化基础上建立起来的，有一些适合西方文化的管理方式到了中国文化的土壤上就会变形走样。中国的一些管理方面的问题，如减少内耗等，是要用关系学去解决的。学会关系学，将有助于人们减少摩擦，搞好管理。

6. 关系学与宗教学

研究关系学，不可忽略与宗教的关系。宗教掌握在善良人们的手中，对人类和社会是一种福音，会使人与人之间关系变得祥和友善。宗教若掌握在邪恶人的手中，就会对人的心灵和社会产生极大的破坏作用，中国的"文革"时期，搞的实际上就是一场现代迷信，那时的人际关系，没有亲情关系，没有经济关系，完全是赤裸裸的宗教关系。这种关系对社会造成了不可估量的破坏。美国是一个基督教的国家,令很多中国的无神论者难以相信的是,在美国这样一个科技高度发达的国度,竟有大部分美国人相信上帝,教堂遍及美国城镇乡村的各个地方,连美国总统就职也要手抚《圣经》进行宣誓。而美国的基督教主流文化,对于净化美国社会的人际关系,的确起了很大的作用。基督教教育人们彼此相爱,真正的基督徒,正是品性善良,乐于助人。宗教对人们的社会关系有极大的影响,不同宗教的国家,就有不同的人际关系。

7. 关系学与社会学、军事学

社会学中也有许多研究社会关系的部分,由此,可将社会关系学称为社会学与关系学的交叉科学。人是社会的人,只有在社会环境下研究人与人之间的关系,才能得出科学合理的解释。因此,研究关系学,离不开社会学的帮助。

军事学是研究敌我双方关系变化的一门学科,三十六计是中国古代军事理论中的一件瑰宝。关系学研究的是人们工作关系、朋友关系、亲属关系等各种不同的关系,也包括研究与竞争对手的关系及敌我双方的关系。例如在商战中,怎样调整关系,击败竞争对手,等等。

第五章 关系学的应用与未来

第一节 关系学推动企业发展——企业关系学

1. 企业发展的内部结构及其相互关系的探索

关系学不仅研究个人与个人之间的关系,也研究个人与由人组成的某个团体的关系,如经营者与企业的关系,职工与企业的关系,等等,并用于考察并协调企业内部的各种关系。一个企业搞得好坏,关键在于这个企业的经营者,即主要领导。中国国有大中型企业从人才、技术、设备、规模等许多方面都比乡镇企业和私营企业占有绝对优势,但许多国有企业却竞争不过乡镇企业和私营企业,原因何在?这与国有企业的经营者与企业的关系密切相关。用关系学去探讨经营者与企业之间的关系,可以为我们研究如何搞好企业打开一个新的视角。

企业的生死,有如人的生死一样,有生必有死,有盛必有衰。然而所不同的是,有的人活九十岁,有的人少年夭折。世界发达国家的一些百年老企业至今仍焕发着青春,中国改革初期兴办的许多国有企业，计划经济时期曾盛极一时，可不到二十年，如今已大部分陷入困境。在这里可以毫无疑问地说，外部环境的变化是影响企业发展的极为重要的因素。但是，外在因素毕竟不同于内在因素，环境需要人们去适应，机遇需要人们去把握，外因要通过内因才能起作用。在研究企业外部环境的同时，积极探索企业发展的内在因素及其相互之间的关系，才能真正找出企业发展的根本出路，提高企业自身的生长能力。

随着计划经济向商品经济的转化，人们越来越深刻地认识到了国有企业产权不清是制约企业发展的最主要的内在因素，随之进行的国有企业的产权改造也大张旗鼓地开展起来。从目前一些国有企业的股份制改造情况看来，有的并未达到预期的效果。这其中，有股份制改造走样和不彻底的原因，也有人们认识上"一股就灵"的偏颇。从中国各种所有制企业情况来看，如果说市场经济条件下国有企业产权不清是阻碍企业发展的最大桎梏，那么一些民营和私营企业，产权属于私有，应该不存在国有企业产权不分的致命弱点，但中国近几年一夜间暴发而起的一些民办企业，却又一夜间昙花一现了。企业的生命周期为何如此短暂？这说明，在企业的发展中，产权问题固然是一个极为重要的内在因素，但不是仅有的因素。

世界上不存在一劳永逸、包医百病的灵丹妙药，旧矛盾解决了，又会有新的矛盾出现。兄弟同吃父母，谁都没有积极性，分家后，老大、老二各得10万，可谓产权私有，有了积极性。但一年后，老大发展到20万，老二却赔个精光。这又告诉人们，影响企业发展的内在因素是多方面的，当产权问题解决之后，又会有经营者的能力、责任心等因素成为主要矛盾。那么，到底怎样认识影响企业发展的各种内在因素和它们之间的相互关系？

企业是一种经济组织，它归属于某个集团或个人，因此形成了以所有权为核心的产权系统，产权人由与企业利益最为攸关的人组成。企业存在的目的是要获取利润，因此形成了以盈利为中心的经营系统，经营人由最有能力者组成。企业要将组织中的众多人凝聚在一起，为企业的发展共同奋斗，因此形成了以追求共同价值取向为目标的企业文化系统。随着企业的壮大，管理中的偏差也将扩大，因此又出现了对企业具有修复功能的监事系统，监事人由最有责任心的人组成，等等。产权系统由于与企业生存有切肤之痛，最关心企业财产的增值和保值，以追求企业的长远发展为目标，因此产权系统具有相对稳定性。经营系统，经营者希望通过经营获得利益，以追求利润最大化为目标，但缺少对企业长远利益的考虑，因此经营系统具有相对活跃性。产权系统与经营系统在企业利益上往往具有一致性，但在个人利益上则相互矛盾。产权人往往希望企业利益越大越好，经营人则希望自己在经营中获得的利益越大越好，两者是矛盾的对立统一体，既相互矛盾，又相互依存。

考察发达国家的企业发展史，我们发现其走过了这样一个历程，如下表所示：

级别	公司规模	公司形式	产权系统	经营系统	企业文化系统	监督系统
高级	大型企业	股份公司	众多股东	人才经营，事业部制	发达	专职监督
中级	中型企业	有限责任公司	多个股东	资产经营，直线职能制	初级	相互监督
低级	小型企业	独资公司	单个股东	产品经营，集权制	个体文化	无人监督

如表所示：许多企业当其初创时，往往是个人单干，规模较小，这时产权人、经营人均为一人，经营形式主要表现为产品经营，经营者为实干家；企业文化也往往表现为个人文化，公司组织为集权式管理。这时公司虽小，但各个要素之间却是平衡的，整个公司系统具有旺盛的生机。

当公司发展到中型企业时，随着规模的扩大，管理上由集权制走向直线职能制，原有经营者由于自身素质的限制，已难以担当中型企业的管理，因此要聘请专门的管理者，实现产权与经营权的分离，与此同时实现产权由单元化向多元化的转折，此时经营形式主要表现为资产经营，经营者由实干家上升为管理者，需要有将才的能力。现代公司制度规定有限责任公司产权人必须为数人，是经过无数公司的经验总结而成的。因为企业发展到一定规模后，产权单一必然导致以下两种结果：一是绝对的权力必然导致绝对的腐败，二是绝对的产权必然导致对经营权的干涉，不适合现代企业的发展方向，只有若干产权之间的相互制约，才能使现代公司制度得以实现。

当公司发展到大规模的股份制企业，公司大系统中的各个子系统又发生了变化，产权系统由无以计数的股东组成。经营系统方面，由资产经营变为人才经营，原来具有一般管理科学的将才已无法胜任大企业的管理，必须聘请拥有管理艺术的帅才，即大企业家来进行管理。企业文化系统方面，则越来越给人一种深沉厚重的感觉。企业文化，有如人的精神、思想和灵魂，虽不显山不露水，但一切外显的行为皆受其影响。好的企业文化，对内，将全体职工凝聚一心，为公司的共同目标携手努力；对外，其如强大的磁场，将合作者与消费者吸引而至。大的企业，往往都有其独特的文化氛围，如麦当劳、肯德基等，其特异的企业文化往往成了其制胜的法宝。

由世界上众多历史悠久的企业的发展历程可以看出，随着公司规模由小到大，产权系统方面由产权单元走向产权多元；经营系统方面由自己亲自经营到聘请专职经理，随着管理阶层的出现，所有权与经营权逐渐分离；企业文化系统方面由个体文化向越来越显现的企业文化发展；监督系统方面形成越来越严密的监督机制。凡是成功的企业，往往是各个要素之间既相互协调、相互促进又相互制约、相互矛盾的。其各个子系统彼此协调，同步发展，由低级到高级地水平向上。个别子系统之间短期内可相差一个级别，但若相差两个级别，企业发展的不平衡便会出现，任何一个子系统的严重衰弱或发展太快都会造成整个系统塌陷。从世界发达国家的经验来看，其为何能产生许多历史悠久的巨人企业？从微观上讲，得益于企业为了适应激烈的市场竞争而不断地进行的内部调整；从宏观上讲，有赖于严密的法律制度和政府的宏观调控。如每当企业发展超过一定限度便要进行的分解或合并等，以促使企业这一整体系统中的各个子系统相互协调，共同发展。

2. 中国企业系统结构及其相互关系的优劣分析

企业的成长，犹如人的成长一样，须经历过一段从无到有、从小到大的自然生长过程，其生长的根基方为牢固。而中国的国有企业大部分是在计划经济体制下由政府投资建设起来的，从其生长过程来说，不是按由低级到高级的自然规律在市场竞争中长大的，而是靠着国家权力的维护，在政府的扶持下发展起来的，许多企业甚至跨越了几个发展阶段，一下子从"原始社会"进入到了"社会主义社会"，因此从生长根基上便先天不足，在国有企业的系统结构上又如下表所示：

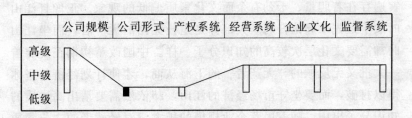

国有企业在规模上以大中型企业居多；而公司形式和产权系统，由于是国有独资，产权管理权不分，处于低级阶段；经营系

统，由于传统企业干部体制与政府干部体制类似，选拔上来的经营者往往具有官员的品质，而缺少商人的素质，出现角色错位，才非所用，经营系统处于中级水平；企业文化系统与监督系统也最多处于中级水平。这样，企业系统的发展便出现严重的不平衡，产权系统的落后，严重制约着企业的整体发展，企业规模越大这一矛盾便越严重，最终导致企业整体系统的破坏。

中国民营企业的系统发展也存在以下不足，如表所示：

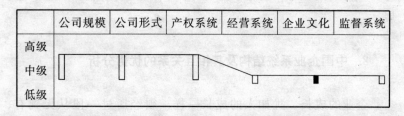

民营企业一般是由个体或乡镇企业发展而来，都经历了由小到大的创业历程，相比之下更符合企业发展的一般规律。在中国改革初期，公司初创，靠着产权清晰的动力，很容易将企业发展到中等规模，但随之新的矛盾和不平衡便将出现。因为企业的矛盾发展是分层次的，当企业产权不分时，产权问题是制约企业发展的最主要矛盾；而当产权问题解决之后，经营者的能力便上升为主要矛盾了。中国改革初期最先发展起来的私有企业的产权人普遍存在着胆量、干劲有余而文化素质偏低的现象。正像打江山时敢于最先拿起枪杆的人大部分是走投无路的无产者，而坐江山时却需要文化层次较高的知识分子一样。中国改革初期正是靠着一大批义无反顾的"无产者"的下海从商，才使计划经济的坚冰得以打破，而要坐守市场经济的江山，却依然需要请出高素质的知识分子出山。随着民营企业规模的扩大，对经营者的文化素质和能力要求也在不断提高。一些企业的创办者尽管在打江山时功劳卓著，但在坐江山时其文化素质的局限性便逐渐地显露出来。

于是一些企业的老板便踊跃投入学校"回炉",一些老板便赶时髦似的招收一批高学历的人员到企业以充门面。这种做法虽有一定效果,但仍没有从根本上解决问题,因为:

a. 一个人青年时代所受的教育将影响到他的一生,而中年以后在百事缠身的情况下所进行的再教育,只是对人的素质的提高,而很难从根本上改变人的思维方式。

b. 一些老板抱怨招了一些研究生去搞经营,结果一份合同也签不成,这也表明了人们对人才观念的误区。因为人才不是万能的,如同人的性格特征存在差异一样,人的能力也是存在层次差异的,有善于管理大企业的帅才,有专于开辟市场的将才,有精于上门推销的干才。如同一个优秀的推销员管理不了一个大企业一样,一个上好的经济学家也不一定能干好一个销售部经理的工作。往往是什么层次的工作配合什么样的人才,学非所用,工作与特长不符,往往导致人才与工作两误。

c. 人才的结构一般应是由高到低的金字塔型顺序排列,而低素质对高素质的领导是一种系统的倒置和不匹配,其结果是增大磨合成本,导致高系统向低系统的倾斜。综上所述,中国的许多民营企业之所以辉煌一时便昙花一现,其原因便可见一斑了。一些民营企业的领导者在创办公司时往往是经营者与产权人一身兼,此时公司虽小,但内部的各个要素之间是相互匹配的。靠着所有制的动力,一些公司很快能发展到中型企业,此时如能及时对公司产权系统和经营系统进行调整,自己专营于产权系统,聘请更高素质的人担任经营者,公司将会继续取得长久稳定的发展。但事与愿违的是,许多创业者往往被胜利冲昏头脑,依然集产权与经营权于一身,大权独揽,使系统出现不平衡,此时若公司规模继续扩大,系统的不平衡便将加剧,直至断裂。因此,民营企业由中级进入到高级,是一道危险的关坎。不适时进行系统的改造,必然陷入由兴到盛,由盛到衰的恶性循环。

3. 运用关系学改造中国企业系统结构及其相互关系

要使中国企业走出由兴到盛，由盛到衰短命的恶性循环圈，不是单单改革一下所有制或经营权便能达到的，而是要对企业进行系统、全面的改造，以促使企业的所有权、经营权、企业文化等各种关系达到一种相互匹配、相互协调的最佳结合。

a. 除了保留一部分无法改制的国有企业，比如军工、水、电、路等有关国计民生或百姓福利的国有企业外，将其他一切可推向市场的国有企业均推向市场。可对国有企业按现有实际资产总额，加上资产负债率、增值率，以及资产优良程度等加以科学评估，确定企业实际资产总额，然后划分等额股份，国家除留一定比率的股份作为向企业收缴利润、管理费的比率数外，其他股份均向社会公开拍卖。资产，作为一种货币形式的转换，应该是以谁购买谁拥有为原则，无论是国有、民营、私企还是个人，只要其有资金进入，便可以成为新的股东。这样做的好处是，吸引真正的对于企业资产具有切肤之痛的出资人作为企业的股东，使其与企业资产生死攸关，有利于建立一种多元化的现代企业产权系统，有利于股东会选举或聘请高水平的经营班子，形成与产权系统相匹配的经营系统。这种改造不同于上市的股份公司，而是吸引社会资金对企业进行参股或并购，国家则可利用回收的资金去从事其他方面的建设。

b. 对于无人购买的国有企业可在内部采取模拟股份制改造。将原有国企的资产分成若干股份，企业的主管上级除留有部分股份，作为向企业收缴利润、管理费外，将其余部分全部划分给企业职工持有，或叫做划分给职工监管，改工资制为股利分红，以鼓励全体职工都来关心企业，为企业的发展努力工作。由全体职工组成的股东会选举产生或聘请专门的管理人员组成经营班子，经营班子实行工资制，产权与经营权两权分离。模拟式股份制改造与真正的股份制公司区别在于：由于该股份不是职工出资购买，而是国家委托给职工进行监管，应是职工在位时便有，离开公司时便退回给企业。企业并没有改变国有资产的性质，而每一位职工却拥有了对企业资产的发言权和监管权，调动了全体职工的积极性。国家不再对企业进行管理，将经营权下放给经营班子，使经营权得到保证。最终达到产权系统、经营系统等各个系统之间的相互协调，相互制约。

c. 对于无法推向市场的国有企业划小经营与核算单位。各个国家都有一些真正由政府管理，无法推向市场的国有企业。对于这样的国有企业，最好的方式是划小经营与核算单位，使独资的产权形式与小规模的经营形式相配套。许多实践证明：大规模的企业以多元化产权为佳；而对于产权不分的独资企业，则以小规模经营优于大规模经营。

d. 用优惠的国家政策和健全的法律制度来保证民营企业的健康发展。民营企业要想取得长期、持久的发展，就要按系统的方式，使其内部各个要素相互匹配，协调发展。例如，当独资的民营企业发展到中等规模后，就要促使其适时进行产权改造，运用并购、重组等方式，建立多元化产权系统，并实施产权与经营权的分离。当它们发展到大规模企业后，促使其向股份制企业转变。当然，不是用行政命令的方式强迫企业改造，而是建立健全的法律制度和优惠的国家政策，国家从宏观调控上使企业产生内部的需要，自动地加以改造。例如，企业发展到中等规模后，其合并、重组的行为可获得税收、金融等方面的优惠等，使企业内部产生变革的冲动。

e. 建立经营者市场。与产权市场相配套，还要同时建立现代的经营者市场，使企业不仅可以在产权市场上寻找到适宜的股份合作者，也能在经营者市场上找到本企业所需的经营者或管理集团，这是促使企业取得系统、全面发展的必备的市场条件，是一项应由各级政府支持发展的重要工作。

f. 由恶性竞争向双赢转变。如果说计划经济对于经济规律是一种左的偏离，那么这些年在我国市场上出现的一些恶性竞争现象对于经济规律应该是右的偏离，其竞争结果是导致两败俱伤，有的甚至是整个行业或市场全军覆没。通过左右两个方面的对比，目前许多人已对互惠互利的合作经济产生认同，双赢思想已在许多经营者头脑中悄然生根。这种思想将有利于企业由恶性竞争转向良性竞争，促进企业相互之间的产权结合，共同发展；将有利于企业产权系统的改造，促进企业整体系统的协调发展。在这方面，我们应抓住机遇，适时地加以引导，使企业系统结构的发展走上良性的轨道。

第二节 放眼未来——关系学的未来及其改造

一个社会的关系学并不是一层不变的，而是随着社会的变革而变化着的。结合对历史的研究和对现实的探讨，可以使我们对关系学未来的发展作出一个估计。

1. 未来经济发展对关系学的影响

经济的发展始终对社会的变革起着决定性的作用。在商品经济的发展初期，往往会出现一个逆流，即：经济比从前有了很大的提高，但人们在社会关系方面的道德水准却下降了。但随着市场经济的自我调节，随着经济的不断发展和教育水平的提高，社会关系会逐步向着好的方向转化，香港、澳门、新加坡等地的发展经验告诉了我们，中国社会未来经济的发展情况对关系学的发展将会起着决定性的作用。经济基础的稳定，不仅可以促进上层建筑的稳定，也可以促进社会关系的稳定；如经济上出现不稳定现象，也将会导致社会关系的混乱。

2. 未来社会变迁对关系学的影响

政治、文化、教育、法律、宗教等各种因素的变化都对社会的变迁起着重要的作用,未来社会向着什么样的方向发展,例如政权是腐败还是清廉,民主与法制是健全还是不健全,社会是动荡还是稳定,对社会关系的变化也起着重要的作用。教育是根本,十年育树,百年育人,教育事业的发展有关民族素质的提高,民族素质的高低也影响社会关系的好坏。考察中国上层建筑诸方面的未来发展,就可以使我们对中国未来的社会关系有个大概的估计。

3. 未来独生子女社会对关系学的改变

中国的独生子女社会是中国有史以来从未经历过的社会状况。目前中国面临着三大人口难题:第一,人口大量过剩,社会资源难以承受;第二,人口开始进入老龄化,各种社会问题更多地展现;第三,独生子女社会即将形成,这批独生子女即将长大成人,成为社会的中坚力量。从这批独生子女身上,我们看到了两个大的变化。一方面,由于家长的倾心投资和培养,他们的文化水平比从前的孩子有了很大的提高;另一方面,由于家长的过于溺爱和娇惯,他们的精神意志和与人交往的能力又有了很大的下降。过去,孩子们在家有兄弟姐妹,出外有朋友、同学,从小就学习处理各种各样的人际关系;而今天的孩子,从小就被关在家中一个人独处,加上电脑时代,孩子从小就泡在电脑上,很少与外人接触,变得不会与人交往,这样不平衡的发展,造就了一个不同于中国历史上任何一个时代的人群。这个现象是福是祸尚未可知,但是,未来独生子女社会的社会关系将会有一个大的改变,这一点毋庸置疑。由于很多的独身子女从小没有学会与人相处，长大后在工作、生活等方面遇到难题后，必然会渴望从关系学中寻找答案，重新学习处理各种人际关系，因此关系学在未来社会将会越来越得到重视。

4. 对未来关系学的改造

a. 发展经济。建立在雄厚的经济基础之上的社会文明才是可靠和长久的。在一个贫穷落后的社会，有时也有可能建立起一种和谐美好的社会关系，但那不是长久和稳定的，是很容易改变的。

b. 改革政体。只有在民主政体下，人们靠着自觉自愿所建立起来的良好的社会关系才是稳固的和长久的，改革政体，使其向着民主方向转化，将有利于良好的社会关系的形成。

c. 对外开放。历史发展到今天，开放国门，文化兼容，世界大同的观念已经深入人心。持久地对外开放，将会给国家的发展形成一个良好的外界环境，这种环境将会促进国家的社会关系向好的方向转化。

d. 加强法制。中国由于法制还不是十分健全，在一些地方，关系网的魔力常常能战胜法网的威力。必须加强法制建设，将人们的一切关系和行为置于法律的管束之下，这样的社会关系才是健康的。

e. 发展教育。由高素质，高学历的人群组成的社会，其社会关系必然健康。发展教育，百年大计，这是一个众所周知的问题。

人人都想生活在一种祥和向上的社会环境之中，人人都希望建立一种彼此关爱、友好的亲密关系。我们对关系学进行理论研究的最终目的就是要探讨如何建立起这种良好的社会关系。人是社会的人，人际关系是人与人之间彼此交往所形成的一种社会关系，它依附于人在社会之中的各种活动，不是独立存在的，因此人际关系的改变，有赖于经济基础、上层建筑等各方面关系的改变。但是，如果人们仅仅寄希望于外界环境的改变，那么，社会关系的改变将是缓慢的，有时甚至是难以实现的。因此我们应提倡从我做起，每个人自觉自愿地去建立良好的社会关系。到过西方发达国家的人们都知道，西方发达国家的物质文明与其精神制度文明是相辅相成的，美国等一些西方国家都是以基督教文化为主流文化的国家，其国内大部分人信教。基督教教育人们要彼此相爱，彼此宽容，当人打你左脸时，你要把右脸也伸过去，因此很多基督徒都自觉自愿地关心他人，帮助他人，人与人之间彼此友好。其实，中国儒家文化也教育人们保持良好品质，"达则兼济天下，穷则独善其身"，当人们事业腾达时，要想着造福天下；当人们陷于穷困时，要好自为之，始终保持良好的自我修养。如果人们都能达到这一点，那么无论社会发生什么样的变革，人们的社会关系都会始终处于一种良好的状态。

实践篇

关系通畅的技巧

第一章　关系学中的关键因素

关系学是关于人际关系的学问，中国人际关系虽然复杂，但也可以归纳出几项最重要的因素。抓住了事物的主要矛盾，我们就可以把复杂的问题变得简单化。

第一节　利益因素

每个人都有自己的生活目标，有长远目标、中期目标、近期目标，以及就某一件事要达到的目标，等等。要想达到这些目标，单靠自己的力量是不够的，需要其他人的协助。人们在实现目标的过程中，与帮助自己的人们建立起了友谊，渐渐地成为了朋友。人们常说："朋友多了好办事。""多一个朋友多一条路，多一个敌人多一堵墙。"在这里，朋友是"好办事"，朋友是你的"一条路"，即你的路子。在社会上，我们看到，大到政党，小到小团体，很多都是一种利益的结合，大家是为着一个共同的目标或利益而走到一起来的。三国时期的刘备和孙权并不友好，但是，为了共同抗曹，双方携起手来了。张三和李四因分赃不均而斗得你死我活，这时检察官来调查他们的贪赃行为了，张三和李四为了自身的利益，立刻又结成了统一战线，共同对付检察官。

商人夏和商人贺原先是彼此竞争的宿敌,但是,有宗一百万的生意摆在两人面前了,于是两人马上握手言和,共同来做生意。利益,可以说是人们彼此交往的一项重要砝码。为什么做官的人和有钱的人会有更多的朋友,因为他们可以给更多的人带来利益。管理学非常注意要满足被管理者的个人利益,只有把公司利益与个人利益紧密地结合起来,才能调动大家的积极性,为实现公司的目标而共同努力。因此说,利益关系,是人与人之间关系中的一项重要因素。这种利益关系如果处理得好,就会对事业产生强大的推动力,有利于社会的发展;处理不好,就会变成一种利益对于另一种利益的损害。

第二节 感情与理智因素

关系学是一种传统的民俗文化,要想对其有更深刻的认识,就要到中国的传统文化中去找答案。伦理道德和诗词歌赋是中国传统文化中的两条主线,伦理道德是一种理智的象征,而诗词歌赋则是一种情感的宣泄。对于普通百姓来讲,他们更喜欢诗词歌赋,而伦理道德则更多的是统治阶层推行的一种社会的规范。受传统文化的熏陶,中国人自古以来热爱诗词歌赋,常常用诗词歌赋来表达自己的思想感情。可以说,中华民族是一个重感情的民族,在理智与感情的选择中,更偏向于感情,这在人际关系上也表现得淋漓尽致。中国人很愿意有知己,并有"千里觅知音""人生难得一知己"等许多赞颂知己的名句,"知己"是人们彼此感情上的一种最密切的结合。中国人在交朋友,考虑国家关系等许多方面都很注重感情因素,只要两者之间感情好了,就什么事情都好办了。我们有时会对一些单位和一些个人的决策产生疑惑:明明有最好的选择,可其却退而求其次,选择了其不该选的,这就是因为感情压倒了理智。第一项最好的选择理智上接受了,但没有打动其感情;第二项选择虽不如第一项选择,但是打动了其感情。

某单位的一位经理退休了,他的两名最信任的属下,一个渐渐与他疏远了,另一个则仍然常去探望他。结果后者被一些人认为是够哥们,讲义气,有更多的朋友了。讲义气的人,是中国社会最受普通百姓爱戴的人,三国时期的关云长就是一个义气的化身。"义气"实际上就是一种感情的集中表现。为了义气,可以"为朋友两肋插刀",可以同生死,共患难。感情,在这里压倒一切。

感情,又是分层次的,中国是一个注重血缘与宗族关系的社会,在一般人的思想里,感情的最深层是自己的家庭,依次是亲戚、好朋友、一般朋友等等。考虑中国的人际关系,不能忽视中国人的感情因素,理智与感情,是矛盾的统一体,重感情,使得我们的社会更加有人情味。但是,过多的感情用事,会产生一些负面因素,会使社会的正常秩序遭到一定的破坏,会使我们在一些问题的决策上因失去理智而因小失大。

第三节　面子因素

中国人重面子,爱面子,几乎已到了无以复加的地步。很多人一生中都是在为面子而活着。因此在人与人的交往中,面子非常重要。你要是善于给人面子,就会成为交际场上的一名高手,就会交很多的朋友;你要是不善于给人面子,那么你就会处处得罪人,处处伤朋友。面子问题,我们将在下面的内容里详细谈到。

第二章　做事先做人

　　关系学是一门探讨人们如何为人处世的学问,其中为人是核心与灵魂,有了好的人品,自然就会有好的人际关系。要做事,先做人,"人"是本源,"事"是外延,学会了做人之后,不用教,做出的事自然就漂亮;不会做人,再怎么努力,做出的事也矫揉造作,让人一眼识破。自古以来,人人都想做受人尊敬的社会欢迎之士,人人都想在人际关系上左右逢源,游刃有余。可是有人天生有个好人缘,有人终生孤独与苦恼。其差别就在于会不会做人,做事容易,做人难。因此我们在谈做事之前,要先谈做人。

第一节　做人要有好人品

　　中国社会是一个崇尚好人的社会,"品德"在中国文化中具有举足轻重的地位。中国人对于人的完美要求是德智体全面发展,而"德"是摆在第一位的。中国人对于领导干部的要求是德才兼备,而"德"是放在"才"的前面的。历史上最为人们赞颂的都是那些两袖清风、为民请命的清官忠臣和仗义疏财、扶贫济弱的豪侠义士。如今,在社会上最受人钦佩喜爱的也依然是那些品行端正，助人为乐的德高望重的好人。但是也有人认为好人难做，老实人吃亏。

如果我们用静止的眼光看问题，的确会发出好人难做，老实人吃亏的感慨。例如：单位分房子，你要是舍下脸皮去争取，就有你的；你要是好心谦让，就没你的。两个人同干一件工作，你踏实肯干，就受累多一些；他偷奸耍滑，就清闲一些。每个人的生活目标和价值观不同，人们总结出这样的经验，如果你要成为一名商人，你就要秉承惟利是图的禀性；如果你乐善好施，你就成不了富翁。如果你要成为政治家，你就要善于官场上的倾轧，该出手时就出手；如果你心慈手软，你就会被别人踩在脚下。或许有太多的例子，使人们得出了"人善被人欺，马善被人骑"的结论，心里尊敬好人，但自己不敢做好人。

然而，如果我们用发展的眼光看问题，情况就不是这样了。用发展的眼光看问题，就是不仅仅要看到事物的眼前，还要看到事物的长远；不仅仅要看到某人的此时，还要看到他的彼时。从古至今，我们看到的更多的例子是，坏人得逞于一时，倒霉于一世；好人虽一时蒙难，但最终受到人们的爱戴。在社会上，许多贪官污吏一时飞黄腾达，但一夜间锒铛入狱，抱恨终生。许多靠坑蒙拐骗暴富之徒，转眼间又家财荡尽，流落街头。人们可以看到，无论在什么地方，路走得最稳，生活最幸福的，还是那些不骄不躁，乐于助人的好人。在生活中，总有很多利益之争，好人总是谦让，似乎总吃眼前亏，但他的高风亮节人们是看在眼里，记在心里的，在关键时刻，有最重要的事情，人们还是放心让好人去做的。因此好人往往是吃小亏，获大利。我们的先贤用发展的眼光研究这个世界，告诉了我们祸福相依和矛盾转换的哲学规律，祸乃福之所倚，福乃祸之所依。善有善报，恶有恶报，不是不报，只是时间未到。我们每个人的身上都有善、恶两个袋子，你每做一件善事，就等于往善的袋子里装入清香；你每做一件恶事，就等于往恶的袋子里装入恶臭。你善事越多，越散发清香；

恶事越多，越散发恶臭，周围的人是闻得出来的，人们有第六感官的。这就是为什么好人身边总能聚集徒众，坏人总让人敬而远之的缘故。好人总有好的人际关系，最能向人们说明问题的就是民主选举。每个单位，只要是无记名投票，那些票数最高的往往是品德最好，最会做人的人。这说明，老百姓心中还是有杆秤，如果哪一天，我们的民主与法制健全了，老百姓有权用自己心中的这杆秤衡量每一个人的时候，好人就脱颖而出了。

第二节　好的人品可以学到吗？

既然做人要有好的人品，那么好的品格可以学到吗？有人说江山易改，本性难移，人的品格天注定，是改不了的；有人说人们生来都是一样，人的品格好坏是后天的生活环境造就的。孰是孰非，这是一个值得探讨的问题。

1. 人之初性本善还是性本恶？

任何人和任何事物都是有其本性，这一点是毋庸置疑的。但人之处性本善还是性本恶？这是中国历史上争论了几千年的古老话题。如果说性本恶，那么许多女孩子天生就喜欢洋娃娃，两岁还不懂事就整天抱个布娃娃又亲又搂，细心呵护，表现出十足的天性善良。如果说性本善，那么很多男孩子从小就喜欢舞刀弄抢，打打杀杀，这能叫善吗？如果说女人性本善，男人性本恶，也不对。世界上很多有名的慈善家、牧师等等不都是男人吗？有个男孩，上幼儿园时就被老师称为模范儿童，每次吃饭，别的小朋友坐着不动，他却忙着给大家发勺子发碗，吃完饭又帮着老师搬凳子扫地；家长来接孩子，他又帮着每个小朋友找衣服；看到小朋友跌倒了，老远地跑过去扶起人家，并帮人家掸去身上的土，尽管对方比他高。而老师、家长从未教他这样做。在现实社会中,如果一群男人在一起,容易相处融洽;但一群女人在一起,就容易产生矛盾了。女人中也有一些面如桃花心如刀的人。因此,不能绝对地说人的本性是善还是恶。人的本性是复杂的,有善的一面,也有恶的一面,有的人善的方面多一些,有的人恶的方面多一些。世上没有十全十美的好人,也没有十恶不赦的坏人。人在这件事上会无比温柔,在那件事上又会无比残忍;人在这一时期和这一环境下是个好人,到了那一时期和那一环境下又会变成坏人;人天生是利己的,人天生又是有爱心的,而这个爱心是分层次的。在人的本性里,有共通的地方,也有迥异的地方。人是最复杂的动物。

2. 人的品格可以改变吗?

如果直接地回答人的品格是否可以改变,未免简单化了,而是要将人的品格分为品性与品行两个层次分别予以看待。人的品性是人的品质性格,是人的思想认识的本质;品行是有关人的道德修养和行为。文学作品描写人,往往是从人物内在的性格特征和外在的相貌特征来入手,这两方面写好了,一个活生生的人物便跃然纸上了。人的外貌与性格是区别这个人与那个人的最主要特征。如果要问:地球上几十亿人中有没有两个人的外表是一模一样的?回答肯定是没有的。人的外貌如此,何况更为复杂的内在性格,肯定也是没有一模一样的。如果要问人的外貌是否可以改变的?人们回答也是否定的,因为要想让胖张三变成瘦李四的模样,除非整容,别无他法。由此推论人的品性可否改变,看来也只能说否了。因为人的本质性格,如同他的本质外貌一样,是由父母遗传基因决定的,由于受外界环境的影响,人的本质性格可能会受到暂时的压抑,但环境一改变,其立刻便恢复原形。如同人的外貌在遭受巨大创伤之后才会变形一样,人的性格在遭到巨大打击之下才会有所改变,但那是一种扭曲,一种变态,不是正常的改变。很多夫妻在年轻时都想彼此改变对方,但经过多少年努力,多少年争吵,双方最后终于醒悟过来了:人是不可改变的。有的心理学家将人的性格分为胆汁型、粘液型、多血质型、忧郁型等几种,这些性格往往就是人的本性,要想让一个胆汁型的人变成忧郁型的人,除非他得了精神病,否则是不可能的。这么说,是不是就千人千面,人与人之间完全没有共同的地方了呢?也不是,在人的本性方面,还是有共同地方的。如:无论什么民族的人,无论是黑人、白人、黄种人,还是其他人种,人都有食欲、性欲、爱人、恨人等七情六欲,人都有思想的能力,这些人的天性是整个人类所共通的,是人类能够共同生活在同一个地球上的先决条件。

与品性不同,人的品行则是可以改变的。人从小所受的教育和所经历的环境,都对人的一生的道德修养的形成产生重要的影响。无论是品性好还是品性不好的人,都可以变得对人彬彬有礼,也可以变得对人粗暴蛮横;一个天生善良的孩子,由于后天的娇惯和放纵,会变得暴躁乖戾;一个生性顽皮的孩子,经过后天的严厉管教,会变得乖巧听话。有这样一个孩子,生性善良,加上父母的严格管教,从小便以懂事而博得四邻的夸赞;上小学时,父母下放到农村去了,将其寄养到爷爷奶奶家,爷爷奶奶无比娇惯这个孙子,几年下来,孩子竟变得无比的自私和暴躁;中学毕业后,父母将其送到部队去加以改造,严格的军纪和艰苦的军队生活,又使这孩子克服了品行上的缺点,变得通情达理了。这就是表现在外的品行,人的品行可以通过后天的学习来加以改造,加以提高的。

3. 好的人品可以学到

知道了人的本性是不可改变的,我们就不要总想着去改变人,就可以减少许多徒劳无益的劳动,就会使我们承认现实,变得轻松、明智些。知道人的品行是可以改变的,我们就可以在品行的修养上下功夫。品性不好但修养好的人,即使是不善交际的人,也可以表现出一副礼貌的样子,也可以有好的人缘。品行是一种行动,人们可以克制自己该做哪些事,不该做哪些事,该说哪些话,不该说哪些话,也同样可以得到好的人际关系。人的品性就好比汽车的品牌,人的品行就好比人们的驾驶和保养。品牌决定了汽车的好坏和优劣,但我们看到大街上跑的车,无论是高级奔驰还是低级夏利,谁都没有说是因为车型不同而耽误了上班,耽误了学习的,关键在于驾驶员的驾驶和保养;只要驾驶和保养得好,无论什么车,同样可以将你送到目的地。我们看到,一些性格不好的人,经过学习磨炼和人情练达,也能够很好地为人,很好地处理各种事情了。因此,要想有好的人际关系,就要有好的人品,就要不断地去体验生活,学习别人的长处,看到别人人际关系好,就要琢磨人家是怎样为人处世的,自己怎样去加以改进,努力使自己变成一名受人拥戴的好人。好人不是靠一时一事来做成的,而是靠长期的善行得到公认的。一个人做一次好人容易,做一辈子好人很难。这就要不断地提高自己的品行修养,永远以诚待人。

第三节 怎样做人?

按今人的眼光,做人的标准可谓成千上百种,各人观点不同,实在难以找出统一的标准。好在中国是个文明古国,受传统习俗影响很大,我们可以拿传统文化中的做人标准加以借鉴,推陈出新。儒家文化以仁、义、礼、智、信作为人们的道德规范,对此,今人有不同的看法。一些人认为,这是一种封建的教条,几千年来,束缚了人们的行为,应加以摒弃。另一部分人则认为,这是传统文化中的精髓,应加以继承。何是何非?我们应加以辩证地看待。不可否认,传统的伦理道德中,确实有应加以摒弃的糟粕，例如"男女授受不亲"，对妇女的种种压迫和约束，等等，这种腐朽的封建礼教，是要坚决加以批判的。而传统的伦理道德中还有更多的合理之处，例如做人要讲求诚信，不仅中国古代如此要求，现代西方社会亦如此要求，新加坡等亚洲四小龙，以及其他一些地区的海外华人，很多都是尊孔尊儒及遵其道德规范的。中国现代文化，是生长在传统文化根基之上的，我们不可能斩断根基，我们只有在这棵古树上进行合理的嫁接，才能长出新枝新杈，结出更丰盛的果实。对于仁、义、礼、智、信这一古人的道德规范，我们也应用今人的眼光加以诠释之后，再作为今人的做人标准。真、善、美是人们亘古追求的道德标准，这在今天也依然如此。

★ 仁。即做人要有同情心和仁爱之心，要为人宽厚正直。尤其是对于执政者，更要有仁爱之心，要施仁政，而不要施暴政；要体贴百姓的疾苦，而不要只顾自己享乐。

★ 义。即做人要坚持正义，勇于承担风险。办事要公正合理，助人为乐。在这里我们要强调的是大义，而不是一些人说的那种朋友做了违法的事情也要为其两肋插刀的小义。

★ 礼。有关封建礼教的东西是我们要加以剔除的。今天我们要讲究的礼是为人要礼貌，办事要注意礼节，言行举止有节度。这是人们社交场合的需要，也是建立良好的人际关系所需要的。

★ 智。即要做智慧聪明的好人。光有德，没有智的人好像一个花瓶，中看不中用，只能受人摆布。好人不等于傻人，好人不仅仅要约束自己，还要照亮社会。只有将品德和智慧结合起来的人，才是真正有用于社会的人。

★ 信。即做人要诚实、可靠，要讲究信用，说话算数，君子一言，驷马难追；要讲究信誉，良好的声誉是人们事业上的一笔无形的资产；要讲究信仰，要有坚定的志向，志向是我们人生的指路明灯；要讲究信念，要为自己认为是正确的理想坚定不移地去奋斗；要讲究信守，要忠实地遵守自己的诺言；要讲究信任，用人勿疑，疑人勿用，你信赖别人，别人才会信赖你；要讲究信心，要充满自信，强烈的自信心是立足人生的坚强靠山。

★ 真。做人要讲究真实，不虚假；要真情恳切，不虚伪；要真诚直率，不做作；要真挚友好，不计较。

★ 善。做人要善良慈爱，为人友善。《厚黑学》一书从反面告诉我们这样一个道理，社会上任何事情都是两头小，中间大。在社会上往往有两种人容易取得成功，一种是大善之人，一种是大恶之人，但这两种人都属少数；而属于大部分的中间之人，摇摆于既不肯吃亏，又不愿作恶之间，瞻前顾后，终生无大业。大恶之人虽靠着阴险狠毒取得某一方面的成功，但代价是心理不宁，遗臭万年。既如此，人们为何不做大善之人呢？那些怀着大爱之心的人，有时会受一些骗，会吃一些亏，但人们终究会给予他应有的评价和回报。善良之人为了他人日夜操劳，旁人看上去很辛苦，但他自己不觉得，因为奉献爱心，是一种快乐，一种享受，一种安宁。

★ 美。爱美之心人皆有之，美好的外表总能引发人们的愉悦之情，但是如果没有美好的外表怎么办呢？人们常说三分长相，七分打扮，合体的穿衣和适当的装扮比先天的长相更重要。现代人对美的要求不仅仅是外表，还包括优雅的气质和美好的心灵，内在的美比外在的美更能打动人心。因此，注意美化自己的心灵和外表，对于建立好的人际关系非常有益。

★ 理。许多人将"仁、义、礼、智、信"中的"礼"换成了"理"。中华民族是个重感情的民族，在一些问题上甚至重情轻理。现代社会是一个理性的社会，因此宣扬理性，会使人们的行为变得更加合理，社会变得更加合理。

★ 法。在现实社会中，常常有一些合理不合法，合法不合情，合情不合理的事情。情、理、法三者何轻何重？我们应将"法"放在第一位，培养人们的遵纪守法思想，这有利于将我们的社会建设成法制的社会。

第四节 做人讲究方法

做人不仅要有好的品质，还要有好的方式方法。没有好的方法，好人也会办错事；有了好的方法，坏人也能办对事。

1. 小心好心办坏事

有的人对人很热心，但热情过度，常常被人误解，于是抱怨自己好心没有好报。如果你真认为自己是好心对待别人，而别人却不领情，那你就要从方式方法上找原因了。就好比你有一个很好的故事内容，但你却表达不清，词句混乱，那你能怪人家不欣赏你的故事吗？因此好的人品，还要通过好的做事方法表现出来。因此，人们在表现自己的好心时，要注意以下几点：

a. 不要越俎代庖，个人的事情个人管，不要总是插手他人的事情，以免人家反感。一位女服务员，总是害怕她的女友被老板解雇，因此总是督促着女友做这做那，女友稍有不慎，便马上予以指出；可女友却非常不满，认为她是在监督自己，多管闲事，渐渐地与她疏远了。其实，每个人都有自己的做事方法，人们大可不必总是替他人担忧。

b. 好心不要带有强制性，人家的事情你点到为止便可，不要强迫别人接受你的好心。一位先生招待客人很热情，总用自己的筷子给人夹菜，也不知人家是否喜欢吃，弄得人家吃也不是，不吃也不是，心里很不舒服，下次都不敢和他一起吃饭。一位女士在商店里见到一件非常好看的衣服，便立刻打电话劝说她的朋友去买，她的朋友觉得买也不是，不买也不是，她是那样的好心，不买驳她的面子，买了自己又不喜欢，结果她的好心成了朋友的负担。

c. 切忌帮倒忙，越帮越忙。有一位先生经常和妻子吵架，每次吵完后,很快就烟消云散了。有一次妻子的朋友竟跑来劝说他要善待妻子。这下先生大为恼怒,心想,妻子有什么事不能在家跟我说,非要跑出去说我的坏话,与妻子大闹了起来。妻子的朋友本来是好心来撮合的,却想不到反而加剧了他们的矛盾。

d. 有可能落嫌疑的好心还是没有为好。某公司要在一家大饭店开会,该公司的一位职员好心为公司去联系这家饭店,通过他在这家饭店的朋友打了折,为公司节省了费用,可一些人却在暗地里传言,说他从中得了回扣。其实,这位职工分文未得,还欠了朋友的情面,实为冤枉。

e. 好心要讲究适度,不要热过头。某女士是个热心人,一次晚会上,别的家长都坐在一起聊天,唯独她在不停地张罗,一会儿去管孩子,一会儿去帮主人招待,跑上跑下,而一些人却很讨厌她,私下说:"她又不是主人,看她比主人还忙,瞎出风头!"很多时候,你对人热情,人家会很高兴;但你要热过头了,人家就受不了了,因此好心要掌握好火候,要让人感到温暖舒适就恰到好处了。

f. 有时人们要学会善意的隐瞒。有位老人患重病住院,医生诊断老人只能活半年。老人的家人怕老人悲哀,故隐瞒真情,对老人说:"医生说了,你的病没问题,能好起来。"老人听了,情绪很稳定。可一位年青人却把真情告诉了老人,老人听后心情很沮丧,开始饭不吃,茶不思,没过两个月便病情加重,去世了。为此,那位说真话的青年人成了人们谴责的对象。我们主张做人要诚实,不说假话,但是善意的隐瞒却是必要的。就像上述例子,如将某件事情告诉某人,会造成某人的巨大痛苦时,那么善意的隐瞒就是道德的,如实地奉告反而是不道德的了。又如,你给你远方的父母打电话,说的全都是你真实的痛苦的事情,那么儿行千里母担忧,你的父母就会为你焦虑万千,甚至忧思成疾,与其这样,你还不如隐藏起痛苦,报喜不报忧的好。

2. 利己但不要损人

过去，我们老是宣扬一种大公无私的精神，实际上那是违背人的自然本性的。应该说，人的本性都是利己的，但是，利己要和自私自利、损人利己区别开来。你在为你自己的事业而努力奋斗，你在为自己的生活而添砖加瓦，实际上，这些都是在进行着一种利己的行动。但是，你的事业不能是靠踩着别人的脑袋往上爬，你的生活不能是将自己的快乐建筑在别人的痛苦之上。在人际交往中，我们主张的是田径场上的竞赛，大家各跑各的，靠自己的实力取胜；我们反对的是拳击场上的竞争，胜者的荣耀，是靠将对手击倒在地所取得的。

3. 多从别人的角度考虑问题

生活中，人们常常为一些鸡毛蒜皮的小事争吵不休，常常是公说公有理，婆说婆有理，各执自己的理由，永远没有思想统一的时候。这么说，世界上是不是就没有公理了呢？是的，在一些问题上的确是没有公理的。同样一个问题，由于人们看问题的角度不同，得出来的看法就不同，"远看成岭侧成峰"，同样一个人，在你的眼里是英雄，在你敌人的眼里就是恶棍。老板降低了工人的工资，从老板的立场看，这是为了降低成本；但从工人的立场看，这损害了工人的利益。婆婆站在自己的角度上，认为媳妇应该孝敬公婆，媳妇站在自己的角度上，认为婆婆应该帮自己分担家务，因此婆媳最难达成共识。而婆媳吵架，最难处的是夹在中间的男人，婆婆认为儿子应该向着娘，媳妇认为老公应该向着老婆，双方从来都没有满意的时候。其实，我们只要跳出自己的认识圈子，从对方的角度考虑一下问题，情况就不一样了，就没有那么多的烦心事了。于是，有些人从长期的矛盾冲突中学会了替别人着想，从别人的角度考虑一下问题的艺术。凡事设身处地地替别人想一下，站在一个更高的角度，以全面的眼光观察一下问题，思想就豁然开朗了，就没有那么多解不开，理还乱的思想疙瘩了。人一站得高了，脚下的景物就会显得小了。

第五节　克制并改正不良品质和习惯

人非圣贤，岂能无过？在人们身上，或多或少地存在一些不良的习惯，有品质方面的，有言行方面的，这些不良习惯的存在，使其在人们心目中的形象打了折扣，影响了其人际关系。例如：

a. 没有时间观念和信用观念，和人约会总是迟到；爱和人家许愿，人家当真记在心里，可你早就忘在九霄云外。这是一种不守信用的坏习惯，时间长了将没有人会信任你。

b. 嫉妒与猜疑是人性格上的两大障碍，嫉妒是一种心胸狭隘的表现，它是许多邪恶产生的根源，如不加以克制，就会产生一些悲剧。猜疑是一种心理衰老的表现，人们常说，年青人相信一切，老年人怀疑一切，如果你觉得自己总爱猜疑别人，那么就要多参加一些快乐的运动和娱乐活动，多和天真烂漫的孩子在一起，努力使自己的心灵变得年轻一些。

c. 自私、小气和贪婪使人们变得眼光短浅，爱贪小便宜，遇到利益上的事便当仁不让，盯着每一粒芝麻不放手，可当西瓜摆在他眼前的时候，他却看不到了。因此自私自利的人往往是赚小便宜，吃大亏。由于十分小气，不肯帮助别人，也得不到别人的帮助。

d. 脾气暴躁，不尊重他人，报复心强，以为这样可以使人害怕自己，不受欺负。实际上人们对你是敬而远之。常言道："要想别人尊重你，你要先尊重别人。"不会尊重别人的人，自己也不会得到别人的尊重。久而久之，你的脾气会越发不可控制，你的敌人会越树越多，你会变得越来越孤独。脾气实际上是可以控制的，这在于你愿不愿意去控制。

e. 自我要求得过且过，要求别人却十全十美。对人苛刻对己松，总是用放大镜看别人的缺点，对人吹毛求疵，专挑毛病，却看不到自己身上的缺点，因此永无进步。

f. 喜欢管束别人，教育别人，处处以我为尊，具有一种统治欲。殊不知，人们都有一种追求自由，摆脱管束的本能，你越想管束人家，人家便越想摆脱管束，渐渐地会与你形成对立。

g. 自卑是人际交往中的一大心理障碍，而强烈的自卑的影子就是盲目的自尊。有些外表极其自傲的人，其实是在用骄傲掩饰自己的自卑。这种不健康的心理会造成人们的一些误解，让人小瞧，因此人们要努力建立自信心，摆脱自卑心理。

h. 好夸耀，经常地自吹自擂。一开始还能让人信以为真，得到一些人的尊敬，但人们很快就发现其言过其实，对其所有话都大打折扣，甚至其讲真话时别人也不相信了。

i. 好窝里斗，与人想处总爱斗个你死我活。当遇到竞争对手时，不是想办法发展自己超过别人，而是想办法将人家绊倒。走到哪里，矛盾便带到哪里，具有斗争癖。这是人们各自身上的缺点相互碰撞所发出的火花。人们应相互容忍，增加协作。

j. 眼中无人，目空一切。比其高的人他嫉妒，比其低的人又看不起，目空一切，唯我独尊，似乎世上没有一个能与他相处的人。其结果是真的就没有人愿与其相处了。

k. 为人虚伪，爱耍两面派。当面一套，背后一套，与人当面说好话，背后说坏话，能蒙骗人于当时，但不能于长久。因为世上没有不透风的墙，背后所做之事早晚有被人察觉之时。一旦被察觉，做人形象将一落千丈。

l. 自我为中心，凡事只替自己考虑，不为他人着想。总要别人为自己服务，围着自己转，却不愿意帮助他人，甚至要损害他人利益来满足自己利益。

m. 不讲公德。将自己家中收拾得非常干净，却将走廊和公共区弄得一塌糊涂。在家中大声放音乐和唱歌，却不管邻居被噪音所打扰。在公共场合大声喧哗，却不顾及他人鄙视的眼光。不管旁边有没有人就随便吸烟或脱鞋，污染空气，影响他人呼吸。

n. 孤独固执，将自己封闭起来，不与他人交往，心灵过早地衰老。

o. 做老好人，办事没原则。一些人想做好人，凡事和稀泥，害怕得罪人，可是有时候却适得其反，双方都得罪。人们喜欢的是大好人，而不是老好人。

p. 好吃懒做，凡事总想偷懒，今天的事情总想推到明天去做。"明日复明日，明日何其多；我生待明日，万事成蹉跎"。

q. 办事含含糊糊，怕伤朋友面子而将一些该讲的话压下，等到利益冲突的时候，由于事先没有定下规矩，很多朋友就由此变成仇敌。因此办事情，尤其是生意场上的事情，应把话讲在前面，把规矩定在头里。

r. 在领导面前卑躬屈膝，满脸堆笑，在下级和同事面前则鼻孔朝天，盛气凌人，是最让人恶心、龌龊的事情。

s. 当官前一副谦虚谨慎、毕恭毕敬的样子，当了官后摇身一变就六亲不认，趾高气扬，正所谓"子系中山狼，得志便猖狂"，会被人认为是小人得志而取笑。

以上列举了一些人们性格中的弱点，有的人有，有的人没有；有的人多一些，有的人少一些。如有，我们便要加以认清，加以克服。这些是心理上的疾病，心病还须心药医，要学会用健康的思想去医治自己的心理疾患。生理上的疾病会妨碍我们的行动，而心理上的疾病会妨碍我们的思想，我们应该像重视自己生理上的疾病一样，去重视自己心理上的疾病。

第三章　关系好坏看面子

"面子",是中国关系学中的重要因素。提起面子,中国人无人不知,无人不晓,无人不争,无人不要。可外国人却不知那是个什么。如果这么重要的东西都不知晓,那么当你为人处世的时候,就准会到处惹事,到处伤人,等到你一败涂地卷铺盖回家的时候,还不知自己做错了什么。下面就让我们去认识一下面子。

第一节　面子是什么?

如果从字面上解释什么是面子,那么最初、最原始的解释就是脸面的意思。就是表现在外的,能够使人们看到的那部分东西,人们看不到,就没有意义了。人们可能要问,脸面有那么重要吗?当然有,人们常说:"女为悦己者容。"对于女性来讲,外表最重要的恐怕就是那张脸了。将脸蛋打扮得漂亮一些,就会得到人们的喜爱,就会得到人们的夸奖,女性的自尊心就会得到一种满足和喜悦,就会感受到一种荣耀感。但面子是否就是特指女性的脸面呢?不一定。因为女人要面子,男人也要面子;青春焕发的年轻人要面子,古稀之年的老年人也要面子;年轻美丽的姑娘要面子,满面皱纹的老太太也要面子。这里的面子是否都叫漂亮的脸蛋呢？那就不是了。在这里，面子只不过是一种代意词而已，它的意思有了很大的引申。

根据各个人的情况不同，每个人对面子的看法和要求也不同。例如，你当着众人面对一个年轻姑娘说"你长得很美"，她会感到一种莫大的荣耀，虽表面上羞涩，但心里会认为你给面子；但你这话对一个五大三粗的小伙子说，他就未必会感到光彩，甚至感到别扭，有可能会粗鲁地回敬你两句。几个年轻人在一位老人面前表现得毕恭毕敬，会让那位老人十分开心，他会认为自己得到了人们的尊敬，面子上感到光彩。你在一位知识分子的家中赞扬他的学术水平和人品，会让他在家人面前感到脸上增光，有面子，他会感激你的机智和善解人意。你在会上夸赞某位领导办事公正，领导水平高，他会认为你在众人面前抬高了他的地位，增加了他的面子，喜悦之余，他会在其他场合对你进行回报。一个人犯了错误，你当众批评了他，他会感到在众人面前丢面子，对你怀恨在心；如果你把他叫到一边，在没人看到的时候批评他，他会感激你给他面子，愉快地接受你的批评。你去找朋友办事，朋友没给别人办，专门给你办了，你会感到朋友很给面子，其他人也会感到你的面子大，对你肃然起敬；如果朋友当众回绝了你，你就会感到被驳了面子，对朋友表示不满。看来，面子因人不同，因场合而不同，其意义的解释也就不同了。

在这里，我们可以对"面子"一词作出这样一种解释。所谓面子，就是人们期望自己在他人面前或公共场合受到人们的尊敬或赞颂，或表现出一种特殊的地位，借此获得自尊心的满足，感到脸面的光彩和荣耀。说到底，面子就是一种表面上的荣耀感，一种自尊心的满足。为什么要加上"表面上"三个字？因为面子在某种意义上带有虚荣心的成分，它不是有一表现一，有二表现二，没有就不表现这样一种实打实的表现，而是有没有都想表现这样一种心理的期望。一些人一生都在为面子而活着，别人有的我也要有，别人的孩子学钢琴了，我们家吃不饱饭也要买一架钢琴摆在那，不能让别人看不起，否则就没面子。面子对于中国人来说，起着正反两方面的作用。正面的作用是，它约束人们的行为，使人们知廉耻，知上进，有自尊，也懂得尊重别人。人们为了在众人面前保持良好的形象，就要去学习一些好的技能，改正一些错误的习惯。反面的作用就是，面子如一座大山压在人们头上，使人们失去自我，有时为了面子还要去做一些虚伪的事情。过于要面子就是一种虚荣心，死要面子活受罪。

第二节　人为什么要面子？

1. 面子的重要性

中国有句老话："人要脸，树要皮。"在这里，脸就是面子的意思，将人的脸面当作树的皮一样重要。树要是没有了皮就会死掉，人要是没有脸活着也就没意思了。因此千百年来，许多人活着就是为了争一个脸面。面子从远、近两个方面说都有其重要性。从远的方面说，面子有时也包含"名"的意思，中国传统文化非常重视人的名，包括名声、名气、名望等，有了好的名声，人就有面子。中国古代的科举制度，吸引着一批又一批的知识分子为榜上有名而赴汤蹈火。他们头悬梁，锥刺股，没黑没夜地读书，为的就是一举成名天下知，光宗耀祖，脸上有光。人们听说过"范进中举"的故事，范进一生中都在拼命读书，为的就是这样一个目的，可他到老之后才考取了举人，当他得知了自己用一生心血换来的胜利成果时，竟然高兴得疯了。可见人们对名望追求的程度。从近的方面说，面子包含有荣誉感的意思，人们都希望在他人面前表现出光荣，因此中国人不仅自己要面子，也非常注意给他人面子，因为只有你给别人面子，别人才会给你面子，面子是一种相互的赠与。在汉语里面有很多关于面子的表达法，褒义的有："他很给面子"，"他面子真大"，"他让人面子上过得去"，"他真有面子"，等等；中性的有："他很要面子"，"他爱面子"，等等；贬义的有："他真不给面子"，"他驳人面子"，"他撅了我的面子"，"他让我面子上下不来台"，"他们伤了面子"，等等。如果你听到这些贬义的表达，那么就意味着人们的关系紧张了，怨恨就要结下了。因此，人们在相互交往中，要注意相互尊重，彼此多给面子，避免伤害对方的自尊心，这样做了，你就会感到，无形中你周围的朋友会渐渐多起来。可以说，你每给人一次面子，就增加一个朋友；你每驳一次面子，就失去一个朋友。

2. 面子是一种风俗习惯和人的本能的需求

一位中国学生跟一泰国同学开玩笑，拍了他的头一下，可谁知这位泰国同学立刻严肃起来。他对中国学生说："你大概不知道，在我们泰国，头是不能让人拍的，人要是拍了，会打起架来的"。中国学生非常惊讶，问："为什么？在中国拍脑袋有时是表示一种亲密和友好的关系呀！"泰国学生说："我也说不清是为什么，大概就是一种文化传统吧。"看来，有些东西就是一种民族的文化传统，是一个民族在长期的历史发展中所形成的一种风俗习惯。正由于有这许多不同的民族文化和风俗习惯，才使得各个民族彼此不同，才形成了丰富多彩的异族风情。爱面子，同样也是中华民族的一种传统习俗，一种本能的心理上的需求。就像人们爱美，这就是一种人的自然本性，一种本能，是一个复杂的心理学的问题。

我们常听人们说要捍卫自己的尊严，要为尊严而战。实际上尊严就是一种面子，人有要求尊严的本能，自然也就有了要求面子的本能。古人云："士可杀而不可辱。"意思是人们宁愿被人所杀，也不愿被人所侮辱。被人侮辱就是最大的丢面子的事，人们把面子看得比生命还要重要。自古以来，江湖上的许多恩恩怨怨都是因面子所起,张三在某一场合让李四丢了面子,李四怀恨在心,伺机报复,于是各种仇斗与凶杀便愈演愈烈。王五本来不喜欢赵六,但是赵六很会在公众场合吹捧王五,王五感觉赵六很给自己面子,于是也与赵六结为好友。人们对于面子有一种本能的保护反应,对于伤害自己面子的人有一种本能的敌意,对于维护自己面子的人有一种本能的好感。

3. 面子的不同

面子既然是人的一种本能,人的本性不同,对面子的要求就不同。

面子,会因人的需求层次不同而有所不同。人的需求共分五个层次,当人处在生活问题还没有解决的最底层的生存需求状态时,恐怕就不会考虑太多的面子问题,这时人们考虑的只是如何填饱肚子,好死不如赖活着。随着生活水平的提高,生计问题解决了,人们的精神需求会越来越多,这时,对面子的要求也会越来越高。例如,当人们穿着一件补丁加补丁的衣服走在大街上,他是会随地吐痰,随意挤公共汽车而不害羞的;可当他换上一套笔挺的西装时,不用说他就会自觉地注意自己的形象了。一般来讲,社会地位越高的人越讲究面子。

面子,也因人的性格不同,要求也不同。一般来讲,性格内向的人更要面子;性格外向的人,就不太怕伤面子。

面子,也因男女不同而不同,在商场里,与人讨价还价的大部分是女人,而许多男人则躲到一边,不好意思,男人在这方面比较要面子;但在情场上,往往是男人主动,女人不肯主动屈就,女人在这方面比较要面子。

面子,也随人们受教育程度和知识水平的提高而由虚向实地发展。人们的知识水平越高,便越追求一种品质上的实际的东西;知识水平越低,追求表面上东西的人越多。例如婚礼,一般来说，在工厂、农村等知识水平较低的人群中讲究排场的就比较多，要多少辆车，多少桌酒席等，有的一场婚礼下来，要花光全部的积蓄，甚至负债累累，不为别的，就为争得一个表面上的荣耀，一个面子；而在大学、研究机构、政府机关等知识分子较多的地方，结婚就较为简单，有的静悄悄的，结了婚，人们还不知道。在这些人群中，人们往往注重的是事业和成果，在这实的方面比较要面子。知识分子往往觉得生活条件差不丢人，事业上要不行才是丢人的。

第三节　怎样给人面子？

知道了面子的重要性，就要学会经常地给人面子。但面子又是一个非常敏感和脆弱的东西，你给多了不是，给少了也不是，给多了别人会认为你虚假，给少了别人会认为你看不起他。以下，我们对如何给面子作一些简单的提示。

1. 不要吝惜你的表扬话，要经常给人面子

人都是有虚荣心的，只是多少而已。人人都喜欢听到赞扬，这是一种本能的需求。马克·吐温说："一句精彩的赞辞可做我的十天口粮。"莎士比亚也说："称赞，即是我的薪俸。"心理学家证实，无论多伟大的人，适当地给他以赞赏，都会使其自尊心得到满足。表扬他人，可以使他人产生一种亲同感，很快地拉紧你们之间的关系。因此，不失时机地表扬人家一下，也是对他人的一种尊敬，是在给人面子。中国人由于非常注重面子，不仅自己要面子，也将面子作为一种恩惠赠与他人，这叫相互给面子。一般来讲，经常给别人面子的人，别人也会经常给他面子，这叫有好的人缘。一些人没什么朋友，并总在埋怨别人不给他面子，实际上根子不在别处，就在于自己。面子是相互的，常言道：

"要想别人尊重你,你首先要尊重别人。"你放下架子,多说一些好话,自然你的朋友就多起来了。

2. 恰如其分,不言过其实

给人面子,很多时候要说些恭维的话,但这些话要讲究实在,不掺虚假,否则,效果将适得其反。例如:你在众人面前过分地恭维你的下属,会让你的下属心理负担太重,别人也会认为你缺乏威信。你夸奖一个脸上有缺陷的人长得漂亮,他会认为你在讽刺挖苦他。你要是过分表扬人家,人家又会认为你是虚假,是在阿谀奉承,溜须拍马。因此,当众赞扬人,一定要是他真正所有的优点,否则,还不如不赞扬的好。

3. 在关键的时刻和重要的场合给朋友捧场

捧场原指特意到剧场去为某一演员的表演壮声势,今泛指对某人的某项活动表示支持。多参加朋友举办的活动,就是给朋友捧场和给朋友面子,如果你是个重要人物,朋友就更会感激你。但是,如果你太忙,你就可以根据朋友活动的重要程度,将一些不重要的活动推掉。什么叫重要的活动呢?对于中国人来讲,一生中最重要的活动大概莫过于红白喜事了。红白喜事意指结婚的婚礼和送葬的葬礼这两样活动,如果你连朋友的这两样活动都不参加,恐怕你就要失去这个朋友了。给朋友捧场要讲究重要的场合和关键的时刻,你在平常帮助一个人,恐怕他会记不住,但在关键时刻和他最困难的时刻帮助他,他会记住你一辈子。朋友举行婚礼的时候,一辈子难得一次,是最希望有人捧场的。朋友父母去世举行葬礼,去的人多,也是表现谁的朋友多的时候。这时候,去的人越多、地位越高,开来的车越好,朋友越感脸上有光。你平时参加他十次活动,还不如参加他这一次活动有效果。

再有，在你朋友长期在外或遇到困难的时候，你去看望一下他的父母或家人，你的朋友会更加感谢你。

4. 讲究批评人的方式，给人留面子

在公共场合批评人，恐怕是最容易伤害一个人的时候了。这个人也许心里已经知错，并想改正了，可是你一当众批评他，让他感到丢了面子，或许他又会坚持错误，与你对抗到底。因此，平时应尽量不当众批评别人的错误，而应把他叫到一边私下去说。在批评一个人之前，最好也肯定一下他的优点。如果一定要当众批评，事后最好向他解释说："你的错误我不得不当众批评，因为大家都看见了，我不批评你，别人会认为我不公正，我今后的工作没法做。"让他感到心服口服，因为批评人的目的是为了改正错误，而不是出气。

有这么一个事例，某大学两栋学生宿舍楼一天夜晚发生了矛盾，A楼学生指责B楼学生夜里有人怪叫，B楼学生指责A楼学生往B楼扔石头。争执不下，叫学生会主席来处理。学生会主席见学生越聚越多，群情激愤，批评哪方面都会引起不服。于是三十六计走为上。他对学生们说："今晚太晚了，大家先回去睡觉，石头是谁扔的？怪叫是谁发出的？有知情的人明天告诉我，再作处理。"说罢，甩手走了。第二天，A楼的学生头头见到学生会主席不满地说："昨晚你没把B楼怪叫的人查出来就走了，我们对你表示不满。"学生会主席将他拉到一边，之后正色地说："你以为我不知道那石头是你们谁扔的吗？扔石头伤人是犯法的你知道吗？那天我一看现场就全知道了，准是你小子又闯祸了，要是别人，我就一查到底了，可想到是你，咱们关系不错，我就只好装糊涂了。我没找你算账，你倒先找我来了。"A楼的学生头头一听学生会主席早知详情，只是给自己面子才没作处理，态度立刻好起来，不但向学生会主席承认了错误，还主动带人去与B楼的

人和解。可想而知，如果那晚学生会主席批评起两边的学生，准会把事情越搞越糟。这就好比火炉上的一锅粥，当粥在锅里沸腾的时候你去端，准会被烫着，最好的方法是先釜底抽薪，将火源关掉，让粥冷却一下再去端。

不仅要学会怎样批评人，也要学会怎样对待别人的批评。挨批评总是一件不好受的事情，但一般情况下都是自己犯了错误，别人才会批评自己。如果感到面子受到了伤害就顶撞批评者，会使批评者也受到伤害，并使别人认为你不虚心改正错误，以至于矛盾越来越大。如果你觉得批评者对你有误解，不要急着马上分辩，最好表示沉默，待事后再找批评者私下理论。如果批评者发觉是自己错了，而你又没当着别人面顶撞他，给他留面子，批评者会认为你有涵养，对你倍加尊敬。

5. 不揭人之短，不献人之丑

人人都有短处，人人都有献丑的时候。人们认为最丢面子的恐怕就是被人揭短和当众献丑了。你要是以揭人之短和让人献丑为乐事，就必然与人结仇，别人也就会寻找机会报复你，出你更大的洋相，这叫做"以血还血，以牙还牙"。因此人们要想过得太平，就要想法给人护短和遮丑，而不是想法让人出丑。有的人专爱打探他人的隐私，专爱看到他人出丑而感到好笑，实际上，在中国文化里，这是最容易伤人的。

一次，一位男生看到一位女生跌了一跤，样子较难看，便忍不住笑了起来，但想不到这位女生羞红着脸跑开了，以后不再理他了。

在中国古代，有一位官吏与一位小姐偷情，被他的一位仆人看到了，尽管这位仆人很忠心，也很能干，但这位官吏总疑心他会将他的丑事说出去，于是找了一个机会以莫须有的罪名将这位仆人杀了。有时，人们会无意中看到他人的隐私和丑事，这样，你们下次见面时就会感到很尴尬，对方不好意思再见你，也会将你视为一个威胁力量而加以提防，你会无形中树立一个敌人。因此我们应培养一个好的心态，不窥探他人隐私，不让人在公众面前丢丑，要在人出丑的时候回避，装看不见。

6. 给人台阶，不让人下不来台

什么叫给台阶？就好比两个人都站在了房顶上，都想下去，但是房顶太高，说什么自己都不能跳下去，否则会跌破脸面，这时，就希望有个人能放个台阶在下面，让其体面地走下去。这个意思引申到生活中，就好比两个人僵持在那里，都不想再这样下去了，但谁都不愿意先低头，否则就是承认自己失败、惧怕对方和没面子了。因此，就希望有个拉架的将他们强行拉开，以表现出是别人拉开的，而不是自己撤退的，以此保住面子。他人的拉架，就好比是给台阶下。或者说自己不想和对方再争执下去了，但看对方为了面子又不会善罢甘休，于是就先认个错，肯定一下对方，让对方感到体面，再化解双方的矛盾，这也叫给对方台阶下。

在中国古代，皇帝总有发出错误决定的时候，但为了面子又不肯轻易更改，这时，聪明的大臣就会上前去，先对皇帝美言两句，再委婉地劝说皇帝改变决定，让众人感到皇帝不是因错误而改变决定，而是因接受大臣的劝说，给大臣面子。这就是大臣给皇帝找个台阶下。生活中，人们免不了要与他人发生一些误解或矛盾，在双方剑拔弩张的时候，要是有朋友从中调解一下，使双方都认为是看朋友的面子才罢休，感到有台阶可下，就可化解一场冲突。生活中很需要这样的和事佬。

7. 侧面捧人的艺术

有这样两个事例。一次一位记者到外地去采访一家企业，这家企业想给这位记者联系到条件最好的市政府招待所去居住，可招待所的接待员一看是工厂的介绍信，便看不起地将其拒绝了。记者在边上见企业的人百般说情没用，就气愤地与接待员大吵起来。接待员见记者来势汹汹，便打电话叫来了警察。记者见对方来者不善，自己势单力孤恐怕要吃亏，于是就采取了化敌为友的方法，从侧面捧起了警察，说："警察同志最讲公正，最懂得法律，刚才这位服务小姐要是像你们一样说话有水平，我们今天就不会吵架了。"警察本来是要来拉人的，但想不到被对方捧了起来，觉得脸上有光，心里舒服，加上记者也不好惹，于是反过来帮着劝说接待员给记者找了一间房子住。

有两个孩子打架，牵扯到两家的父亲也吵了起来，A家叫来了两个帮手，想来教训一下B家的父亲，B家的父亲一看自己要吃亏，便采取分化瓦解的方法，从侧面捧起了A家的两个帮手，说："你们俩看上去年龄比我大，也像是知书达理的人，你们来得正好，我把昨天的情况如实地说一遍，你们帮着给评判一下谁对谁错。"两帮手本来是来帮着打架的，一看对方这样给自己面子，火气就先消了，听完了介绍，觉得A家也有不对的地方，于是便做起调解人来了，化解了一场争斗。

侧捧不仅用于化解矛盾，朋友之间也常用到，如，不直接夸赞朋友，而是夸赞朋友的妻子能干，孩子聪明、漂亮。探望朋友的父母，在朋友的父母面前夸赞他们的孩子。在别人面前夸赞某个人，通过别人把话传到其耳中。对某人不直接夸赞，而是说我早就听别人说你如何如何好，等等。有时侧捧更能给人面子，更能建立友谊。

8. 当着人家亲朋好友的面要特别注意给面子

人们或许有这种经历，你私下批评一个人，或许他会虚心接受，但你要是当着他家人或亲朋好友的面批评他，他就会对你不满，或奋起反驳。人们往往会在家人和亲朋好友面前更要面子，更要显示自己受人尊敬。有这么一位非常廉洁的公司经理，到下属企业出差从不让下属企业招待。一次他的妻子和女儿要去某城市旅游，该地有一家他的下属企业，该下属企业知道这位经理的脾气，也没有好好招待他的妻女。妻女回来后向他抱怨这家企业，并讥笑他没有威信，下属企业都不给他面子。这下却令这位经理大为恼怒，认为那家下属企业的经理不懂事，没有在他妻女面前给他面子，心中结下了怨恨。

有一家北京总公司的经理，经常去他的深圳分公司出差，每次去，深圳的分公司经理都对他隆重款待，可他却不以为然；深圳的分公司经理每次来北京出差，他却从不亲自招待。一次他的父母去深圳旅游，深圳的分公司经理同样接待得特别周到，该父母回来后向他大加赞赏深圳的分公司经理。他觉得深圳的分公司经理让自己在父母面前露了脸，心存感激，以后每次深圳的分公司经理来北京出差，他都亲自出马，特别款待。

有一对夫妻经常吵架，女方向她的朋友诉说苦衷。她说，我这老公在家里表现得特别好，我叫他干什么他就干什么，我发脾气他也不生气，可一到他父母家和当着他同学面我就支使不动他了。朋友说，这你就错了，因为男人是要面子的，在你自己家中或在你的家人面前，你怎么支使他，跟他发脾气都没关系；但你当着他家人和他同学面也这样，就太不给他面子了，他不记恨你才怪呢。这位妻子恍然大悟，以后当着外人的面，对丈夫表现得非常温柔，从此两口子不再吵架了，外人也经常羡慕地对她丈夫说："你娶了个好妻子。"他丈夫听了非常高兴，认为妻子变得善解人意了。

9. 不同人对面子的需求有所不同

人的社会角色不同,对面子的需求就有所不同。文人求名,官员求权,商人求利。文人自古就清高,也是最要面子的,有钱没钱倒是次要的,让人说没才,才是最没面子的。文人喜欢在文章和研究项目上寻找知音,你要是经常与他讨论他的文章,欣赏他的研究成果,就是对他最大的尊重;你要是将他的文章随手扔掉,或对他的研究成果随意贬低,对他来讲就是最大的驳面子了。文人也是最讲究骨气的,"士可杀而不可辱",因此你千万不要对他进行人格上的侮辱。

官员是最讲究威风八面的人,当一位官员来到你的企业,你要是没有隆重的欢迎场面,恐怕你让他给你的企业盖章就困难了。中国自古就是官本位,官员社会地位最高,官大一级压死牛,官员到哪都喜欢高高在上和前呼后拥的场面,以显示其地位和荣耀,这对他来讲是最大的面子。

商人最讲究豪华和阔气,商人之间相比的常常是谁最有钱,谁的车子和房子最豪华,谁的享受最丰盛等等。因此对于商人,你夸奖他们外在的各种物质条件准没错,这会使他们感到很有面子。但是,中国的国有企业干部过去是按政府官员的体制进行管理和提拔的。国有企业的干部你可以叫他商人,也可以叫他官员。国有企业的干部对面子的要求有时与政府官员相似。

人的经济地位、政治地位不同,造成了人的需求层次不同;人的需求层次不同,对面子的要求也不同。一般来讲,摆脱了经济困扰的富裕阶层的人士,比较注重精神方面的需求,相互之间比的是一些较高级的东西,在这些方面比较要面子。经济地位较低的人群,攀比的往往是经济上的东西,例如你结婚请了十桌,我就要请十一桌;你家买了一台十六英寸的彩电,我家就要买十八英寸的。在这些方面争面子。

性别不同，对面子的需求也不同，中国历史上讲求男才女貌，男人求才，女人求貌，男人以才高为荣，女人以貌美为荣，对于女人，千万不要在她的外貌上说坏话，那是最使女人丢面子的事情。当着一个女人的面，也不应赞扬另一个女性，以免其产生嫉妒心理。

10. 谈判桌上讲双赢，不把人逼向绝路

一次研究生课上，老师向这些学经济管理的学生提问："在谈判桌上，最高的谈判策略是什么?"学生们回答的全都是如何战胜对方，怎样使自己取得最大利益的技巧。最后老师说，这些都不是最高策略，最高策略是使彼此都获利的双赢策略。通过这个事例我们可以看出，受传统思想的影响，我们认为商场就是战场，与竞争对手是一种你死我活的关系，在生意场上，我们总试图全力压倒对方，使自己获得最大利益。因此，我们每取得一次胜利，都是以增加一个仇人和潜在的威胁力量为代价的。要知道，与你谈判的人要是惨败而归，对他来讲就是最大的丢面子，他不恨你，不伺机报复你才怪呢。因此胜利来得越多，树敌也就越多，当敌对势力积蓄到一定程度，并联合起来的时候，你自己也就到了遭受失败的时候了。现代经营观念已经有了改变，讲究双赢策略，每次谈判，给对方点面子，不把人逼向绝路，让双方都得到好处，变竞争对手为合作伙伴，这样，眼前虽失去点小利，但今后却能获大利。在生活中何尝不也是这样，遇到利益上的事情，不要总想自己得好处，让大家利益均沾，你会活得更好些。

第四章 林林总总的关系

关系学是关于人与人之间关系的一门学问，关系是人们的一笔无形资产，关系越多，可开发和利用的资源也就越多，获得的财富也就越多。人与人之间关系都有哪些？有不同的划分方法。以远近层次分：有家庭、亲属、亲戚、朋友、同学、同事、一般人际关系等；以利益大小分：有上下级与同事、关系户、客户关系等；以关系的社会属性分：有政治关系、经济关系，等等。各种不同的关系会组成不同的关系网，大家在一个圈子内彼此帮助，相互照应。例如在同学圈子里，有一个人坑害了另一位同学，他的丑事便立刻会在全体同学中传开，他也就没办法与其他同学见面，因此圈内之人都比较遵守共同的规矩，其他外人如无引荐，很难进入到这个圈子中来。各种关系都是怎样的呢？下面让我们来分别认识。

第一节 家庭关系

家庭是社会的最基本单位，也是人一生相随的关系。家庭关系是一种以血缘为纽带的关系，中国社会是一个非常注重血统论的社会，特别注重家庭和家庭关系，因此家庭关系是社会上最为稳固的关系。了解家庭关系，是了解整个社会关系的起点和入手。

1. 中国古代的家庭关系

中国古代的家庭关系具有以下特征：

a. 男尊女卑，妻子要服从丈夫，对女人有种种限制。

b. 一夫多妻制，男人除正房外，要喜欢上别的女人，可以纳妾，即娶为小老婆。男女授受不亲，不得自由恋爱，婚姻由父母包办。

c. 讲究孝道，父道尊严，父母可随意打骂孩子，进行管教，孩子要绝对地孝敬父母。

d. 重视教育，由于受科举制度的影响，"书中自有黄金屋，书中自有颜如玉"，人们普遍望子成龙，而读书是人们进取功名的唯一佳径，因此中国家庭自古重教。

e. 讲究大规模的家庭，三室同堂，四世同堂，以大家族为荣耀，常常是几代人，几家人同住一处。

f. 尊老爱幼，常常以长者为先，年纪越大威信越高，说话越算数，年青人要服从年长者，而年纪最小的常常受到人们的照料。

2. 中国现代社会的家庭关系

自从辛亥革命推翻了中国两千多年的封建统治之后，近百年来，中国的家庭关系发生了深刻的变革，男女平等已经取代了男尊女卑，在一般城市家庭里，甚至妻子的地位普遍高于丈夫，西方社会"女士优先"的观念在一些大城市也广为接受。包办婚姻、一夫多妻制等封建的残余早已从人们思想中铲除，人们择偶的方式由他人介绍、自由恋爱、报纸征婚，已发展到电视征婚，一些俊男靓女们已敢于在电视机前,大庭广众之下寻找自己的情侣。中国现代社会的家庭规模已在趋于缩小,在城市中,许多家庭已是老人与结婚后的年青人分居;但在很多农村,还依然是三室同堂,四世同堂,老人依然有着自己的权威,孩子孝敬父母的习俗也依然没有改变。但在重教方面,由于"文革"时期宣扬的是"知识越多越反动",人们受教育的权利被剥夺了,在1966年至1976年"文革"这段时间长大的人基本上没有受到什么正规的教育,在中国历史上形成了一个大的人才断层。

3. 中国当代独生子女的家庭关系

1976年,"文化大革命"结束后,中国政府考虑到中国人口急剧膨胀,如此发展下去,有限的社会资源将无法承受人口的巨大压力,因此加强了计划生育工作,即每对夫妻只能生养一个孩子,少数民族可以生两个,于是形成了中国历史上绝无仅有的独生子女社会。由于抚养这一代独生子女的父母们大都是被"文革"耽误的那一代人,警醒于自己失去教育的后果,中华民族重教的传统在这一代父母身上复苏,他们把全部希望都寄托在了子女的身上,倾其全力为自己的孩子进行教育投资,因此这一代独生子女是中国历史上受教育程度最高的一个人群。

由于这一代父母经历过"大跃进"、三年自然灾害、"反右"、"文革"等一系列苦难,他们不想让自己的孩子再遭受他们同样的苦难,而且只有一个孩子,再加上这些年经济的快速发展,物质极其丰富,这批独生子女享受着家庭无比的娇惯,享受着其父辈前所未有的高水准的物质待遇,因此许多独生子女也被培养成了温室里的花朵,心理素质低弱。

可以说,中国当代社会的家庭关系出现了一系列的不平衡。其一,一个文化素养较低的人群培养着一个文化水平较高的人群,一个曾受苦受难的人群抚养着一个最多物质和精神享受的人群，一些不适当的教育方法必然导致一些不适当的教育结果。其二，中国传统社会讲究孩子孝敬父母，而现在许多父母对孩子百般娇惯，造就了一些以自我为中心的小皇帝，小公主。老人反过来对孩子百依百顺，出现一种角色颠倒，矫枉过正现象。随着时间的推移，中国将步入老年化社会，两个孩子将养活四个老人，未来的社会问题将非常严重。其三，这批独生子女在文化素养和品质修养方面出现两极分化，一方面是高才智，一方面是意志薄弱。由于独生子女从小没有兄弟姐妹一起相处，性格孤独，以自我为中心，不善与人交往和合作。未来社会的人际关系将会怎样？目前尚难断论。我们寄希望于独生子女们经过社会的磨炼，能够弥补在家庭教育中所忽略的这一课，变得意志坚强，更能团结他人，贡献于社会。

第二节　同学关系

一个人小时候第一次接触家庭以外的社会关系，恐怕就是同学关系了，也包括师生关系，这种关系将伴随孩子从儿童到青少年的十几年时间。

1. 中小学同学关系

这是一种青梅竹马的发小关系，带有许多纯真浪漫的色彩，就像一张黑白老照片，虽相隔久远，但却能勾起你很多美好的回忆。中国有句老话"东西新的好，朋友是旧的好"，小时候结下的友谊就像一坛陈年老酒，时间愈久远便愈有浓香。目前，社会上许多事业有成之士都在寻找童年时的伙伴，成立小学同学会、中学同学会等，大家开始相互帮扶。

2. 大学同学关系

大学同学关系是一种以理想为纽带的关系。由于中国大学还不十分普及，尤其是"文革"停办十年，能考入大学的往往是中学和社会上的佼佼者，被称为天之骄子。因此，大学时代是人们充满理想，踌躇满志的黄金时代。一位大学生毕业后刚到单位，一位老大学生便告诉他说："我大学毕业几十年了，接触了各种各样的关系，别的关系都淡漠了，唯独大学时代的同学关系还在维持着，大学时代的同学关系是最长久的。"目前，社会上各种民间团体中最为活跃，层次最高的恐怕也就属各个大学的校友会了。特别热心校友会的有三种人，一种是老年校友，他们真的把校友会当作了自己晚年的感情寄托之所，积极参加校友会的各项活动；一种是在大学期间的活跃分子，毕业后也依然是校友中最有号召力的人；一种是毕业之后事业有成之士，令众人刮目相看，也有能力为校友会尽一分力了。大学的同学关系在社会上形成了一张广大的社会关系网。一些大学的老校友在一些部门执掌了实权，新校友便可攀龙附凤，在老校友的扶助下尽快攀升，办事也容易。在中央各部委中，有很多清华大学、中国人民大学的学生，某公司想办一家中外合资企业，为盖章之事发愁，于是聘请了一位中国人民大学的学生，他利用他在有关部门的同学关系，很快便将全部章子盖了下来。一般各个部委都有自己的行业大学，例如铁道部里铁道学院和交通大学的学生最多，法律部门法学院的学生最多，同一学校的学生在同一行业往往容易成一系统，彼此扶助。

各个省，各个地区也都有自己的重点大学，学生毕业分在本省，这个大学的学生往往也就成了这个省的中坚力量。中山大学、暨南大学是广东省最著名的两所综合性大学，学生遍布广东省，暨南大学是一所华侨大学，在香港、澳门、东南亚及海外其他国家也有非常多的校友。人称在广州、深圳、珠海等地，只要是漂亮一点的房子，走进去一打听就能找到中山大学和暨南大学的校友。一次一家公司向另一家公司催债，Ａ公司的会计与Ｂ公司的会计在电话中吵了起来，吵着吵着，大家发现双方竟都是暨南大学的校友，于是立刻偃旗息鼓，变得好说好商量了。其实，何止中国，在别的国家，见到校友，不也一样亲热，一样好办事吗？

3. 其他同学关系

除了中小学和大学外，人们还会参加一些不同形式的进修班、补习班、培训班等等，人们往往也可通过一起学习，找到志同道合者，建立起长久的关系，在事业上彼此帮助。

第三节　老乡关系

老乡关系是一种以家乡观念为纽带的人际关系。中国传统文化具有浓厚的乡土气息，一方水土养一方人，各个地方的人都有各个地方的特色，经常走南闯北的人，从人们的长相、气质，说话口音上就可以判断他是哪个地方的人。在大城市，由于人们来自五湖四海，家乡观念比较淡薄一些。而在农村和中小城市，人们普遍具有浓厚的家乡观念，人们热爱家乡，具有强烈的恋土情结，热爱家乡的土地，也同样热爱家乡的人，在与人交往中，特别看重老乡关系，人们无论走到哪里，一对上家乡话，就是一份浓浓的乡情和诉不完的衷肠，两人便立刻会成为亲密的朋友，正好是"老乡见老乡，两眼泪汪汪"。老乡关系在军队中尤为盛行，例如中国近代史上的军阀战争，各地军阀都是以老乡关系为纽带组建军队，称霸一方。在今天也同样，一个单位，如果你们两人是来自同一个省，关系就不一般；如果同一个县，关系又进一层；如果同一个村，那就是他乡遇故知了，两人可不分你我了。如果这个单位的领导是你的同乡，那你就遇到贵人了，你准会得到一些特殊的关照。

在一些传统地区，那里的人们具有很强的排外性，外地人到了那里，一般很难打入当地人的圈子，地方保护主义更是使外地人无法与当地人抗衡，因此人们常说强龙压不过地头蛇。人们出外旅游，就会发现这种很明显的事情。如由当地朋友引导，便安全许多；如无当地人关照，就很容易上当受骗。老乡观念会形成一些无形的墙，使这个地方的人和那个地方的人很难有深层的沟通。但是，他却加强了同一地方人们的团结与协作。在北京，有各个地方人们聚居的区域，如浙江村、河南村、新疆村等，来自同一地方的人聚居在一起，如遭受外人欺负，大家会一起反抗，外人很难进入他们的圈子。

第四节 其他各种社会关系

在人际关系中还有非常重要的以感情为纽带的朋友关系，以共同事业为纽带的工作关系等。朋友关系与同学关系、老乡关系等有所不同。同学关系是要曾经在一起上过学才会有的；老乡关系是要家乡在同一个地域，而且要会说同一方言才会有的。只有朋友关系是没有时间、地域等各种先决条件的，两个人只要情投意合，不分年龄、性别、种族等任何条件，就能走到一起。因此说老乡关系、同学关系等好比一种天然资源，你可以不认识对方，一报家门，大家自是朋友。而朋友关系是一种后天开发的，需要不断地去维护的关系，我们将在后面第五章的"交友之道"中详细讨论。工作关系也是人的一生中极为重要的关系，我们将在后面第六章的"工作关系"中详细讨论。另外，在人际关系中，还有战友关系，邻居关系，情侣关系，病友，旅友等关系，棋友、牌友、球迷等关系，酒肉关系等等。

1. 战友关系

战友关系是人们在同一个部队服役，建立了感情，退伍后仍彼此交往的一种关系。好的战友关系能保持一生。例如：小王、小李同在一个部队服役，成为战友，退伍后小王回到南京，小李回到天津。小王出差去到天津，小李就会热情招待，小王吃住问题就不用考虑了；小李的孩子到南京去上学，有老战友小王帮着关照，小李就放心多了。

2. 邻居关系

人们常说："远亲不如近邻。"与周围邻居搞好关系，会使你的生活更加稳定，有事能得到更及时的帮助。在农村和小城市，以及住平房的地方，一般比较讲究邻里关系，相互走动比较频繁；而中国的大城市，居民一般较多的是住塔楼、板楼等，这种多户人家聚居的楼房，反而将人们的关系疏远了，有的住户就住对面，但却老死不相往来。

3. 情侣关系

情侣关系是人们最为隐秘，但却最为亲密的一种关系，好的情侣关系甚至双方愿意为彼此奉献一切。有两家公司在进行竞争，A公司总也竞争不过B公司，A公司发现自己的对手总是能掌握自己的一些财务秘密，进行调查才知道，自己公司的女会计与B公司的经理是一对情侣，两人已秘密交往多年。情侣关系有时候是一种秘密武器和重磅炸弹。

4. 病友、旅友关系

病友关系是人们在住院时与同房病友结下的友情。类似于这样的关系还有在某此旅途中认识的旅友,在某次会议上认识的会友等等,这是依靠某次机遇所认识的临时朋友,但要是遇到志同道合者,今后继续交往,就有可能转变为长久的朋友。

5. 棋友、牌友、球迷等关系

这是以共同兴趣爱好为纽带所结成的一种关系。由于大家长期在一起玩乐,又有共同语言,很容易建立一种亲密无间的关系。

6. 酒肉关系

一些不务正业的纨绔子弟,整日吃喝玩乐,结成酒肉朋友,大家可以去共同做一些违法的事情,并彼此包庇。但这些人有酒有肉时大家在一起,没有酒肉时就树倒猢狲散。

第五章 交友之道

朋友是人的一生中的重要财富，特别是在现代社会，各行各业都讲究分工协作，靠个人单打独斗打江山的时代已一去不复返了，尤其你要从商，走仕途，更要一个好汉三个帮，朋友就更成了你事业成功的关键。俗话说："多一个朋友多一条路，多一个仇人多一堵墙。"朋友多了好办事，没有朋友的人，不仅生命是孤独的，而且很难成就大业。因此交友是人生中的一件大事。

第一节 交什么样的朋友？

朋友是靠感情和利益纽带联系的一种社会关系。交朋友，要像买东西一样，要选择质量最好的，而不能什么样的人都交。俗话说："近朱者赤，近墨者黑。"当你一开始懂事的时候，你的朋友就开始影响你的思想，好的朋友会成为你的良师益友，助你进步；坏的朋友会教你学坏，将你拖入泥潭。

择友而交是必要的，但人是最复杂的动物，要选择那些性格特征好的人的确是一件难事，如果我们将人与动物相比，就会发现，人的性格与动物有许多相似的地方。有的人性格像猫，猫性的人很乖巧，会讨主人的喜爱，但却缺乏忠诚；狗性的人总是忠心耿耿，有时甚至愚忠，主人犯错误他也紧紧跟随；虎性的人脾气总是很暴躁，但是却虎毒不食子，对人很仗义，也很见义勇为；狼性的人是像三国时吕布、魏延那样脑后有反骨的人，你对他再好，他说翻脸就翻脸；蛇性的人是冷血动物，阴险毒辣；狐性的人非常聪明，也像人们说的那样，"像狐狸一样狡猾"；鱼性的人像鳝鱼、泥鳅一样非常圆滑，你抓也抓不住；驴性的人是吃力不讨好的人，他磨也拉了，人也驮了，但就因为他的驴脾气，受了累人家也不说他好；牛性的人忠厚老实，勤勤恳恳，但有时过于耿直，牛脾气会得罪人；羊性的人非常柔顺，也很懦弱，一生中任人摆布；象性的人像大象一样威而不猛，柔而不弱，他很强大，但却从不欺负人，为人善良。当然，人不是动物，我们只是作一有趣的比喻而已，我们交朋友要交那些有良好品性的人，而不能交那些像狼和蛇一样忘恩负义、品性不端的人。

a. 自古以来，人们都讲究交诤友。"诤"是直爽地劝告的意思，"诤友"是能够直言规劝人的朋友，因为每个人都有自己的缺点和弱点，而护短是人的一种本能，自己的缺点往往自己看不到，这就是人们总爱犯错，又总不知错的原因。而一般人碍于面子，很少给你提出来。这时，你身边要是有个诤友，在你犯错误的时候指出你，在你骄傲的时候提醒你，就好比有一面镜子，总能随时照出你的缺点，使你随时得以改正，就是你最大的福分了。然而，许多人并不是那么明智，人有喜爱听奉承话的本能，并不是人人都爱听批评话，诤友有时候说得多了会引起朋友的反感，因此，现代诤友还要讲究方式方法，既要指出朋友的缺点，还要让他能听进去。

b. 朋友，还要选择有志向，和自己志同道合的人。志向是人生的一种动力，动力越大，事业发展就越快。看人不要看他眼前怎样，而要看他志向是否远大，志向远大的人，虽一时潦倒，但早晚会令人刮目相看。选择有志向的人做朋友，可以在志向和意志上相互鞭策、砥砺，相互推动，加快你事业的步伐。

c. 要选择品德高尚的人，这种人可以在品德修养上感染你，净化你，通过长时间的耳濡目染，你也会变得高尚起来。

d. 选择有智慧的人。俗话说"近贤者聪，近愚者聩"，智者可以在你的学识上提高你，在你事业上帮助你，多和聪明的人在一起，你会受到潜移默化的熏陶，你也会变得聪明起来。

e. 要讲究互补。因为人不是十全十美，有长处也有短处，如果你的短处正好是你朋友的长处，你们就可以取长补短，互帮互助。

以上提了那么多择友的条件，是不可能在一个人身上全都具备的，有其一项就已足够了。有时朋友是一种缘分，许多时候人们交朋友并没有什么目的，两人在一起感到投缘，就成朋友了。或许，朋友之间一辈子谁也帮不了谁，但依然是好朋友。因朋友是靠一种感情作为纽带，而感情是说不清道不白的，能够有条理地讲清楚的是理智，不是感情。如果你的朋友是这样：当你痛苦的时候他来与你分担，当你快乐的时候他来与你分享，在你失败的时候他来帮助你，在你失意的时候他鼓励你，在你生活上能照料你，在你感情上能安慰你，在你落魄的时候与你共患难，这就足够了。

第二节　怎样交更多的朋友？

某公司位于某办公大楼的第五层。每次老王和小张一起上楼、下楼，老王心里便纳闷，自己在这栋楼里工作已经二十多年了，除了本公司的人外，不认识几个其他公司的人；可小张才来公司工作五年，这楼上、楼下的人，似乎人人见了他都打招呼。并且，公司一有什么事情，小张总能找到朋友帮忙解决。为什么老王与小张在交际能力方面相差这么大？我们来看看小张的一些经验。

1. 业余时间多参加一些文化类的学习班

很多人大学毕业后就不再学习了，业余时间全用来打牌、玩麻将或进行其他的娱乐活动，而小张大学毕业后一直在坚持学习，五年里，他拿下了一个会计第二学历，参加了一个法律学习班和一个英语培训班。按他的话说，他参加这些学习有三个目的：第一，长知识，每参加一次学习，他的知识水平就有一个提高；第二，拿文凭，每多一个文凭，就多一份工作上的资本；第三，就是要交朋友。俗话说"物以类聚"，业余时间自费来参加学习的，都是比较有志向的青年，多交一些这样的朋友，就多一些事业上的志同道合者。小张各种各样的同学一拨又一拨，在会计第二学历学习中，他认识了几个来自税务局和工商局的人，毕业后大家经常聚会，小张公司上一有事情就找他们帮忙，他们当然不会推辞。在法律学习班上，小张认识了来自法学院的教授，公司一有法律上的问题就请教他，老师当然不会拒绝回答学生的问题。

2. 多参加一些公共活动及朋友的聚会

小张是个活跃分子，单位或市里面有什么文艺比赛、体育比赛、学术讨论会、俱乐部、沙龙、舞会以及朋友的聚会等，他都热心参加，每参加一次活动，都能认识一些新人，小张便选择有志向和品德好的人继续交往。他现在的女朋友，就是在一次舞会上认识的。有一次参加朋友的婚礼，认识了一家报社的编辑，小张正好想往那家报社投稿，这下子近水楼台先得月了。而老王，每天上班、下班，从不参加什么公共活动，朋友寥寥无几，小张是他的下级，可老王反过来很多事要请小张帮忙。

3. 以诚待人，助人为乐

小张是个热心人，对人总是态度诚恳，因此别人家有什么矛盾总爱找他去调解，有什么事总爱找他帮忙。他每帮助一个人，就等于交到一个新朋友。一次朋友搬家，请了几个人帮忙，小张也去了，别的人搬搬歇歇，总拣轻的东西搬，可小张却一直埋头苦干，专拣重的东西搬，按照小张的说法："我这是既给朋友帮忙，又锻炼自己的身体，有这样的好事我哪能闲着？"朋友的妻子看在眼里，对丈夫说："这样的朋友值得交，你今后可和他多来往。"自然，从此后朋友家一有好事总想着小张，小张也从中获益不少。由于小张总是帮助朋友，他一有事，朋友们也都愿意来帮忙。而老王年轻时就不爱帮助别人，为此他的领导批评他说："年轻人受点累有什么不好？又掉不了肉，反而可以锻炼身体。"可老王总怕多干活吃亏似的，拈轻怕重，因此，到老还是这个职位，没有人愿意重用他。

4. 微笑待人，和气生财

小张认为，人们都有喜欢看笑脸，不喜欢看苦脸的心理本能。有时候你即使是因别的事皱眉头，与旁边的人无关，但旁边的人见了心里也不舒服。因此小张无论心中有什么事情，总是能够克己忍让，一有客人来便笑脸相迎。俗话说"和气生财"，小张在做业务员时，用他的微笑将许多客户变成了朋友。有的客户刚开始不认识小张，做出一些对小张不礼貌的事，并说过不礼貌的话，但小张虚怀若谷，不计前嫌，对这些客户依然很友善，以德报怨，感动了这些客户。有的客户甚至说，我们之所以和你的公司做生意，是冲着你的面子，你要是到别的公司去了，我们也跟着把业务转移到别的公司去。

5. 不打不成交

俗话说："不打不成交。"有许多朋友是打出来的。小张上中学时，学校有个以打架出名的小霸王，没人敢惹。一次在食堂排队买饭，小霸王没经允许就插在了小张的前面，小张提醒他，他竟当众骂了起来。小张见自己人格受到了侮辱，奋起反抗，要与小霸王拼命。因餐厅里拉架的人多，架没打起来。小霸王从没见过有人敢和他这样对抗，为保住面子，扬言要找小张算账。小张晚上孤身一人找到了小霸王，说："现在就咱们两人，你要算账可以算了。"小霸王自知理亏，又被小张大义凛然的气质震慑住了，一时不知该怎么好。小张马上又因势利导地开展了说理工作，说得小霸王心服口服，两人讲和了。以后小张在学习上帮助小霸王，小霸王一见有人欺负小张就挺身而出，为朋友两肋插刀，两人成了好朋友。古往今来，有许多这样打出来的朋友，许多这样脍炙人口的故事。但要注意，要有打有拉；如光是打，没有拉，就只能成敌人了。打拉并举是针对品行比较孤傲的特定之人所说的，这种方式是较少用到的，切不可对所有人都打。

第三节　几种最容易得罪朋友的时候

人们在交朋友的时候，存在着一种敏感期，在这一时期是最容易得罪朋友的时候，有时候莫名其妙地就会有朋友离你远去。因此每当这一时期，人们要特别注意自己的态度。

1. 自己情绪不佳与繁忙、劳累的时候

记得小时候看到一家报纸上登了一篇外国人写的文章《北京人的微笑》，心想外国人为什么这样喜欢北京人的微笑呢？还记

得一次在北京观看一个苏联歌舞团的演出,演员们脸上那种发自心底的灿烂的笑容令我至今仍难以忘怀。来到美国后,发现许多美国人的脸上也始终挂着微笑,这种微笑把人们彼此的距离一下子拉近了许多。其实,每个人都有喜欢看到别人笑脸的本能,而无论这种笑脸是针对谁的;每个人也都有厌恶苦脸的本能,也无论这种苦脸是针对谁的。当我们看到别人拉着脸,皱着眉头的时候,心里都会暗想,这人就像是人家欠了他多少钱似的。

但是,人们总有情绪不佳的时候,例如,考试没有考好,生活上遇到了一些困难,身体出现了一些不适,或是生物周期到了低潮,等等,这时你的情绪就会自然而然地出现波折;或者由于过于疲劳,你会变得无精打采,哈欠连天。这时如果你的朋友来到你的身边,看到你一副愁眉苦脸,爱搭不理的样子,就会心里很不舒服,以为你对他有什么意见了。因此,这个时候如果你无法恢复你的情绪,最好就主动地向朋友解释一下郁闷的原因,一方面让朋友理解,一方面也可让朋友为你出些好的主意,帮你打消烦恼。

2. 春风得意的时候

当人们升官、发财,或是其他事业成功的时候,往往会表现出一种春风得意的样子,这个时候是最容易招致众人非难的时候。因为有太多的人地位一变就由摇尾乞怜变成了盛气凌人,因此人们对于身处在地位上升阶段的人往往抱有一种特别敏感的态度。尤其是朋友,往往会用比过去敏感十倍的眼光来观察你的一举一动,有的甚至故意疏远你,来试探你的态度有无改变。中国文化最表彰那些在胜利面前谦虚谨慎、不骄不躁的人,而将那些"得志便猖狂"的人视为小人得志,加以嘲笑。因此,当人们在春风得意的时候,更要加倍地注意自己的一言一行,始终保持谦虚谨慎的态度,记住古人的教导,"贫贱不能移,威武不能屈,富贵不能淫"。综观古今人物，往往是才能越高的人，地位越高越谦虚；而才能低下的人，稍有提升便不知天高地厚。

3. 获得帮助的时候

中国文化讲究知恩图报，朋友帮助了你，尽管嘴上不说，但心里总希望你有所报答，哪怕你说上几句报答的话，意思到了，也会令其心中舒服。但很多人不懂得这一点，以为朋友说不用谢，就真的不用谢了，获得朋友的帮助后就忘到脑后了，这样做是很容易伤害朋友的。要知道，父母养育自己的孩子都希望孩子大了之后报答自己的养育之恩，更何况朋友。因此，在获得朋友的帮助后，要时常对朋友表示一下关怀，千万不要人走茶凉。

4. 应接不暇的时候

有一对朋友老李和老王，平时在一起关系很密切。有一次老李家开生日会邀请了很多人，老王去了后以为老李会出来迎接他，可是老李只向他打了个招呼，就又去接待其他人了。老王的妻子嘲笑老王说，你还是他最好的朋友呢，瞧人家对你这样冷淡，根本就没把你放在眼里。老王一气之下就不再去老李家了。这个例子说明，人们在人多的场合，往往容易产生一种被忽视的感觉，这就要求接待方有更高的接待技巧，该说的话要说到，如："今天人太多，照顾不周请原谅。"如是非常好的朋友，也可说："今天我忙不过来了，你也帮我招待一下大家。"把朋友由客人变成主人，你多了个帮手，又使朋友感觉你没把他当外人。

对于参加朋友聚会的人来说，应有这样的思想准备：在人际交往时，朋友只与你在一起的时候，是百分之百的注意力在你身上；当与一百个人在一起的时候，就只有百分之一的注意力在你身上了，人面对的人越多，就越是难以照顾周全，这是一种正常的现象,这就需要你的谅解了。

5. 过于繁忙的时候

人一忙碌起来,就会集中精力于眼前的事情,而将其他的一些事情忘记或忽略。例如,长时间不与朋友联系了;说好几点给朋友打电话,可到时却忘了;过节了,朋友给你发来了贺卡,可你却没有回音;与朋友约好见面时间,可你却很晚才来,等等。第一次,朋友可能会原谅你;第二次,朋友就会生气;第三次再犯,朋友恐怕就会离你远去了。

千万不要以为其他人会谅解你的繁忙,人只对自己亲身体验到的事情有感受,对自己没有亲身经历过的事情是没感受的。因此当你因繁忙而误了朋友的约会,或少了朋友之间的联系时,他人理智上会认为你很忙,但感情上却会认为你在慢待人家,而在这个时候,常常是感情战胜理智的。因此,如果你太忙,可以减少与他人的联系,但是如果你答应了人家某件事情,或是约好了对方某个时间,还是要想方设法去履行的,哪怕履行不了,给人一个回话也是可以的,千万不要说话不算话,那可是守不守信用的品性问题了。

第四节 交友信条

朋友关系不同于亲属关系,对于亲属,你即使对他们不好,你的父母和兄弟姐妹们也会依然爱着你,但朋友关系就不一样了。有的人交友时间很长,甚至有终生的朋友,而有些人经常与朋友发生矛盾,经常有朋友与他断交。交朋友也是一件不容易的事情,有许多应注意的事项。

1. 彼此信任

朋友之间应相互信任，不要相互猜疑。对朋友要言而有信，要说到做到，不欺骗。你不欺骗朋友，对于所说的事情要宁信其有，不信其无。但若怀疑朋友有欺骗你的地方，最好表现出大智若愚的态度，要相信朋友怕伤害你或为你好，有时会有一种善意的欺骗，对你是无害的。

2. 施恩不图报与知恩图报

要无私地帮助朋友，并且要施恩不图报，如果你每次帮助人家都想立刻得到回报，那你帮了人家，人家还不会说你好。但若接受朋友的帮助，就要知恩图报，要饮水不忘打井人，要想着投桃报李，今后去报答朋友的帮助。

3. 酒肉朋友不可交

自古人们就说酒肉朋友不能交，但有些人就喜欢有一群人在一起寻欢作乐，那他交的肯定都是一些酒肉朋友。这种朋友能陪你玩，能陪你乐，甚至能把你往骄奢淫逸的深渊里越拉越深。但当你把家财荡尽的时候，他们就离你远去了。这样的朋友虽说不能交，但有些人却偏偏爱交，因为大家可以一起享乐。这就是为什么有的人或沦为阶下囚，或沦为穷光蛋，一生无所事事的原因。就像鸦片一样，明知有害，但有些人为图一时享受，就是要抽。

4. 富贵面前急流勇退

很多人能共患难，但不能同富贵；能共艰苦，但不能同甘甜。这种事例很多。朋友们一起打江山，经过千辛万苦使公司壮大了，但该到分享胜利果实的时候，各种矛盾就出来了，由于分配不均，昔日的朋友反目成仇，开始了彼此的争斗。因此，当与朋友一同开创了局面之后，最好就急流勇退，或另寻新天地。

5. 朋友不是万能的

对朋友不能期求过高，人们自己的事业还是要靠自己去拼搏，生活的风浪还要靠自己去闯荡，朋友最多起到一个扶携作用罢了。真正像古书上写的那些名垂千古的良师益友，在茫茫人海中只是凤毛麟角，可遇不可求的，也许你这一辈子一个也遇不上。"金无足金，人无完人"，如果我们把希望都寄托在朋友身上，那恐怕黄花菜都凉了。

6. 避免利益冲突

朋友之间要重义轻利，最好不要一起做生意，不要有利益上的冲突。朋友之间可以在关键时刻彼此扶助，如果一同做起生意，讨价还价开了，恐怕关系就疏远了。这方面的教训很多。

7. 交友宁缺毋滥

有些人喜欢交际，但不要为交朋友而交朋友，将全部精力陷于朋友的应酬之中，而耽误你的正经之事。交朋友要讲究质量，而不要讲究数量，宁缺勿滥。

8. 不做势利小人

不要急功近利,过于势利。有的人要用人家就把人当朋友,没用了就不理人家了。朋友得势时就靠拢人家,失势时就离人远去。殊不知世事变幻愈来愈快,已经不像古人说的"三十年河东,三十年河西",而是两年河东,两年又河西了,今天对你没用的人,也许明天就成了你求之不得的人;你今天拼命巴结的人,也许明天就东窗事发,败走麦城。过于势利的小人是会失去所有朋友的。

9. 保持距离

俗话说:"君子之交淡如水,小人之交甘如醴。"交友要保持一段距离,以若即若离,莫疏莫昵为最佳。要知道远亲近臭,交往过密的下一步往往就是交往过失了。很多人非常强大,但最后往往被自己身边最亲密的人所击倒。因为他们不明白这个道理,一交上个知心朋友就什么话都说,什么秘密都不保留。朋友本来是带着一种朦胧之美走进你的,你在他眼里是完美的,可当你把你的整个的优点与缺点全部袒露在他面前的时候,你的形象就破灭了,正好比"仆人眼里无英雄"。

10. 亲兄弟明算账

有人以为朋友之间不分你我,朋友的东西可以随便乱拿,朋友的东西可以借了不还,这就大错特错了。要知道。在利益上面,亲兄弟还要明算账,乱要东西会使人心中产生反感,慢慢地疏远你。要记住:"好借好还,再借不难。"该是你的就是你的,不该是你的千万不要强求,即使你强得来了,你别的方面也会失去。

11. 朋友需要维护

有的人认为，反正已经是朋友了，就不计较什么了，对朋友吆三喝四，呼之即来，挥之即去。自己有事找朋友，朋友有事则不予理睬。分离久了，也不给朋友打个电话，甚至对朋友的问候也不予回复，久而久之，朋友会认为你地位变了就抛弃朋友了，渐渐地会离你远去。因此，朋友关系要注意维护，平时也要礼尚往来，逢年过节走动走动，问候问候。有人为人走茶凉而烦恼，其实这是自然规律，一杯热水放在那，时间久了没人动就是要凉的。友谊就像一杯温水，你要想让他不凉，就要不时想着加加温。朋友之间也要讲究相互尊敬。

12. 朋友要两相情愿

交朋友要两相情愿，而不能一相情愿。有的人剃头挑子一头热，自己对别人好了半天，可对方一点也不领情，这样的朋友还是没有为好。凡事要讲究平衡，要扁担挑子两头沉，一相情愿的友谊是没有好结果的。但是，你要向对方拜师学艺，那就另当别论了。

13. **交友要讲究义气**

朋友之间要讲究彼此忠诚、义气。这是自古以来人们所遵守的基本关系准则。如果你经常背叛你的朋友，经常对朋友有不义之举，此事很快就可以传开，你将会在社会上无立足之地。因为坑害朋友，是被人们视为不仁不义的举动，是不可原谅的。

第六章 处理好工作关系

工作是人们求生的基本手段,也是人们建功立业的基本方式。人从长大成人,一直到退休,几十年一直是在工作,也一直是在处理各种工作关系。各种关系处理得好坏,对于人们升迁、提薪等都有至关重要的作用。如何处理各种工作关系?

第一节 搞好与上司的关系

搞好与上司的关系是一件难事,与上司过于亲密了,上司高兴,但其他人会认为你溜须拍马;要过于抗上,群众威信高一些,但上司会认为你刁钻古怪。要知道,你的今后的命运大部分是掌握在上司手中的,搞好与上司的关系,至少与你无害。人们在工作中,会遇到各种不同类型的上司,有的上司善谋,有的上司善断;有的独裁,有的民主;有的放任自流,有的事必躬亲;有的品德高尚,有的品性不佳;有的粗犷豪放,有的一丝不苟。对待不同性格的上司,就要有不同的处事方法,千万不能千篇一律。但从上司考虑下级的心理来讲,尚有一些共同的规律可循。

1. 热情接受任务，工作积极主动

一般上司都喜欢一呼百应的工作场面，喜欢下级不折不扣、干脆利落地接受并完成自己所交待的各项工作任务，而讨厌下级对自己交办的工作推三阻四，讨价还价，或者说表面上接受了任务，却不按时完成，拖泥带水。一般领导都会认为，肯不肯干，是态度问题；干得好干不好，是能力问题。按传统思维习惯，人们会将态度问题放在首要，只要你是去勤勤恳恳、尽心尽力地干了，至于条件所限没有干好，那是能力问题，提前说明情况，还是可以谅解的。一般上司最喜欢的是与自己配合默契的人。

2. 表现能力，以业绩和数字说话

你的上司，他要考核你的工作；而他还有他的上司，他的上司也要考核他的工作。你的上司靠什么来邀功请赏，就是靠把你们这些下级的业绩汇总到一块，汇报到上面，变成他的业绩。你们的业绩越好，越说明他领导有方；你们越有能力，他就越能开创好的工作局面。因此一般领导也都喜欢能力强的下级，他希望你干出一些确实可书可写的成绩来。例如，你这个月的销售额为多少万元，利润为多少万元，等等，有数字说话；而不要一提某人，整天忙忙碌碌，但要写总结时，却没什么可表的。

3. 做上司私下里的诤友

一般人都喜欢对自己表示亲近的人，上司也一样，你尊敬他，多说一些赞扬他的话，他就会很高兴。但有人以为多拍上司马屁就能和上司搞好关系，那就是一种下策了。我们看有些人对上司阿谀奉承，奴颜婢膝，可上司并不把他当人看。有些上司为避嫌疑，还怕你不分场合地与他套近乎。在"交友之道"那一章里我们谈到交友要交诤友，其实很多上司也在寻找诤友。做上司的镜子，时刻提醒他一些事情，帮助他改进工作方法，这既有益于工作，又保持你端正的品德，也会让上司对你刮目相看。但是，要注意"私下"二字，不要当面顶撞，更不要当众唱反调，要给上司面子，让上司保持威信。有时候同一个意见，你当众提出和私下提出会产生截然不同的反应和效果，一般上司都喜欢你私下给他提出意见。

4. 事情做在前面，荣誉拿在后面

一般上司都喜欢想其所想、急其所急的人，一些事情他刚想到，你已经替他都做了。因此要学会察言观色，善解人意，替上司分担重任，不用他老去督促，并能在他抹不开面子的时候及时救驾。不管你工作做得多好，功劳有多大，在上司面前还要甘当配角，主动让功，切忌声高盖主；更不要事后诸葛亮，事情办成了去抢功，事情办砸了就说我当初怎么怎么说。这是最令上司讨厌的。

5. 为上司生活上排忧解难

上司是人，而人都是有私心的，不要相信上司在大会上说的一些冠冕堂皇的话，那是因工作职务所迫，他不得不那么说的，你要是和上司成为私人朋友，就会知道，每个上司都有自己的私人想法。一般上司都喜欢与自己贴心的下级。如果你经常维护上司的利益，并能涉足他的私人领域，经常问候他的身体健康，关心他的家庭情况，帮他在生活方面排忧解难，那你们就能跨越工作关系，成为私人朋友。

6. 既做参谋，也做实干家

一些人喜欢帮上司出谋划策，做上司的参谋。的确，许多上司都喜欢下属精明强干，能替自己出些好的主意。但是，很多人是天桥的把式，光说不练，会上一提合理化建议，都说得头头是道，但要一落实实际，就都不吭声了。因此上司更喜欢的是参谋加实干家，你不仅能提出建议，还能拿出实施方案，并能亲自去实施，一条龙作业，这是上司最喜欢的人才。

7. 对上司不卑不亢

虽说你要赢得上司的赏识，但你也要保持做人的尊严。在你的工作中不仅仅只有一个上司，还有同事、下级、其他上司等。人们最看不起的是那些在上司面前媚态十足，在下级面前盛气凌人的人。因此做人切不可有奴才嘴脸，虽说不能有傲气，但也要有傲骨。人们应该在上司、同事、下级面前表现一致，不卑不亢，这样的人才是令所有人钦佩的。

第二节　搞好与同事的关系

同事关系，是一种带有双重性的关系。一方面，大家是合作者，只有相互密切配合，工作才能搞得好；另一方面，大家又是竞争对手，遇有提职、加薪、分房等好事，只有少数人能幸运获得，到了这时，同事间的争斗就开始了。俗话说"同行是冤家"，行业如此，工作单位里也如此。因此，要处理好同事间的关系，就要处理好这双重性的矛盾。

1. 合作事大，竞争事小

一家公司，职工要有好的收入，首先公司要有好的效益。大家齐心协力将公司的工作搞好，效益搞上去了，职工的收入自然就会好起来，这是一种水涨船高的关系。有的公司，同事之间因工资、奖金等问题发生内讧，斗得焦头烂额，影响了公司工作，别的公司乘虚而入，将这家公司挤垮，结果这家公司的同事们两败俱伤，谁也没得到什么好处，并且连饭碗也丢了。有的单位，两人为争夺一个职位互不相让，领导没办法调和他俩的矛盾，于是提拔一个第三者上来担任这个职务，鹬蚌相争，渔人得利。这样的例子很多。因此，作为同事，都应该明白这个道理，应树立全局观念，彼此多讲合作，求大同，存小异，避免恶性竞争。中华民族是一个讲究谦让的民族，大家彼此谦让，和为贵，关系就好处很多。有一位公司的中层干部，在单位分房子的时候不争不抢，本应分得三居室，却得了个两居室。单位同事看在眼里，记在心上，不久，他有了孩子，但他与妻子工作都很繁忙，没时间带孩子，于是公司全体同事轮流承担起了帮他带孩子的任务。几年后，他回忆这件事时说："要是没有大家这样热情地帮我带孩子，这些年我真不知该怎么过来！"实际上，物理学的能量守恒定律也在社会实践中得到验证，你为人谦虚，善与人合作，在这方面失去一些，又会在另一方面得到。如果你斤斤计较，什么小利都不肯放过，那么你今后有可能失去大利。

2. 不疏不密，平等待人

与同事想处要特别注意端平一碗水，切忌一远一近、一亲一疏。有些人不明白，自己没得罪什么人，为什么有些人还嫉恨自己？其实他是没掌握好与人相处的"度"。人们可以自己进行一个试验，你和你的朋友在一起，一个陌生人走过来，一个劲地对你朋友套近乎，对你则不理不睬，你心里会是什么感觉？这就是一些人无意中得罪人的原因之一。在单位，因大家职务都差不多，都希望彼此平等，如果你对某人过于热情，就等于在激起他人的嫉妒之心，得罪他人，甚至落得拉帮结派之嫌。包括对领导也一样，如果你与领导交往过密，也会招来口舌。因此，在单位与同事想处，要讲究平等、和蔼，若即若离。

3. 避免枪打出头鸟

中华民族讲究谦虚，深藏不露；与西方民族讲究大胆表现正好成反比。俗话说："木秀于林，风必摧之；行出于众，人必非之。"就是说，当一棵树比别的树都高时，大风来了，必先吹倒它；当一个人太出风头时，就要遭来他人的非议了。一些人工作很努力，但不明白为什么却遭到一些人的排挤，干得越多越倒霉，原因就在于此。要改变这一现状，关键在于改变单位的风气。风气好的单位，人们开展工作竞赛，干得越多越光荣；风气不好的单位，内部陷于争斗，枪打出头鸟的现象就严重一些。因此你要是工作在一个风气不好的单位，就要考虑与你的同事保持平衡和协调，搞好与他们的关系，免得遭受排挤，吃力不讨好。

4. 近君子，远小人

管理学中有个百分之八十理论，即：大部分单位都有百分之二十的先进骨干，百分之二十的落后分子，其他百分之六十的人则为中间分子。一个单位中百分之八十的工作，是由百分之二十的骨干完成的；百分之八十的牢骚和怨气，是由百分之二十的落后分子发出的。就是说，每个单位都有君子和小人，你向什么样的人靠近，就会进入什么样的人群。君子能帮助你提高品行修养,帮助你提高工作技能,当然你要向君子靠拢;但对于小人也犯不着去得罪他,因为小人虽帮你的忙帮不了,但坏你的事却有一手,还是敬而远之为好。

5. 团不团结在领导

一个单位同事之间团不团结,某些时候关键在于领导。有以下三种领导:一种领导观念正,认为职工之间只有搞好团结,才能把单位工作搞上去,他这么想,也这么做,单位的同事们一定会是一种团结向上的景象;一种领导也想搞好职工之间的团结,但工作方法不得当,总是拉一个,打一个,经常在一个职工面前说另一个职工的坏话,造成职工之间关系紧张;还一种领导怕手下人联合起来对付他,于是有意制造职工之间的矛盾,形成相互制约之势,这是一种领导无能的表现,最后必定是搞得乌烟瘴气,难以收拾。因此当一个单位同事之间出现不团结现象时,领导要很好地审视自己。

第三节 搞好与下级的关系

搞好与下级的关系,实际上就是实施有效的管理,最大限度地调动下属的积极性,共同完成事业目标,这里包含很多科学的管理方法。

1. 对下属采取无为而治

许多人对老庄哲学的无为而治不能理解,认为人应有所作为,无所作为怎么能达到"治"呢?其实,无为而治妙就妙在"无为"二字。因为,世间万事万物都有其自身的发展规律,有些事情,你不用去管它,事物自身就有一种自我调适的能力,正所谓"有心栽花花不开,无心插柳柳成荫",顺其自然地发展反而会更好些。如果你非要人为地去扭转它,改变它,就违背了事物的发展规律,就会把事情越搞越糟,正所谓"强扭的瓜不甜"。

无为而治是一种更高于管理科学的管理艺术,是管理的最高境界。它的要旨在于:承认事物的本性要求,找出事物各种内在的规律,然后按事物的本性和要求建立起合乎事物发展规律的合理秩序和调节机制,让事物按照这一秩序去自我调节、自我发展。正像大禹治水,让水在合理的渠道中自然流去,而不是去筑坝硬堵。在实际工作中,我们常看到这样的事例,有的人工作很认真,对部下管理得很严格,但工作效率却很低,人际关系很紧张;有的人对工作很随便,对部下管理也很放松,看他几乎没费什么力气,工作却很见成效。后者便是一种无为而治。某公司下属一家商店,原来公司对这家商店管理很严,花费的人、财、物力不少,但商店却连年亏损。公司见这家商店已成为公司沉重的包袱,便将其承包了出去,规定了商店每年要上缴的管理费外,其他便一概撒手不管了。结果承包人一年时间便将商店扭亏为盈,商店与公司均得了利。某工厂原来的厂长事必躬亲,每天都跑遍工厂的每个角落,大事小事没有他不过问的,结果其呕心沥血换来的却是职工的消极怠工,效益的不断下降;新上任的厂长一改老厂长过去的工作方法,放权给各个部门,自己则超脱出去钻研大改方针,车间厂房里很难见到他的身影,而他的副手和各中层干部却变得非常活跃,众星捧月般将工厂治理得井井有条,效益不断增长。生产经营要讲求经济效益,即以最小的投入达到最大的产出;管理工作同样也要讲求工作效益,所谓无为而治,就是以最少的时间和精力达到最大的工作绩效,而其中最大的奥妙就在于调动下属的积极性。

2. 用人勿疑，疑人勿用

相信下属，并不是说就真的看不见下属有一点缺点了。用人勿疑，实际上是一种模糊管理。边缘科学中有一门模糊数学，其研究对象是：人脑不如计算机那样计算精确、快速，但人脑凭着模糊的认识得出的判断却比计算机要正确。由模糊数学想到模糊管理，有时一些糊里糊涂的管理却比认认真真的管理更行之有效，尤其是在特定的社会环境和历史年代更是这样。作为领导者，要有宽阔的胸怀，要能看淡一切忧患，以使自己的精神超脱到大智若愚，大巧若拙的地步。把事情看开点，大事清楚，小事糊涂些，就会随遇而安，快乐许多；如果你处处叫板，过于认真，就会麻烦重重，苦恼多多。自古人赞"难得糊涂"，其中奥妙便在于此。因此对下属的一些小错不必看得太重，对下属的一些私欲不必怕得要命。相信人们是有自觉性的，给下属一些自我发展的空间，努力调动下属积极性，下属会在自我发展中自我调整、自我完善；下属会在对领导者用人勿疑的感激之中加倍努力，以实际成果予以回报。这样的管理，管人的轻松，被管的也自在，总之，工作目标达到了，甚至达到更多，就行了，而其它小节，就不必太拘泥了。

3. 重视下属的利益和需求

人是受利益驱动的，人的全部行为归根到底都是为了满足自身的需求。因此作为上司应重视下属的需求，并努力满足下属的需求。要满足下属的需求，就要先了解下属都有哪些需求？是什么东西在引导他们工作，激励他们前进？人们有许多需求，在一定时期内，这许多需求中有一个占主导地位的优势需求，其对人的支配力量最大，满足人们主要需要就会产生巨大激励作用。人的需要层次是不同的,这与人的经济水平、政治地位、个人素养等密切相关。需求也是不断发展变化的,需求对人的行为具有巨大的推动作用,但一种需要一旦满足,它就不再成为需要,人们又会产生新的需求,需要新的激励。正所谓一山望着一山高,需求永无止境。因此应创造一种工作环境,将下属的利益与其工作目标结合起来,使下属通过完成工作目标来不断地满足需求。人的需求还分合理需求与不合理需求,即使是合理需求也是不可能完全能满足的。例如有十个人都想成为企业的领导者,而领导者的岗位只有一个,只能是一个最优人员被选中。因此在管理活动中,要通过法律、指令、规范以及有效的物质刺激和精神刺激等手段,对下属的合理需求进行强化,加以倡导;对不合理需求加以抑制和削弱。

4. 恩威并重

有的人对于资金抠得太死,不肯给属下一些小恩小惠;结果属下也不愿为其出力,使其工作上遭受更大的损失。应知道,人的本性是利己的,七情六欲也在所难免,要正视并承认事物的这些本质特征。我们可以设身处地地去想象一下,如果我们的领导对于我们非常吝啬,我们会是一种什么样的心情?如果我们的领导对于我们非常大方,我们又会是一种什么样的工作态度?因此,经常对下属施以恩惠,下属不仅会感激你给他的物质奖励,更会认为你是个慷慨大方、仗义疏财的人,认为你看得起他,并对你更加忠心。对于下属不仅要给予恩惠,还要适当施以威严,因为人的品性善恶有之,恶性的方面如不加以压制,是会恶性膨胀,泛滥成灾。但这里所说的威严不是整天板着脸孔训人,而是只有让人细心体验才能觉悟的"无威自重"。

5. 以身作则，身先士卒

一般下属都喜欢品性高尚的上司，讨厌对人喊口号，自己不执行的两面派领导。因此作为上司要正人之前先正己，凡事以身作则。如连自己也难以做到的事情，就不要要求下属去做，"己所不欲，勿施于人"，给下属做出良好的表率。但是，各人情况不同，有些你能做到的事情，下属不一定能做到。例如有位上司每天上班早来，下班晚走，也要求他的下属这样。可他的下属心想：你已经这把年纪了，回家也没什么事，愿意耗在单位里；可我还要急着去见女朋友，还有好多结婚的事情要办，凭什么要让我和你一样？因此要具体情况具体考虑。别让下属对你不满。

6. 取人之长，补己之短

要知道，人的能力再强，也是有限的；人的品性再好，也是有缺憾的。古人云："三人行，必有吾师。"其实是说，每个人都有自己的长处和短处，要不断地去吸取别人的长处。作为上司，要承认自己有不足的地方，发现下属有长于自己的地方，要作为宝贵资源来加以利用，弥补自己的短处，这样会让下属感觉你谦虚谨慎，礼贤下士，是个好领导。

第四节　建立公平合理的考核制度，以法治代替人治

在工作单位，因有利益之争，各种关系难处一些。为什么有些单位总是调节不好人与人之间的关系，就是因为没有一套公平合理的考核制度，还采取一种人制的管理办法，大家干好干坏一个样，甚至干多了更倒霉，职工积极性受到挫伤。

怎样调动职工的积极性,古今中外都有大量的研究成果,但那些都是由领导者来实施的,对于职工来说属于"他动"的管理行为。而人多的企业,性格不一、众口难调。如果领导者的知识水平高,就能较好地运用各种方法调动职工的积极性;如领导者的知识水平差,就掌握不好各种方法,甚至有可能伤害职工积极性,在这里,人治的成分较多。因此,应将"人治"改为"法治",建立一套有效的激励机制,让职工在一种严格的制度之下,由"他动"变为"自动",由"人治"变为"法治"。职工的积极性在这种制度下达到一种自我调适、自我组织,最后达到自我激励,建立和谐的人际关系。以企业为例,企业中有不同的部门,对于承担经营指标的一线创收部门,其工作好坏,有数字说话,一目了然,考核起来比较容易。但对于管理、后勤等二线部门,没有具体的数字指标,考核起来,便不免主观成分多了一些。一些企业便采取公司领导给部门领导打分,部门领导给下属职工打分的方法评判下属人员工作好坏,这种做法对于考核无硬性经营指标的职工来说,具有一定积极作用,但由于方法简单,使打分者怕得罪下属而常常打人情分,又使打分制变成一种新的平均制,因此,应区分不同部门和不同工作种类的情况,对打分制考核方式作如下改革。

a. 秘书部门,如秘书处、经理办公室等,是主要为领导排忧解难的部门,因此,其工作好坏,主要应由被服务的公司领导来评判。

b. 企业管理部门,企业的主要任务就是创取效益,而企业管理部门的任务就是代经理或厂长对企业进行严格和科学的管理,以提高企业的效益,因此企业管理部门工作好坏,应用企业效益来进行考核。

c. 后勤服务部门,是为企业领导和其他业务部门服务的二线部门,也是一个花钱的部门,因此可将其服务态度、服务质量和经费节约情况作为考核对象,可制作如下考核图:

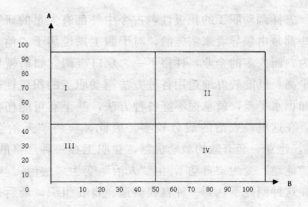

　　A坐标表示企业人员对后勤服务部门工作的满意程度。因服务质量难以用数字说话，主要在于领导和被服务部门人员的主观感受，因此可用打分法，由后勤服务部门的"上下家"每月给该部门打分。上家即给服务部门安排任务的上级部门或领导，下家即服务部门的服务对象，也即被服务的部门。B坐标表示经费使用情况，因为服务部门是企业中花钱的部门，购置办公用品、固定资产，支出修理费、服务费等各种费用都由这个部门掌握。

　　我们可以根据该坐标图进行考核。例如，1月份企业各部门对后勤部门人员的平均分数为90分，后勤部门花费为20元钱，坐标的交汇点在Ⅰ区，这样就表明该部门花钱少，却办好了事，该部门工作优异。如果坐标交汇点在Ⅱ区，说明该部门工作好而花费也高，该部门可能为了得到大家满意，而增加了开支；如果在Ⅲ区，说明该部门工作不好，但钱也花得太少，原因可能是经费困难，该多拨些费用；如果交汇点在Ⅳ区，说明花费高而服务差，工作需要改进或人员需要调整了。

　　另外，还应要后勤部门的人员自己给自己也每月打分，与别人的打分进行对比，如图所示：

　　A坐标为别人的打分，B坐标为自己给自己打分，如别人打分为80分，自己打分也为80分，交汇点在Ⅱ，说明自己工作尽

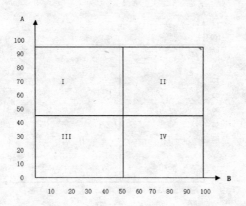

了努力,别人也是满意的;如果交汇点在Ⅰ区,说明自己觉得工作不够,而别人已很满意,说明自己没费力气就搞好了工作,尚有潜力可挖,还应总结经验,从中吸取好的工作方法;如果交汇点在Ⅲ区,说明自己和别人都不满意自己的工作,自己有情绪,工作要调整;如果交汇点在Ⅳ区说明自己觉得工作不错而别人却不满意,工作方法应加以改进了。当然,这只是一种参考,因为打分仅是凭主观印象,感情的成分较多,尤其是自己给自己打分,不实的成分较多。自己给自己打分的表主要供自己参考。

d. 人事管理部门。这是管人的部门,也往往是得罪人的部门,领导与职工对其的看法往往有不一致的地方,管得严了领导满意,群众不满意;管得松了群众满意而领导不满意。如果将该部门完全交由群众评议,就会使该部门变成老好人,而不敢大胆管理;如果完全由领导打分,又会使该部门变得专横跋扈,听不进群众的呼声,使管理不能调动群众的积极性,反而伤害群众积极性,因此,对于人事管理部门的工作评价可采用以下图表法。

A坐标为领导对管理部门的打分,B坐标为各个被管理的部门对管理部门所打分的平均数。如果领导打分与被管理部门的打分的交汇点在Ⅰ区,说明对管理部门的工作领导满意,群众不满意,可能是管理太严了,伤害了群众的积极性,应改进工作方

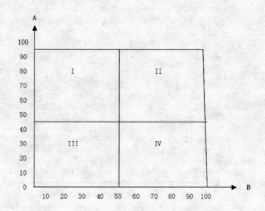

法；如果交汇点在Ⅱ区，说明领导和群众都满意，管理工作出色；如果交汇点在Ⅲ区，说明领导者与群众都不满意，管理部门要换人了；如果交汇点在Ⅳ区，说明领导不满意而群众满意，说明管理太松了，应加强管理。由于有领导者与职工两方面打分，避免了管理者怕得罪职工而想做老好人的态度。领导者打分是为了促使管理者大胆管理，职工打分是为了促使管理者科学管理。另外，还要与企业的经营指标进行对比，看看管理部门的工作对经营指标的完成有何促进。

　　e. 财务部门，是企业的资金运作部门，其工作好坏主要体现在资金筹措、开源节流等方面。其不能像人事部门那样由领导和群众对其打分，如果那样的话，其就会为讨好众人，任领导和群众随意报销，挥霍资金，而不坚持原则。因其专业性较强，并须为领导进行把关，因此可制定各种财务指标对其进行考核，排除人为因素。

　　f. 企业领导，很多单位对群众有考核指标，唯独对领导却没有考核指标。这样使群众认为不公平合理，也不利于企业的发展。因企业领导的中心任务就是提高企业的经济效益，而越是大型企业，越是需要调动广大职工的积极性才能齐心协力地完成企业的经济指标。因此，对于领导者的考核，可采用以下图表法：

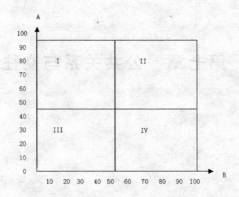

A坐标为企业的经济指标完成情况,B坐标为职工对领导工作的满意程度。如果交汇点在Ⅱ区,说明经济指标完成较好,而群众积极性也很高涨;如交汇点在Ⅰ区,虽然经济指标完成了,而群众的情况不是太好,说明领导事必躬亲,亲自做的事情多了,而群众积极性却降低了;如交汇点在Ⅳ区,说明领导放松了管理,虽讨好了群众,经济效益却下降了;如果交汇点在Ⅲ区,说明群众不满,效益也下降,领导出问题了。A坐标是考核领导者的经营业绩,B坐标是让领导了解群众对企业的满意程度,随时提醒自己注意调动职工的积极性。

为了减轻打分者的心理负担,打分应以集体无记名打分为佳,以真实地反映打分者的态度。同时,对于不同工作岗位,应制定不同的职责泛围工作标准及考核指标,以供打分者参考。要能通过打分制来促进职工相互监督,相互促进,形成良好的人际关系。

第七章 公共关系与交往

许多企业都有公共关系部门,许多大学也开有公共关系课。从事公关工作的人员肩负两方面的重任。一方面,他们是企业的脸面,他们要负责各方面人员的迎来送往工作,因此要学会社交礼仪;另一方面,他们要为企业去拉关系、找路子,将一些事情变不能办为可以办,因此他们要学做外交官,要去游说各方,攻克难关。

第一节 基本交往

1. 称呼

在美国,无论什么样的人,一般都喜欢直呼其名,但在中国,各种称呼就复杂了。在官场和商场上,一般常称呼职务,如王部长、张司长、李处长、赵董事长、马总(经理)、孙经理等。对于知识分子,常称呼职称,如钱教授、吴老师、谢总(工程师)、贺工(程师)、江大夫等。一般同事或朋友间,可呼名字,也可在姓前加"老"或"小",如:老胡、小吕等。一般国内正规场合，可称同志。对待外国人一般称先生、女士、夫人、小姐等，这种称呼，在国内也开始流行。晚辈对待特别尊敬的长辈，可在姓后加"老"，如刘老、关老等。如对不认识的人可称师傅（对男子）、老大爷（对老头）、大妈（对老太太）、大姐、小姐（对年轻姑娘）、小朋友（对小孩）等等。特别亲近的朋友和家人，一般只称呼名，而不加姓，如某人叫林小妹，家人和密友就叫其"小妹"，王江河，就叫其"江河"。

然而中国还有很多地区差异，对人的称呼也有所不同。如"小姐"一词，有些地方是尊称，有些地方就带有色情含义。在南方，人们习惯用"阿"字，如叫阿华、阿林、阿静等。而北方从不这么叫。

2. 探访与会客

探访客人，要先打电话联系，并要按约定好的时间准时到达，不要晚也不要早。到人家时要先按门铃或敲门，经允许后再进门。

因很多中国家庭讲究干净，怕把外面的土带进家中，一般进门后都换拖鞋，因此进门前先问主人要不要脱鞋，一般情况下应脱鞋，但主人坚持不让脱，也可不脱。一般要等主人请你坐下时再坐下。

落座后，主人会问你要不要抽烟，想喝什么？喝的最好是要主人家现有的，不用再专门去准备的。如果主人抽烟，你也可以抽；如果主人不抽烟，或者是主人家有病人、婴儿等，你最好就不要抽烟。

在主人家，不要随便乱翻东西。如是谈事情，不要拖得时间太长，谈完就走，不要占用人家太多的业余时间。如没预先约好吃饭，快到吃饭的时间就应提前告辞。如是去人家中吃饭，饭后不要逗留太久，因你走后主人们还要收拾餐具，不要影响人家睡觉。谈话时要察言观色，如主人的话少了或表现出疲倦感，就说明想让你走了，你最好就此告辞。走出门后要与主人伸手握别，并说些"您请回""您留步""不用送了"之类请主人返身回家的话，让主人不要远送。中国人有让客的习惯，即客人要走，主人要挽留一下，若非是坚决挽留，那就是一种客气，你还是走为上。在广东，主人给客人斟茶，一般都倒半杯，倒满杯有请客人离去的意思，当然，也不全是如此。

作为主人，在客人来访前，要将家中收拾干净，将东西摆放整齐；一些人家中有异味，自己家人闻不到，但客人一进屋就会感到非常难受，因此客人来前要开窗通风换气，并喷一些空气清新剂。客人告辞时，主人要等客人先起身，自己再站起来相送，并将客人送出门，说些"再见！""您走好""您慢走""下次再来"之类的客气话。握手道别时，应让客人先伸出手，主人再伸手。主人应看着客人走远才回身，切不要等客人刚出门就将门重重地关上。

3. 寒暄与打招呼

熟人一见面，往往有打招呼、握手、寒暄三部曲。距离较远打招呼可举手致意，在不宜讲话的场合打招呼可点头致意，向比较恭敬的人打招呼可欠身致意。打招呼、寒暄应说的话很多，根据人物、时间、地点的不同，所说的话也不同，应根据情况随机应变。一般常用的打招呼和寒暄语有"你好！""忙吗？""去哪儿？""最近忙什么呢？""在哪发财呢？""好久没见，怎么样，现在好吗？"等等；也可问一下对方的家庭情况，身体情况等；也可表示一下对对方或其孩子等的赞赏，等等。但如果向西方人打招呼就不要说"上哪儿去"等问候语，这样会被西方人误认为是你在打探他的私事。

第二节　企业关系网

关系是一种资源，也是一种无形资产，无论是企业还是个人，平时都应建立关系储备，不要等用的时候再临时抱佛脚，去找关系，那就来不及了。对于企业来说，主要的关系有：

1. 大的客户

企业的生存就是靠将自己的产品卖出去，获得效益，因此日本人喊"顾客就是上帝"。在众多客户中，总有一些大的客户，包括大的直接买主、大的商场、大的销售商等，这些是企业的最大的关系户，要加倍去维护。

2. 原料与材料供应单位

如是市场上供大于求的原材料，你就可以精挑细选一些物美价廉的原材料了；但要是市场上紧缺的原材料，你就要把原材料供应部门当大爷了。

3. 水利、电力部门

水利、电力部门关系到企业能否好好生产。这些部门如断了你的水、电，你的企业就将陷于瘫痪，因此这些"老虎"部门你要好好维护。

4. 工商管理部门

工商局管着你的营业执照，没有营业执照，就属非法经营；

你经营不合法业务，工商局就可吊销你的营业执照。你的公司增减营业范围、增减注册资本、增减分支机构、改换营业地点、改换法人、每年年检等，都要去工商局办理。你要关系好，就办事顺利一些，关系不好，就麻烦多一些。

5. 税务部门

各个企业，在经营中免不了会有一些不周到的地方，偷税漏税一旦被查出，就该税务部门惩罚你的时候了。财务做账，是个技术工作，高明的会计，可以把有利润做成亏损；就看税务人员是技高一筹还是技低一筹了，也看关系好坏了。

6. 银行

资金是企业的血液，而银行就是供血单位。企业该用钱时，能否得到贷款，能否提出大量现金，就要看与银行关系怎样了。

另外还有有关政府部门、上级部门、统计部门、保险部门、街道等等。如是临街开店的餐饮、娱乐行业，还要和公安、消防、市容、规划、环卫、房东、卫生防疫等部门打交道。这些关系平时都应该处好。如果是外企，还要和外企管理部门打交道。

处理众多的人际关系，要分出主次和轻重缓急，列出应酬计划，不能所有关系齐头并进，那样将使你茫无头绪，累死累活。

第三节　企业攻关

企业的经营活动是错综复杂的，每建成一个大的项目，都包含许多社会关系在里面，有许多关口不是轻而易举容易通过的，它需要公关人员运用技巧去打通关系，攻克关口。

1. 寻找关系，层层接近

俗话说"朝里有人好做官"，但是你朝里没人怎么办呢？那就要去找人。某公司有一个项目要政府部门审批。他们知道有几家与其实力相当的公司也在报批，为了得到这个项目，他们开始攻关。可他们与审批这个项目的某位领导素不相识，于是他们到处打听有无认识这位领导或他的家人、亲戚、朋友、同学、秘书或司机的人。正好有位朋友说认识这位领导的一位同学，经过朋友、同学一层层引荐，最后他们认识了这位领导。由于有坐下来详细面谈的机会，他们将自己获得这个项目的各种优势充分地进行了表达，最后他们战胜对手，获得了这个项目。

有关系就好办事，许多人都知道这个道理，于是一些人走到哪都喜欢向人吹嘘我认识某某领导，有某某关系，以为这样人家就会对他特别关照。但殊不知，人与人之间的关系是非常复杂的，一个单位之中，有两人关系好的，也有两人关系不好的，你说的人要正好和对方是冤家，那还不如不说为好。因此要找关系，先不要告诉你认识某某人，而要先搞清楚他们之间的关系怎样。

2. 抓主要关系，找准突破口

在错综复杂的矛盾中，解决问题的最好方式就是抓主要矛盾。在打通关系时，也要寻找主要负责人和关键人物。小王是一所大学的高才生，他认为某公司一定会录用他这样的人，于是怀揣简历找到了这家公司的人事部主任，可没想到却被人事部主任回绝了。小王泄气地回到家中，但他的女朋友不服气，说："像你这样的人才他们凭什么不要，我带你找他们经理去。"公司经理看了小王的简历说："我们正在商讨一个项目，你学的专业正好符合这个项目，你可以来和我们一起开展这个项目。"小王非常高兴，问："那为什么你们的人事部主任不要我？"经理说："我们这个项目刚决定，他还不知道，我现在就告诉他。"

A公司工会主席想邀请B公司搞一场篮球比赛，找到了B公司的经理，可B公司经理说公司现在太忙，给拒绝了。B公司的一位员工告诉A公司工会主席说："我们经理最不爱好体育，你找他算找错人了，这事你应该去找我们的团委书记。"于是工会主席又找到了B公司的团委书记。团委书记是个活跃分子，两人一拍即合。团委书记跑去做通了经理的工作，两个公司一场精彩的篮球赛便举行了。

这两起事例说明，同一个单位，同样一件事，你找对了人，事情就成功了；找不对人，事情就办不成了。类似的例子还有很多，例如每年例行的工商年检，企业报上资料后，工商局要办事员、科长、处长、局长一级级审批、签字。由于年检的公司很多，主要是办事员详细审查，其他领导没时间详细看资料，看办事员通过了，也就签字通过了，因此关键搞好办事员的关系就可以了。如你要审批项目，办事员接手审查很重要，领导审批也很重要。和办事员关系好了，他会教给你怎样顺利通过这一项目的诀窍；因项目重大，领导审查也会较仔细，最后的批准权在领导，和领导搞好关系更重要。如果是竞标项目，情况就更复杂了，因很多公司都盯着这一项目，相互制约较大，打通关系就难了。

有一家公司要建一座自己的办公楼，成立了一个项目小组，由公司副总经理任组长，工程部主任任副组长，专门负责此事。有三家实力相当的建筑公司闻讯来竞争这一项目。两家公司认识这家公司的总经理，一家公司认识这家公司的工程部主任，三家公司便开始攻关，激烈角逐这一项目。这时，又一家实力相当的公司插进来，直接找到了这家公司的副总经理，即项目的总负责人，并一举拿下了这一项目。因为工程部主任是这一项目的副主任，副职自然不如正职；总经理不管这个项目，"县官不如现管"。因此拉关系、找路子，一定要找准主要拍板人，如找错了人，你在他身上浪费了许多时间和金钱，但关键时刻他却帮不上忙，使你白白丧失时机。

要找准主要关系，但并不是说次要关系就可以弃置不顾了。在公开的场合，对次要关系也应一视同仁，否者你得罪了次要关系，其从中作梗，你的事情也很难办。一位厂长去一家大公司买材料，他以为供销部经理掌握实权，只要他批准就行了，于是只对供销部经理一脸笑容，对办公室的其他人则爱搭不理。其他人对此很反感，当供销部经理出差在外时，便在货物发运、付款方式等方面故意刁难这位厂长，使得这位厂长最后又不得不来向办公室的其他人员进行修好。

3. 建立利益纽带

管理学的一项研究重点就是怎样调动职工的积极性。调动职工的积极性关键在双赢，即：将公司的工作目标与职工的个人利益结合起来，就会形成一种互动，相互促进，相互提高；如只提公司目标，不提个人利益，就会使公司目标与个人利益产生一种互损，两者相互摩擦，相互抵消，两者都难以实现。办事也一样，要将你所要达到的目标与办事人的个人利益结合起来，两者达到双赢，事情就好办了。即办事人通过帮你办成事后，个人也能获得利益，他就会加倍努力地去做这件事情。

4. 打破无形的墙

每个人都有自己的朋友圈子，圈子内的朋友，很多话可以说，很多事可以做。而对于外界，就有一道无形的墙，他人很难进入这个圈子。中国人和外国人，中国南方人和北方人，这个省和那个省的人，各种不同人群之间，都有一道无形的墙。如果你交朋友对所有人都泛泛而交，那你永远就会在圈外头晃荡，永远不知道圈内的真实情况。因此你要进入他人的朋友圈子,就要交几个特别亲密的朋友,通过他们的引荐,逐步进入他人的朋友圈。你只有成了圈内的一员,你今后求他们办的事情才会好办。

5. 正面攻关与侧面攻关

要打通一些关系,有正面进攻的方式,也有侧面迂回的方式。要直接地攻关,就要做好忍受冷脸、白眼甚至责难的准备,要以诚感人,以韧性和诚恳的态度打动对方。有一家建筑材料厂,新生产了一种新型建筑材料,推销员小赵背着样品到全国各地去开辟市场,但总被对方拒之门外。他来到了一家大的建筑公司,公司的材料部门说这种材料没用过,不敢试用,又把他拒绝了。他不死心,又找到了总经理,总经理推说开会,没时间接待,他便等在门外,从上午直等到晚上下班。总经理推开门,惊讶地发现上午来的这位小伙子还没走,旁边的人告诉说,他在这等了整整一天了。总经理听后十分感动,忙将他请入屋内,听他详细地介绍了材料的性能,并答应先试用一小部分。一年后,试用成功,这家建筑公司便成了小赵的大客户。攻关如果是正面进攻,就要事先做好被拒绝的心理准备,尤其是推销,"推销是从被拒绝开始的"。因为没有关系介绍,攻关被拒绝是一种很正常的事情,这就在于去攻关的人员要有持之以恒的精神和强烈的自信心,要能正确对待冷脸,善于自我激励,以诚感人,以信用打动人。

有一家地方小厂想加入北京一家大的集团公司,厂长来到北京求见集团老总,可在办公室就被挡驾了,办公室主任转达老总的话说:"我们是不会接收你们的,请你回去吧。"厂长见直接求见不成,便想到了一个曲折迂回的方法。他对办公室主任说:"我看你们天天上班都自己打开水,搞卫生,我从厂里给你们派个服务员来吧,让她来替你们做这些事,反正厂里人多,你们也不用给她开工资。"没几天，果真一位精明强干的姑娘来了，每天早上提前到公司，帮着大家打开水，扫地，搞完卫生就走，办公室主任拦也拦不住。一个月下来，办公室主任觉得过意不去，也正好办公室缺人手，便在办公室为其设了一张桌子，让其一同工作。渐渐地，姑娘勤奋努力的工作博得全公司上下的好感，姑娘也能自由出入总经理的办公室了。经姑娘再三做工作，半年后，集团公司破例批准那家小企业加入集团，并为其投资进行了技术改造。

每当一个建设项目开工，同时一场关系大战便也跟随展开。建设一个项目需要使用大量的建筑材料，于是将有大量的材料生产厂家和经销商上门推销他们的材料，这时负责采购材料的采购员便成了众多推销商的拉拢目标。某工地要用大量的木材，于是早有十几名木材推销员蜂拥而至。工地采购员老刘对经销商们的拉拢早已熟视无睹，因此任凭众推销员的百般劝说，仍不为所动，待价而沽。推销员小赵见正面进攻不行，便采取迂回战术。他打听到老刘在外面虽然严厉，在家里却非常怕老婆，于是小赵先打听到刘夫人毕业的学校，之后找到这个学校认识刘夫人的一个熟人，经引见结识了刘夫人。小赵知道刘夫人非常疼爱孩子，于是经常买些孩子喜爱的玩具给孩子，并承担起了辅导孩子学习和带孩子玩的任务。一段时间后，小赵成了刘夫人家中的座上宾，在刘夫人的逼迫下，老刘明明知道小赵推销的材料质量不是最好的，价格不是最便宜的，但还是与小赵签订了合同。这样，小赵只花了几千元公关费，却赚取了十几万元的利润。可以说，善于巧妙地拉关系，也是一种经济效益。目前，中国国营企业的优质产品常常竞争不过私营企业的劣质产品，其中一个重要原因就是私营企业的财务制度灵活，人们可以运用一些手段去拉关系，企业有一个严密的社会关系网；而国有企业财务制度较严，人们宁愿损失效益，也不愿个人去犯错误，企业无法建立自己的社会关系网。

提高篇

为人处世的学问

第一章　待人接物

只要你和他人交往,就有待人接物的事情,你这方面做得彬彬有礼,得体大方,就会无形中建立好的人际关系;你要不会待人,不会说话,就会无形中得罪人。

第一节　如何请求或拒绝帮助?

我们生活在一个需要互相帮助的社会之中,单凭个人的力量,你无法解决你生活中所有的问题,你要经常去请求帮助,请求帮助和拒绝帮助都是经常要发生的事情,求人是一件难以启齿的事情。同样,你也会经常接到别人的求助,我们应当培养一种助人为乐的品质,尽自己所能去帮助别人。但是,个人的时间、精力、能力等都是有限的,你不可能对所有的求助都有求必应,因此你要拒绝一些求助,拒绝也是一件让人为难的事情,拒绝不好就会失去一些朋友。因此,请求帮助和拒绝帮助都需要人们谨慎对待。

1. 如何请求帮助？

请求帮助的原因很多，怎样巧妙请求帮助？要具体情况具体分析。如果你向特别要好的朋友求助，可以直截了当一些，如太客气或拐弯抹角，会让朋友觉得你太见外，没把他当朋友。如果是一般朋友或其他人，你就要注意说话方式了。请人帮忙，如是非常急切地必须要对方帮忙的，不办就要误大事的，就可以强迫对方办一下；如不是这样的事情，就不要强人所难，顺其自然为好。有人请人帮忙，习惯于先问人家有时间没有，对方不知道你要找他是有好事还是坏事，很难马上回答你的问题，于是会反问："有什么事吗？"如你说完事情对方再拒绝你，双方心里都会不舒服。与其这样，你如果有要占用人家时间的求助，不如开门见山先说出事情，再问对方有没有时间。例如请人帮着练车、搬家、带孩子等，你可以说："今天天气比较好，我想练一下车，不知你有时间能带我一下吗？"这样对方先知道了你的目的，再根据自己的情况进行决定，即使拒绝，双方也都不尴尬。但如果说不是占用对方时间的求助，就要先说："不好意思，我有件事情想麻烦你一下，不知你能不能帮一下忙？"对方问："什么事情？"你再说具体事。事情说完后，肯定一下对方的难处，最后要说办不了就千万不要麻烦，不要给人压力，使其反感。

请人帮忙，是一种欠人情的事情，一般来讲，能自己办的事情就尽量自己办，不要养成大小事情总爱支使别人去办的习惯。一位独生女，从小娇生惯养，支使父母惯了，到了工作单位后，也同样喜欢支使别人。渴了，对同事说："你去桌上给我把水拿来。"想上街买东西，打个电话就让同事开车过来。没过多久，大家就开始议论开了："这个人怎么那么爱找人麻烦，人家替她办事就像是应该似的，一句客气话都没有。"渐渐地，大家都对她敬而远之，她便支使不动别人了，甚至真遇到重要的和紧急的事情求大家帮忙时，大家也都推脱了。有一次她睡过了头，醒来后看马上要到考试时间了，想找人帮忙送一下，可都被谢绝了，为此耽误了考试。一位先生，一开始没有车，大家有什么活动都来接送他；后来他买了车，依然让大家来接送。渐渐地，他发现大家有什么活动都不通知他了；而他的朋友们却在说："他现在有车了还让人接送，太麻烦了，通知他参加活动还要去接他，还不如不通知他。"

　　要求人帮忙，还要考虑到对方的家庭因素。有位先生，很乐意助人，很多人都来找他帮忙。一次一位朋友去他们家，发现他们两口子在吵架，一问，原来先生老在外面帮助人，妻子抱怨他不顾家，闹矛盾了。有了家庭，和单身汉就不一样了。单身汉的时候，会很快决定一件事情；但两人世界，决策速度就会降低很多，而不只是一倍的问题了。一人世界，会很随意地与人交往；但两人世界，就大不相同了。丈夫喜欢做的事情，妻子不一定会喜欢；妻子喜欢做的事情，丈夫不一定喜欢。凡事要经过商量，一方面不满意，事情就很难办。因此求人帮忙，一定要考虑对方的家庭因素，以免给对方家庭带来矛盾。很多事情都是这样，如果人家先求你的爱人，你就会对爱人加以阻拦；如果人家先求你，也许你就很乐意地答应了。一位访问学者来到美国，买了车，把车借给几位朋友去考驾照。后来，他的妻子也来了美国。一天，他的另一位朋友来找他借车考试，他给回绝了，弄得他那位朋友挺不高兴，对别人说："他过去主动把车借给新来的学生，现在我找他借他却不能借。"那位访问学者也对别人说："不是我不借，是我老婆规定我车谁都不能借。我要跟他直说吧，又怕他埋怨我老婆，真让我为难！"可有一次，妻子的一位朋友考驾照遇到了困难，妻子将车借给她考试去了。丈夫纳闷地问："你不是说谁也不许借吗？"妻子说："那是我最好的朋友，我能不借吗？"一般来讲，城市家庭大部分是女人做主，男人比较随便，因此有事先求女主人比较好，女主人一高兴，对丈夫一声令下，丈夫也就很乐意地为你服务去了。如果先找先生，先生想帮你，又怕老婆不满意，就麻烦了。但是也有大男子主义的家庭，这就要颠倒过来了。要对其家庭进行观察，是谁做主。

2. 如何拒绝帮助？

拒绝是一种令人为难而且伤面子的事情。人家请求你的帮助是相信你，你一口回绝了，你心里不好受，也容易得罪人。有两个朋友，朋友A会开车，朋友B不会开车。一天，朋友B给朋友A打电话，说："我母亲要来看我，你能帮忙去机场接一下吗？"朋友A正好在赶写一篇论文，说："不行，我现在太忙了。"说完将电话挂了。朋友B感到很失望，心想："我们是朋友，我母亲从那么远的地方来看我，你有事接不了没关系，但你至少应表示出为我高兴的态度，或问问我母亲今后还有没有其他要用车的时候。"过了两天，朋友A想查一个论文中的资料，知道朋友B有这本书，因此打电话来借，朋友B心想，原来你也有求我的时候，你忘了你当初是怎么回绝我的了？于是生硬地说："对不起，没有。"从此两个朋友就成陌路人了。这是双方都没有掌握拒绝人的技巧的原因。

有这么一个相反的例子，一位小提琴手一天接到了一个电话，是一位孩子的母亲打来的。那位母亲说："我是您的朋友介绍来的，我的孩子想向您学习小提琴，行吗？"这位小提琴手先是客气地听完了这位母亲的介绍，并肯定了孩子学小提琴的好处，接着委婉地列举了自己许多繁忙的工作，表示实在没有空余的时间可以腾出来，但还是要下了这位母亲的电话，表示今后要是有时间的话再与其联系。半年过去了，小提琴手要去外地参加一个会议但买不着火车票，求她的朋友帮忙。她的朋友介绍她去找车站的一位售票员，两人见面一相互介绍，原来售票员就是半年前求她教琴的那位母亲。小提琴手感到没帮上忙，不好意思。

但那位母亲说："没关系，你是太忙，有你那天说的那些话就很不错了。"于是愉快地帮小提琴手买到了票。

拒绝人，是一件很容易伤人的事情，关键在于把握说话的技巧。一般人都知道求人难，所以求人时都带着很敏感的态度去开口，对方的态度稍有生硬就容易造成误解，因此，在拒绝他人的求助时要掌握说话的口气，对于别人的求助不要一下子回绝，可采取以下三部曲：(1)先听完对方的讲述，表示自己很想帮忙的态度。因为，求你的人必定是你的朋友，或是信赖你的人，你听他讲述的时候就是在考虑你能否尽量帮助他或是能帮他想出别的办法。如认为自己实在帮不上忙再说第二步的话。(2)委婉地进行谢绝，列举自己一些繁忙的事例，表示想帮忙，但时间和条件不允许。(3)留下对方的联系方式，表明今后要有时间或别的方面有能帮忙的会尽量帮忙。这样，人家即使没有得到你的帮助，心里也会感到舒服。

3. 帮得了帮不了要有回音

在这里尤其还要强调一点，有些求助，你是不能马上给答复的，你要去试一试，想想办法才能回答对方的，你要是试过了，想过办法了，但还是办不成，就要给人家一个回音，千万不要从此没有下文。有些人觉得没给人帮上忙，不好意思对人家说，于是就不再和人家联系了，实际上这是最容易伤害人的。因为人家一直在期待着你的回音，你要是办不成告诉人家一声，人家会认为你是尽力去办了，但由于能力的问题没有办成，态度是诚恳的，因此是不会怪罪你的，这样，人家还可以去找别人。但是，你一直不告诉人家，人家又不好意思老是催问你，也不知该不该再去求其他人，时间长了，人家会以为你在躲避人家，不肯帮忙，对你产生反感。要知道，办得成办不成是能力问题，给不给回音是态度问题，人们一般是能力问题可以原谅，而态度问题不可以原谅。

第二节 如何接受或拒绝邀请或礼物?

1. 如何接受邀请?

人们在生活中,会接到很多邀请,例如邀请你吃饭,邀请你去打球,邀请你参加婚礼,邀请你参加会议,邀请你参加某个仪式,等等。你要是有时间,并愿意前往,你就会接受人家的邀请。但是,在你接受邀请时,最好是三思而后行。因为,人们的邀请分真请与客气两种。一种是对方真情邀请,你要是不去,对方会感到很失望;另一种就是客气了,例如,老王要真情请小李,但小张和小李在一起,老王怕请了小李不请小张,小张会不高兴,于是也客气地请一下小张。对于客气式的邀请,有的是可去的,有些是不可去的。

有位外国学生去一个中国同学家谈功课,这天正赶上是这位中国同学的妻子过生日。谈到晚饭时刻,外国学生起身要走,中国同学看妻子已把饭菜做好,便客气地说:"到吃饭时候了,一起吃吧。"按中国人的习惯,客人来家,到了吃饭时间,一般都要挽留一下的,而客人都要推辞一番。如主人执意不让走,那是真邀请,你可考虑留下;如主人只是客气一番,那你还是走为好。可外国同学不知道,听到邀请,一屁股就坐下了。中国同学的妻子做了几个好菜,本来是想过生日和丈夫浪漫一下的,可没想到中间多了一灯泡,又不好当面说什么,等人走了与丈夫闹了一场。因此当接受邀请时,要先识别是真请还是客气,一般是先推辞一下,说些客气的话,如"不用吃饭了吧","不必客气","不用破费了",等等。如你表示了客气对方还坚决邀请,那是真邀请;如果对方态度含混,那是一种客气。但客气也分两种。一种是对方真想请你，但重视你的感情，怕打扰你的时间，怕你不喜欢，想由你自便；还一种是口头上请你，心里希望你拒绝。如是前者，对方往往会询问你是否有时间，是否会打扰你之类的一些话。

因此接受邀请的三部曲是：第一步，先表现出高兴的态度，向对方表示感谢；第二步，客气地推辞一下，说一些不愿麻烦对方的话，同时听听对方的口气，看看是真邀请还是客气；第三步，判断清楚后，决定是接受还是拒绝，接受邀请后要问清请客时间、地点、怎么去，等等。

客气，还要分对象，如果是对方的生日、婚礼等喜事请客，如你还说"算了吧，不必客气了"，对方就会误以为你不愿给他捧场，心中不高兴了，因此这种事情你就要立刻表现出愿意前往的态度，千万不能客气。如是去人家家中吃饭，可带点小礼品；如是去餐馆吃饭，可以不带东西；如参加婚礼，要带点婚礼礼物；如是正规的活动，还要注意着装整齐，女士要适当打扮。

2. 如何拒绝邀请？

如果你想拒绝别人的邀请，就要当面提出，千万不要接受了人家的邀请之后又不去，让人白准备。拒绝邀请，情况不同，态度也可有所不同，可区别对待。一般来讲，也要先表示感谢，然后说明自己想去但不能去的原因，有的可留个尾巴，说"下次吧，下次有机会再去"；有的可不留尾巴，说"不用客气，不用破费了"。如邀请人是你很要好的朋友，你就可说话随便些，如说："咱们是这么好的朋友，还请什么客，你还是省着点钱吧，有什么事你就说话。"总之，不要生硬地一口回绝，让人感到太生硬。但目前有很多商业性的邀请，你也不认识对方，参加了他的活动是要交钱的，这些你就可以不予理睬了。

3. 如何接受礼物？

接受礼物，东西方的方式有所不同。在中国，接受礼物一般要先推辞一下，并说些客气话，如"你来就来嘛，为什么要带东西来？""下次不要再带了"等。等送礼方将礼物塞到手中，再表示感谢，但不夸赞礼品，也不当面打开礼品，等客人走后再打开。在美国，接受礼物要当面打开，受礼方向送礼方表示感谢，也对礼品进行夸赞。在中国，当去人家家中，可以夸赞他家中拿不走的东西，如房子装修得如何漂亮，家具很漂亮，家里很干净等；但不要夸赞小的，能拿走的东西。有位外国学生去中国人家中做客，为了表示客气，夸赞主人家中的茶壶很漂亮，女主人便说："你要喜欢就拿走吧。"那外国学生抱着茶壶走后不明白，为什么女主人要送他一个茶壶？而女主人也不明白，为什么那老外看上了我们家的茶壶？在中国，在人家中夸赞某件东西，会让人误以为你想要那件东西；人家送礼来，你当人面夸赞礼品，会让人误以为你喜欢收礼。

4. 如何拒绝礼物？

拒绝人家的礼物，往往有很多种原因，如：你不愿冒受贿之风险，你可以坚决地将礼物退回，如实在无法退回，你可以将礼物充公、分给职工、上缴上级或转赠给慈善机构等。如人家托你的事有可能办不了，那最好也不要先受礼，免得事情没办成，又拿了人家的东西不好意思。如你不喜欢对方，根本就不想要他的东西，那也可以直接拒绝礼物。如你是真的关心对方，怕对方为你多破费而不愿收礼，那就要向对方讲清楚，免得发生误解，等等。礼物拿来了，再让人拿回去，是一件让对方很没面子的事情。因此一定要把话说到，一方面感谢对方的好意，一方面讲明不能接受的理由,不要让对方太尴尬。

第三节 谈话的艺术

1. 学会倾听

有的人与人交谈时总爱喋喋不休,光顾自己说,不听别人说,会让别人觉得和他在一起很没意思。有的人在听别人说话时总是三心二意,别人正津津有味地说着,他突然打断,或突然蹦出个别的话来,会让人非常生气。有涵养的人与人交谈,往往是让别人先说,不抢话,在别人说话时注意倾听,这样会给人以极大的好感。有位公司职员成了新任经理的得力助手,就是起源于一次谈话。在谈话中,这位职员滔滔不绝地述说着老经理对自己的许多不公,表达着自己对公司的一些看法,竟一口气说了半个多小时,她以为自己说多了,可新经理一直全神贯注地听着,不住地点头,一点也没有急躁的表现。事后这位职员对她的朋友说:"我们的新经理真好,我向他说了那么多,他听得是那么认真,那么专注,太让我感动了。"以后这位职员凡是新经理布置的任务,总是抢先完成,成为了公司的骨干。一位英俊魁梧的小伙子找了一个身材矮小,相貌平平的女朋友。人们不解,而他说:"我女朋友最大的好处就是善解人意,每次我和她交谈,她听得总是那么入迷,不时地还启发我的一些思想,给我鼓励,甚至很长时间后她还能把我说的话复述下来,她是我最好的听众。"倾听,是对他人的一种尊敬,一种在意,学会倾听,会使你变得更加可爱。

2. 寻找共同点

人与人之间有共同的观点，也有不同的观点。如果我们交谈时总是谈不同的观点，大家就会越谈越远，关系越拉越疏。我们首先要问自己："你与人交谈的目的是什么？是要交朋友还是要故意抬杠？"如果是要交朋友，那么在与人交谈时，就尽量不要因一些观点不同而发生争执，因为有些争执不但解决不了问题，反而会伤害感情，造成你和他人的矛盾。人们在争论之时，为了战胜对方，总是寻找大量的对自己有利的论据来维护自己的论点，因此每次争论，你不但不会改变对方的观点，反而会促使他更加坚持自己的观点。这是个定律。

3. 免谈政治

由于中国历史上政治运动一个接着一个，如"反右"、"文革"等等，使许多人至今仍心有余悸，尤其是亲身经历过这些运动的人们，对政治问题非常敏感，一般不轻易表达自己的政治观点，也不愿在公共场合谈论政治。有的人可能会在公共场合是一种说法，私下里与朋友又是一种说法。因此在公共场合谈话或与不了解的人谈话，尤其是与外国人谈话，人们一般不谈政治，多谈经济、文化、电影、体育、饮食、旅游、时尚等。

4. 如何表达自己的意见

表达自己的意见有直接表达，间接委婉地表达，请人代为表达等多种。表达自己意见的目的是为了让别人接受自己的意见，但自己的意见有可能对，也有可能错，因此表达自己的意见之前，最好先了解一下别人的意见，看看别人的意见是否与自己的一致，是否比自己的更高明。如果要与自己的一致，你最好采取直接表达意见的方式；如果别人的意见比自己的更高明，你最好修正自己的意见之后再提出；若别人与自己的意见不一致，你认为自己的意见是正确的，那最好采用间接委婉的方式提出意见。因为提出与别人不同的意见，意味着要将别人的意见否定，不可避免地也要伤害别人的面子，并有可能受到别人激烈的反击，使你意见受挫。在这方面，东西方的表现方式有所不同，西方人喜欢直截了当，正面碰撞；而东方人则喜欢绕个弯子，避开锋芒，以委婉的方式提出意见，既不伤害对方的面子，又能使自己的意见得以肯定。所以有些西方人在与东方人交往中，由于过于直接地表达自己的意见，往往会被认为是骄傲自大；同时，西方人又会认为东方人太不坦率，双方产生误解，实际上这是一种文化的差异。

在表达自己意见时，如果你是上级向下级布置任务，就要学会循循善诱，将自己的意见变成他人的意见。同一件工作，如是你安排给他人的，他人不一定乐意完成；如你善于启发对方，让对方自己提出来，对方完成任务的积极性就会高很多。如果你是下级向上级请示工作，就要考虑提出意见的时机，同一件事情，如你在上级高兴时提出来，就可能获得通过；如在上级不高兴时提出来，就可能得不到通过；如在上级身边没人时提出来，就有可能获同意；如在上级身边有人时提出来，就有可能被否定。

5. 多用谦语

东方文化特别注重"谦虚"二字，以谦虚谨慎为做人的美德，在很多事情上，总是说话谦虚，处处谦让的人最受人尊敬。在中国，经常将谦语挂在嘴边上准没错，尤其是你要求人帮忙的时候，更是这样。一位年轻人向一位老人问路，说："喂，西单怎么走？"老人气愤地责问："年轻人，你跟谁说话呢？"又来一位年轻人，客气地问："老大爷，请问到西单怎么走？"老人愉快地告诉了他。一位女士向她身边的人说："给我把杯子拿过来。"身边的人瞥了她一眼，没有理会。这位女士意识到是自己说话没带谦语，改口说："对不起，我现在站不起来，能请您帮我递一下杯子好吗？麻烦您了。"身边的人听后，立刻站起身来帮她把杯子递过去了，并问："还需要我帮你什么吗？"这就是谦语的作用。

6. 如何使用恭维话？

"恭维"是一个中性词，说好听了是夸奖、表扬、赞美或歌颂，说不好听了是奉承、溜须拍马。但是，绝大部分人都喜欢听恭维话，多说恭维话确实会给人带来好感，这是一个常理。然而，有些常理并不是最好的道理。常理是针对普通大众而言的，如果你只想做个普普通通的大众，你就可以遵循常理；但你要想成为一名特殊的人物，常理就不适合于你了。人们的确喜欢听恭维话，但你要恭维到点子上，人家才会真正感觉舒服。例如，本来人家长得不美，你却把人家夸得美若天仙，人家心里会想："你是不是在损我？"对女人可以恭维相貌，但对于男人，就会令他心里不舒服。你若整天把恭维话挂在嘴边，对所有人都一通乱夸，人家就会认为："他是不是专爱拍马屁？"若给人这样的印象，当你真心想赞扬人的时候，人家也会认为你是虚假了。因此恭维话要说，但不能乱说，要把握住火候，"实实在在"四个字是关键。

7. "莫对失意人，尽说得意事"

与人谈话，应注意时间、地点、场合，针对什么样的人，说什么样的话。尤其注意的是"莫对失意人，尽说得意事"。例如，一个人做生意刚赔了一笔，而你却在他面前夸耀你做生意如何如何成功；一个人穷得饭都吃不上了，而你却在他面前说你下馆子一顿饭就几百块；等等。如果你在一个倒霉人的面前表现出得意洋洋的态度，是最惹他生气和厌烦的。即使在一个成功人士面前，也不应过多地自我夸耀，否则对方会误以为你要与他比试，对方也会大谈起自己的成功来。

8. 不要总是报喜或报忧

有的人见人就喜欢报喜，把自己说得天花乱坠；有的人相反，见面就喜欢报忧，把自己说得可怜兮兮。两者的意思都很明确，前者把自己说得好些，目的是让大家羡慕自己，夸赞自己；后者把自己说得惨些，意思是让大家帮助自己。如果这两种说话方式都言过其实的话，就很容易给自己造成被动。有位小伙子总向别人夸耀他朋友多，今天和某位局长一起吃饭，昨天和某位明星一块聊天，似乎社会上的三教九流没有他不认识的。一开始他的朋友都信以为真，既然他有那么多关系，遇到问题当然就去托他找人帮忙。可那小伙子全是说大话，根本就不认识那么多人，什么忙也没帮上。以后，连他说真话的时候朋友们也不相信了，只要他一开口，朋友们就会嗤之以鼻："又在吹牛呢！"

有位女孩总向别人抱怨说自己很穷，没钱。结果找了几个男朋友都吹了，一位小伙告诉他的朋友说："她整天说自己穷，不是明摆着向别人要钱吗？"一位下岗女工到几家单位应聘工作，到哪都对自己原单位一通抱怨，结果没有一家新单位聘用她。一位人事部主任说："我不怀疑她的原单位是很糟糕，但我怀疑她自己本身就不善与人相处，所以才搞得与领导和同事关系这样紧张。"因为可怜人自有可恨之处。事实上，人们都有这样的经历，当一个人总爱在他人背后说人坏话时，我们首先想到的不是同情他，而是想，他总把他人说得那样坏，他自己又能好到哪去？我们生活在人群中,还是实事求是的好,有一说一,有二说二,不要过于报喜或报忧,那样会给自己带来很多麻烦。过于报忧等于是在降低自己的身价,而过于报喜则是将自己身价先升上去再摔下来。

第四节　学会做人情

什么是人情?人情是人的感情,人之常情的意思,也是情面和情谊的意思,也指婚丧喜庆时所送的礼物,和人际往来应酬的礼节。你每帮人一次忙,或送人一份礼物,就等于送人一份人情;而对方则欠你一份人情。过春节,孩子们得到许多红包,非常高兴。可家长们说:"人家送给孩子礼物都是冲着大人面子送的,我们欠了人情,今后是要还的。"于是你送我多少,我便还你多少,大家两不欠。

1. 人情是一笔无形资产

每个公司都有一份资产负债表,一边记载着收入,一边记载着支出,要时常保持收支平衡。我们不能支出大于收入,那样将会入不敷出,公司将会倒闭;但也不能一点借债也没有,一点借债也没有的公司做不大。现代经营讲究借贷经营,只有保持一个良好的借贷率,公司才会越做越大。而我们每个人也都有一份无形资产负债表,即人情负债表,人情就好比我们的无形资产。我们每帮助人们一次,或每送给人们一件礼物,就好比往银行存入了资金,我们人情收入一栏中的数额便增高一些;我们每得到一次帮助,或每得到一份礼物,就好比从银行支取了资金,我们人情支出一栏的数目就加大一些。我们收入栏的数字越高,我们今后可用的无形资产就越多。因此多帮助人不仅仅是付出,无形中你会得到。你帮助了别人,人家嘴上不说,但却是记在心,是想今后有机会报答你的；今后你有事求他帮忙，他会义不容辞地帮助你的。为什么有的人朋友多，总有人帮助他，因为他平常总在帮助别人，并且不图回报，懂得人情世故；为什么有的人朋友少，遇到困难总找不到人帮助，因为他过于自私，总不肯帮助别人，或者帮助别人一次就牢牢记在心上，等着别人给自己回报，没有回报就耿耿于怀。

2. 人情要有选择地做

人情既然是这么重要，是否我们就可以不分青红皂白地所有人情都做呢？也不是。如果一件事情是在你的权力和能力范围之内，你只需举手之劳就能做的，并且没有后遗症的，这个忙你应该帮。如果你办不了，还要你去牵扯别人的，那你就要三思而后行了。

老王请老李帮他的孩子找工作，老李找到他电视台的朋友老赵，给老王的孩子安排了一份好工作，老李与老王都欠了老赵的人情。老李认为老赵帮了老王的大忙，老王和他孩子肯定会与老赵搞好关系，经常去看望老赵；而老王认为老赵是老李的朋友，我不用管，老李自会去打点，我只要照顾好老李就行了。于是双方都将老赵忽略，使老赵对老王和老李都产生怨言。

老刘见老魏的女儿没对象，好心给介绍了一个，老魏自是高兴。小两口结婚头一年感情很好，全家人对老刘感激不尽。可第二年，小两口感情破裂了，于是全家人又一同埋怨老刘怎么给找了这么个对象。

老朱的朋友杨经理想向银行贷款，老朱介绍其表弟胡经理为其担保。杨经理经营不善，几年后公司倒闭了，于是银行要胡经理的公司替其赔偿。老朱本来是好心做人情，这下却欠了表弟一个大情。因此，做人情要是会出现连环债、三角债的最好不要做。

3. 人情要做就做足

要帮人就要帮到底，否则还不如不帮。就像帮人家盖房子，盖了一半将人家给甩了，还不如当初就不盖。

小王写了一部书，请小黄帮其校对。小黄看了好几天，校对完一大半，觉得太累了，便将剩下的一小部分放弃了。小王本想等小黄校对完后好好感激他的，可这下却变成了感叹，认为小黄不够朋友，帮人不帮到底。这样的例子很多，有些人想做好人，九十九拜都拜了，但就剩最后一哆嗦的时候没有哆嗦上去，结果前功尽弃，好人变成了恶人。其实我们九十九块钱都花了，就剩最后一块钱的时候我们为什么不花了呢？因为这一块钱而让前面的九十九块钱都泡汤，值得吗？因此我们做事要把握这样一个原则，凡事要么不做，要做就要做到底，决不要半途而废。要做人情就要做足人情，要做好人就要做一名彻底的好人。

4. 人情要还

生活中我们常听人说"人情债"，就是说人情欠得太多了，没法还，就像欠了人家一屁股债似的。有的人以为随便求人没事，但实际上求人就是欠人情，欠了人情不还，人家是要抱怨的，人家会认为你不懂人情世故，不是一个知情达理的人。尤其是用人不能往死里用。中国文化讲究知恩图报，而且是要加倍报答，所谓"滴水之恩，便当涌泉相报"。如果你总是麻烦某个人，让这个人为了帮助你付出太大的代价，那你今后的这个情就难还了。一旦哪天你对这个人稍有怠慢，便很容易反目成仇。

有人会问："既然欠人情这么难，那我总去帮助别人，从不让人帮助自己，行吗？"那也不行，这样万事不求人也不好。中国的人际关系是靠人情去维系的，人情需要常走动，万事不求人的人最终也交不了太多的朋友。人情是一种你来我往，今天你帮助了我，我明天再帮助你，这样不断地相互帮助，大家的关系就会越走越近。你不愿意欠别人的人情，别人也同你一样不愿欠别人的情。你如帮了别人，却不让人帮助你，别人就会觉得欠你太多，下次不敢求你了，见到你也会觉得心里不舒服了，渐渐地也就与你疏远了。人情又像公司账上的流动资金，流动量越大，周转的次数越多，赚的钱也就越多；如果永没有流动，就永没有利润。

中国有句老话，"水至清则无鱼，人至清则无徒"，意思是说，水太干净了就养不活鱼，人太清廉了就没人愿意与你交往了。因此当别人真心想帮助你时，你欣然接受，比推拒要好。适当地给别人一些向你表示感情的机会，别人会更加喜欢你，这叫人情上的负债经营。这样的相互帮助，人们的关系才会越走越近。

5. 顺水人情值得做

顺水人情就是一种不用费力，随手可做的人情。例如，你去机场送人，见有人要返回城里，顺便就将他捎带回来。你要去商场购物，室友没有车，你就顺便搭上他一块去。反正都是顺便，不用专门去跑。这叫搂草打兔子——捎带。小张的朋友给了他一张电影票，小张没时间去，将票作废了可惜，于是将它转送给了小李，这叫借花献佛。在生活中有很多你有，而别人没有的东西，或者你要做，正好也可帮别人一块做的事情，如有这样顺手牵羊的便宜人情，你千万不要放过。但是，顺水人情也不可盲目去做。一位女士见商场有便宜的皮鞋，便买了一双，觉得不错，顺便也替朋友买了一双，可谁知朋友偏偏就不喜欢这种款式的，收也不是，不收也不是。因此要做顺水人情，还要先征得对方的同意，让对方满意。

6. 不要老欠人情

关系虽然重要，但并不是样样事都托关系就好，因为关系每用一次，就欠一次人情，下次人家有事再找你帮忙，你若不帮，就伤朋友面子了。在关系场上，还存在一些陷阱和误区。一些品性不佳的人喜欢"杀熟"，即通过欺骗朋友来赚钱。例如你想买一台彩电，其实不通过朋友也能买到，但人们习惯于走关系，以为通过朋友可以便宜些，结果被朋友从中赚了一笔，你不但多花了钱，还欠了朋友人情，下次还要想法还上。有的人专做朋友的生意，朋友一有事情求他，他先抬高价格，把本来好办的事情也说得非常难办，趁机从朋友那里得些好处。因此，在求朋友帮忙的时候，可先了解一下此事是否可以不通过朋友就能办成，如能办成，就尽量不要求朋友。

第五节 如何应付消极意见

在生活中，人们常常会遇到一些消极意见，如批评、伤害、怀疑、误解、抱怨、拒绝等等，这些消极意见，不仅损害我们的思想，也损害我们的身体。有科学家试验证明，一般人都可活到120多岁，但为什么很多人都英年早逝？一方面是因为疾病、体力的透支、不注意锻炼、不良的生活习惯等等；一方面是因为精神的打击和压力，对消极意见的悲观、愤怒等等，人们自己在一天天地折损自己的寿命。因此，以正确的态度对待消极意见，不仅有利于我们建立良好的人际关系，而且有利于我们的健康长寿。

1. 如何对待批评和争辩？

人非圣贤，孰能无过。有过就会受到一些批评，有批评我们就会有一些反驳，甚至发生争辩；当我们意见与他人相左时，也会与人发生争辩。回想每次争辩，哪有一次是以对方心悦诚服地接受你的意见而告终的呢？没有，每次都是以两败俱伤而告终。人们争辩的目的，是要改变对方的观点，让对方承认我的观点。可是，得到的结果却恰恰相反。因为，人人都有捍卫自己意见的本能，一旦遇到不同意见来犯，我们的警戒哨就会立即调动一切力量来与来犯的意见进行作战。作战的结果是：我们会越来越坚信自己的意见是正确的，即使我们被对方驳得哑口无言了，也会为保全自己的面子与对方拼死作战。因此胜利方得到的结果是：第一，并没有真正改变对方的想法，反而加深对手深信自己意见正确的程度；对方即使承认失败，也是口服心不服。第二，并没有使对方对自己有好感，相反却加深了对方对自己的反感。第三，我们在辩论中所产生的愤怒也伤害了我们自己的身体。对于失败者来说，这意味着一次耻辱，他会认为他的失败不是因为他的意见有错，而是因口才不好。他将记恨在心，伺机报复。因此，处理批评意见、反面意见和无谓争论的最好方法就是，双方不要两军对垒，剑拔弩张；而是要先放下武器，带着微笑走到对方阵前示以友好，让对方先放下武器，取消警戒，然后大家以朋友的方式坦诚交谈，化干戈为玉帛。

人们往往有这样的思想误区，以为自己先向对方承认错误，或先向对方讲和是丢面子，会让对方看不起，而事实上恰恰相反。当双方僵持不下的时候你先让一步，对方会被你的高风亮节所感动，也会很快地摆出高姿态来和你握手言和，俗话说："退一步海阔天空。"温和、宽厚和友善的态度比争辩更易改变别人的态度。爱和人抬杠的人，永远都遭人讨厌。

2. 如何对待嫉妒？

一些人喜欢炫耀自己的成功，喜欢让人分享自己的快乐，但实际上那是事与愿违。德国人有句谚语："最纯粹的快乐，是我们从那些我们的羡慕者的不幸中所得到的那种恶意的快乐。"由于自尊心的驱使，我们每个人都希望自己过得比他人好，都希望自己得到比他人更多的尊敬，人有一种嫉妒他人成功和对他人的失败幸灾乐祸的本性。因此，我们要使自己不被别人嫉妒，就须保持谦虚的态度，对于自己的成就要轻描淡写，除了自己的亲生父母、兄弟姐妹和家人，以及特别亲近的亲友，不要在别人面前表现出洋洋自得的态度，不要以为别人会与你同样地高兴。

3. 如何对待恶意的攻击？

常言道"树大招风"，当你取得了一定的成就时，总会有人赞扬有人贬。有的人专爱以贬低他人为快乐，以此哗众取宠。当我们受到一些恶意的攻击时，我们可以想象是在听猫叫，不予理睬，"甚至连眼珠子都不转过去"。记住莎士比亚说的："不要因为你的敌人而燃起一把怒火，热得烧伤你自己。"也记住卡耐基所说的："让我们永远不要去试图报复我们的仇人，因为如果我们那样做的话，我们会深深地伤害了自己。让我们像艾森豪威尔将军一样，不要浪费一分钟的时间去想那些我们不喜欢的人。"我们要将眼光始终盯向前方，只要你不断地向前跑着，你就总会不断迎接新的荣耀，一切诽谤就会落在你的身后，不攻自破。这需要我们以宽大的心怀去应对一切外来打击，抛开一切仇恨和报复心理，以满腔的热忱去对待生活，对待他人。热忱是我们事业成功的力量源泉，也会使我们变得充满朝气，更加年轻。我们要学会保持自信的心理和进行积极的心理暗示，努力克服消极心态。

4. 如何对待误解？

人人都希望自己成为在社会上受欢迎的人士，每个人都有与他人搞好关系的初衷，也都在往这方面努力，但为什么又会有那么多的矛盾存在呢？那就是误解造成的。因此中国现时兴喊一句口号，叫"理解万岁！"说明了人们希望相互理解的心情。很多时候，误解是来自我们自己，而不是来自别人。

一位媳妇总是认为婆婆话中有话在点她，她的丈夫说："那叫说者无心，听者有意，你误解了，我问过我母亲，她对你的看法很好。"妻子不相信，于是丈夫想找机会证明给妻子看什么叫"说者无心，听者有意"。一次妻子和她的朋友聊天，提起下礼拜是她的生日。事后丈夫问妻子："你是不是想让她给你送生日礼物？"妻子矢口否认："我没有半点那个意思，那叫什么人呢？"丈夫说："这就叫说者无心，听者有意，不信，咱们下礼拜走着瞧。"果真，下礼拜妻子的朋友带着生日礼物不请自到，妻子叫苦不迭，说："我这不是明开口向人家要钱吗？让我怎么好意思呢？这下我可知道什么叫说者无心，听者有意了，看来很多误会都是因这一点造成的。"我们生活中可能会给人留下了很多误解，但自己还不知道。有的人当知道别人对自己有误解时，总想向别人去解释清楚，实际上有的误解能解释清楚，有的误解是解释不清的，这时，你越解释误会就越大，就会越抹越黑。人不可能把所有事情都做得十分完美，让人造成一些误会是必不可免的，这没关系，只要你知道有这么回事，今后和别人发生误会时能多一点"反省吾身"，而不要一味地去怪罪他人，那就是你最大的进步了。

还有很多时候，误解来自我们的好心。一位女儿向她的母亲述说心中的烦恼："我总是好心对待别人，可为什么总是好心没得好报？"母亲听了，笑着向她讲述了一件自己童年的事情。那时她家还很穷,她母亲只给她买便宜的线袜子穿,一次学校要演出,母亲破例给她买了一双白色尼龙袜,她欣喜万分,爱不释手,平时舍不得穿,只在过节或重要场合才拿出来穿。她的姥姥从农村来看望他们,在她上学去的时候,她姥姥发现了她的这双袜子,用剪刀将袜底剪开,缝了厚厚一层袜垫,这样可以穿得时间更长些。她放学回来发现她最心爱的袜子被姥姥改成这样,气得大哭了一场。可姥姥说什么也不明白,自己的一片好心,怎么竟惹得外孙女生这么大的气。女儿告诉母亲说,做人光有好心好意还不行,还要注意方式方法。还要考虑我们的好心别人肯不肯接受,因为有时我们认为是好心的东西,别人并不认为是好意。好心并不是随便可以给人的,要等证实人家也认为是好意时再给也不晚,千万不要"瞎子帮忙,越帮越忙"。

5. 如何对待冷遇?

有时我们无意中伤害了别人,可自己还不知道。可当别人对我们态度冷淡下来的时候,我们大部分人都是先埋怨对方,而很少先从自己方面考虑是否做错了什么。小王觉得自己的妻子这两年对自己脾气越来越大了,找小李诉苦。小李派自己的妻子找小王的妻子聊天,看看到底是什么原因。小王的妻子说:"小王刚结婚的头两年还挺讲究,家里家外还穿得像个人似的,可这两年,越来越邋遢了,晚上睡觉也不洗脚,整天光个膀子,拖拉个破拖鞋,我都没脸和他一块出门。"小李的妻子回来后约小王谈话,批评小王说:"你妻子是个要面子的人,你就不会把自己拾掇拾掇,弄得整齐点吗?"可小王却辩解说:"都老夫老妻了,还讲究那个干什么?"原因就在这里,小王由于自身的过错造成妻子的态度改变,却不知检讨自己,而是一味地怪罪妻子对自己发脾气。其实,哪个妻子不希望自己的丈夫体面一些呢?

有时人们会莫名其妙地被人拒绝:昨天还好好的,今天怎么就和我生气了？很多人"丈二和尚摸不着头脑"。林小姐是一位才貌双全的姑娘，找到了一位如意郎君李先生，别人见了都说两人很般配。可半年后，李先生提出要和林小姐分手。林小姐不知自己做错了什么，就叫李先生的朋友朱先生去帮着打听。朱先生经过与李先生交谈，知道了事情的原委。原来，事情起因于李先生不满林小姐的穿戴上，李先生喜欢林小姐穿皮鞋，可林小姐却天天穿双旅游鞋，说："我朋友说我穿旅游鞋好看。"李先生喜欢林小姐穿白色连衣裙，可林小姐却天天穿一条黑裤子，说："我同学说我穿裤子好看。"李先生索性给她买了一件白色连衣裙，可林小姐却将它压了箱底。李先生感慨道："我倒不是真在乎她穿什么，主要是不知道她是在穿给别人看还是在穿给我看？好像花儿总是在为别人开。"朱先生觉得可能是林小姐这方面有些迟钝，没有明白李先生的意思，想去做一下林小姐的工作，可谁知林小姐气愤地说："就为这个吗？那他是爱我还是爱我的衣服？"朱先生摇摇头走了，回去对李先生说："这次我理解你们分手的原因了，看来她是真的不知道对于情人应给予什么。"情感是一种莫名其妙的东西，是说不清道不白的，能够有条有理说清楚的那是理智，就不是感情了。电影《人生》刚上映时，很多男人都说喜欢电影里的巧珍，高家林说了一句："你这件衣服真好看。"以后巧珍就总穿着这身衣服给高家林看。人们说，巧珍可爱就可爱在她善解人意和她的灵性。其实，生活中很多误解都来源于人们过分注意自我，而不知道了解和尊重对方的感情。有许多行为，只要我们稍加改进，稍微替对方想一想，就能避免许多矛盾。

张先生找朋友吴先生诉说自己的苦恼，说他的女朋友莫名其妙地与他分手了。吴先生问事情的经过，张先生说："那天晚上她突然把头靠在我肩膀上了，我说我感冒了，她就生气了，之后一句话不说就走了。"吴先生又问："这么长时间了，你们关系亲密吗？"张先生说："当然亲密，我经常接送她，并帮她干活。"

吴先生说:"我不是问你这个,我是问有没有拉拉手,搂一搂的?"张先生不好意思地说:"那我还不敢。"吴先生笑道:"看来你是真不知道女孩子需要什么,都这个时候了,还客气什么呢?该出手时就出手哇。"几天后,张先生来答谢吴先生:"谢谢你告诉我,我那天晚上把她搂进怀里了,现在我们关系好了。"人们的很多矛盾都起因于双方的不了解,我们身在庐山中,反不知庐山真面目。这时,你可以找个要好的朋友,让他帮助分析分析,也许旁观者清,能帮你找出原因。一旦找出原因,就要设身处地地从别人的角度考虑一下问题,"要是我是他,我会怎么样?"事情就好办了。

第六节　如何有个好人缘?

1. 言而有信

人人都喜欢说话算数,言而有信的人。古人云:"君子一言,驷马难追。"说出口的话就一定要做到,做不到的话还不如不说。一位先生总爱与人许愿,今天对张三说:"明天我请你吃饭。"后天对李四说:"你这件衣服不好看,下次我送你一件好的。"可许完愿之后很快就忘了,可别人却记在心里了。时间久了人们对他表示气愤了,说:"我们倒不是指望吃他那顿饭,要他那件东西,他不提也就罢了。可是他把人家胃口吊起来了,给人家心中建立了一种企盼,而他却装傻充愣了。"要知道,许愿是一道减分题,不是说你答不上来就没分的问题,而是说你答出来了就加一百分,答不出来就减一百分。许完愿而不履行,就等于是在给自己削减朋友。而那些言出必行,那怕许过一点点小愿也要予以履行的人往往就会建立良好的人缘关系。他表现了一个人的信誉度。

坚守信用,还表现在生活中的一点一滴的小事上。例如,与人说好十时见面，就一分不差地到达。借你的东西，说好两天还，就一天不落地还。通过这些小事的观察，你也可以看出这人的信用如何，是否可交。

2. 老实巴交

我们常有这样的经历，丈夫夸奖某个人品性好，值得一交，妻子在旁边说："是呀，挺老实的。"媒人帮着找对象，常向姑娘说："我觉得那小伙挺老实的。"妻子托别人帮着找保姆，也说："帮找个老实点的。"看来，人们非常喜欢与老实人交往。而其反面的例子则是，某个家庭讨厌一个人时，妻子会说："看他油头滑脑的，下次甭理他。"朋友要劝你疏远某个人时，则说："那人太油了。"看来，人们不喜欢与太聪明的人交往。

有人说老实人吃亏，实际上老实人并不吃亏。说老实话，做老实事的人往往有好的人缘。因为老实人待人宽厚，实在，人们也会以同样的方法对待他。人们所说"吃亏是福"就是这个道理。而那些机关算尽太聪明的人常常是聪明反被聪明误。

3. 知恩图报

中国有句成语，叫投桃报李，意思是馈赠答谢，互相礼尚往来，对别人的好意要给以相应的报答。中国古人常教育人们要"饮水思源"，"滴水之恩，便当涌泉相报"，要"你敬我一尺，我敬你一丈"。将别人对自己的帮助永远记在心里，并思回报，这是中国的一种传统美德。其实，对于那些乐于助人的人来说，他帮助过谁，并不见得就图回报。但是你要是有心记着，就会让其非常高兴。

然而，人非神仙，并非所有人都是助人不图报的，许多人帮助他人是受着"好心有好报"的心理驱使。他帮助了别人，却得不到相应的回报，那么心里的疙瘩就结上了。有的人不注意这一点，有事求人总是很大胆地开口，可是别人有事求他时他却一概回绝，这样不仅仅是伤害了一个人，而且会疏远一大批人。因为"口碑"的作用非常重要。人家帮你很大忙，可你却知恩不报，这在中国叫"忘恩负义"、"过河拆桥"，是中国人最恨的一种坏品质。往往是"好事不出门，坏事传千里"。你要沾上了这种名声，就会一传十，十传百，很多人都会离你远去。因此，知恩图报，老想着他人的好处，他人会越来越愿意帮助你。

4. 远离是非

有些人专爱在背后议论他人的是非，以为他人会和自己一样憎恨某个人，讨厌某个人，殊不知，没人愿意倾听他人的是非曲直。你总是说张家长，李家短，人家会认为你这人是非太多。物以类聚，人以群分，你把你周围的人都说得一无是处，人家会想，他周围的人都那样，他又能好到哪去？上海人将那些专爱说长道短，挑唆是非的人叫做"长舌妇"，谁要是摊上了这个名称，其在人们心目中就是一个非常丑陋的形象了。

很多人将"沉默是金"的大字放在自己的玻璃板下，意思不是不说话，而是对于是非之事避而不谈。人们往往喜欢那些是非少，不乱议论人的人。因此，不该说的话不说，不该打听的事不打听，不该做的事不做。这样，你不仅自己会变得心灵安详，也会给别人留下良好的印象。

5. 中庸之道

孔子的中庸之道可谓告诉了人们一条做人的精髓，即做人要折中持平，不偏不倚，不过火，无不及。世间的事情都是这样，走中间路线，持中间观点的人都在多数，极左极右的人都在少数，凡事保持中间态度都是最稳妥，最安全的做法。人们常夸赞办事公正，讲究公平的人，实际上，公平、公正就是一种不偏不倚。

6. 虎头豹尾

很多人都知道第一印象很重要，好的开始等于成功的一半。但是，殊不知，好的结尾更为重要。大部分人做事都会有个好的开端，但是，有好结尾的人却不多，这就是大部分人都在做事，但是成功的人却占少数的原因之一，很多人都是虎头蛇尾。

张三给李四辅导学习已经半年了，一开始劲头十足，可是越辅导越累，临到快考试前的一个月，张三实在受不了了，对李四说，我实在太忙了，你找别人吧。李四不得不找到王二麻子。考完试后，李四与王二麻子成了好朋友，对张三却心存芥蒂，认为张三帮人不帮到底。张三半年的辛苦顶不上王二麻子一个月的辛苦。

陈五、赵六都是马七的大学同学。大学毕业后，陈五与赵六一直来往密切，与马七却疏远了。十年后，在一次同学聚会中，大家聊起过去的往事，陈五忽然想起自己大学四年最要好的同学是马七，而非赵六。与马七是因临毕业前的一个星期因一件事情闹了点矛盾，毕业后就没再联系了；而赵六与自己大学四年关系一般，因在毕业前的一星期帮自己去车站取了趟行李，毕业后又主动给自己来信，于是十年里一直保持联系。看来，过去的四年比不上最后的一个星期。我们的长跑比赛也是这样，前面80%的路程，也许你只要花20%的力气；但后面20%的路程，你却要花80%的力气。尤其是最后的冲刺，你几乎要使出百分之百的力气还不够。因此人们常说，最后的胜利，往往是在坚持最后五分钟的努力之中。我们帮助别人，与人交往，都要讲究虎头豹尾。

7. 相信一切

我们每个人的世界观都不同，用不同的世界观看问题，对问题的看法就不同。世界观就像是我们所戴的眼镜，这世界是五颜六色的，你戴什么颜色的眼镜看世界，这世界就是什么颜色的。年轻人用相信一切的眼光看世界，这世界就是美好的，充满希望的；老年人用怀疑一切的眼光看世界，这世界就是暗淡的，人人都是悲观和自危的。现代科学证明，人的年龄并非只用时间来衡量，而是有一个综合指标，即时间年龄、生理年龄、心理年龄等等。如果你想成为一个乐观的人，那么你就用相信一切的眼光去看世界，对所有事情宁信其有，不信其无，把所有的事情都尽量往好的方面想，这样你的心理年龄就会年轻，就会变得受大众喜爱。这是用暗示法可以达到的。中国古代的乐观派词人苏东坡就是这样的人，他说："在吾眼里，没有一个不是好人。"他相信所有人，很多人也都喜欢他。因为人人都愿意和彼此信赖的人交朋友。

然而，生活中也确实有很多欺骗和狡诈在你的周围，使你无法回避。但是，你若站在近前看它们，它们就会变得无比巨大；你若站在山顶上看它们，它们就变得十分渺小了。鲁迅说过："最大的轻蔑等于无言，甚至连眼珠子都不转过去。"人一站得高了，看脚下的景物就小了。让我们以这种心态来对待欺骗和狡诈——当万物都随时光衰老的时候，我们仍以童蒙般的天真笑向人生，让那一切阴险与歹毒占尽便宜，在贪婪中衰亡，而我们童心不泯，所以生命之树长青。

8. 知音可觅

自古以来，人们都在踏破铁鞋地去寻找知音，有"千里觅知音"、"知音难觅"、"人生得一知己足矣"、"士为知己者死"等许多赞颂知音的名句。知音就是了解自己的人，就是知己。男人们最喜欢的女孩，也就是有灵性的"心有灵犀一点通"的善解人意的姑娘。人人都喜欢他人了解自己，了解某个人，是表示对某个人的重视，表明对某个人的关爱。一位身材矮小、相貌平平的女孩嫁给了一位非常出色的小伙子，很多人难以理解。后来那小伙子告诉他的朋友说，他最欣赏的就是妻子的知心，在他们交朋友的时候，她就能了解自己的思想、爱好，并能时刻给自己以灵感上的启发，自己想到什么，她马上就能做到什么，仿佛是自己肚里的虫似的。一位条件一般的小伙子战胜许多对手，追求到了一位漂亮姑娘，他介绍经验说，他的制胜法宝就是对姑娘进行细致的观察，了解了姑娘所有的喜好，如姑娘爱吃什么，爱穿什么，爱看什么等等，每当姑娘情绪发生细微变化，他都能够马上知道姑娘想要干什么，并立即去完成。因此，要想有个好人缘，记住对方的一些喜好，并满足对方的这些喜好，让对方把你当作知己来看待，朋友关系就加深了。

第二章　餐桌上的学问

在中国，请客送礼是一件非常普遍的事情，尤其是经商和从政的人们，请客送礼已成了维系人们之间关系的一种重要手段。如果要是不会请客送礼，人们就很难建立自己的朋友圈子，就很难办成一些事情。那么，中国人为什么喜欢请客？这要从认识中国的饮食文化开始。

第一节　认识中国的饮食文化

中华民族饮食文化源远流长，知道了中国有这样丰富多彩的饮食文化，就容易理解中国人为什么喜欢请客了。什么叫请客？请客，就是请吃饭，如果仅仅从字面上解释，人们恐怕会问："人们怎么那么爱吃饭呢？"其实，这里不仅仅是吃饭的问题，而是牵扯到了一个饮食文化的问题。吃、穿、住、行是人的本能的生理需求，但是随着社会的发展，吃、穿、住、行就不仅仅是生理上的充饥、御寒、遮风挡雨和走路了，而是由此发展出了吃文化、穿文化、住文化和行文化。

人们在生存问题还没有解决的情况下，吃饭的确只是为了果腹，但是随着经济的发展，生活水平提高了，人们考虑的就不仅仅是吃饱，而是要吃好了；考虑的不仅仅是吃的数量，而是质量、营养，怎样使身体变得更好了。由此发展起来的中国食物保健文化在世界上可堪称一绝。当人们对于吃好的问题又解决了的时候，吃饭的文化含义便又更广泛了。中国的饮食非常讲究烹饪技术，讲究色香味、环境气氛、饮酒方式、客人情绪等等。自古以来，人们喜欢在这种围成一桌的环境下吃饭聊天、饮酒猜拳、作诗唱歌、玩小游戏等，饮食成了一种文化艺术。就像日本讲究茶道，品茶有很多工艺流程，喝茶不仅仅是为了解渴，而是一种艺术享受，一种茶文化。中国古代社会是一种小农经济体系，形成了丰富多彩的农业文化。农业以耕种、出产农产品为主业。丰盛的农产品摆满餐桌，为人们的生活享受提供了取之不尽的资料来源，为饮食文化的发展创造了雄厚的物质基础。中国古代社会重农轻商，又有"民以食为天"的训诫。因此饮食文化在中国长盛不衰。

又像穿衣，最原始的目的就是遮羞、御寒，但现在为什么要这么多花样？因为穿衣已不仅仅是保暖，它已上升为一种审美文化。世界各个民族，各个国家，由于历史因素、经济条件、地理环境、传统文化等的不同，对吃文化、穿文化、住文化和行文化等文化的偏爱有所不同。法国就是一个偏爱穿文化的民族，美丽的巴黎时装令天下人叹为观止。

美国、加拿大等国家是一个偏爱住文化的国家。在美国、加拿大，你会看到居民区内各个房屋风格迥异，许多高级洋房、前后大院装饰得宛如世外桃源。中国古代社会也曾重视过住文化，如今你在苏州、杭州、北京等地游览的美丽公园，有许多过去就曾是私家园林。但今天由于人口密度太大，住房变得紧张，在住文化方面人们不敢再存奢望，而吃文化伴随着人们生活水平的提高和每日三餐越发光大了。仅以北京为例，在北京，除了全聚德的烤鸭、东来顺的涮羊肉等许多传统老字号店以外，近些年又出现了许多备受欢迎的特色餐厅。如谭根院，不仅让你吃上正宗的老北京饮食，还让你坐上老北京的黄包车；忆苦思甜大杂院，许多在别处难以看到的野菜、窝头在那里都可以品尝到；傣家寨、云南十八怪，不仅让你在那里吃到云南少数民族的各种食品，还可以观赏少数民族舞蹈，享受头部按摩，等等，数不胜数。卡拉OK是这些年中国兴盛的一种娱乐项目，人们可以边吃边唱，自娱自乐。麦当劳、肯德基在中国的事业最为成功，麦当劳已在中国开了数百家分店，开一家火一家；肯德基每年在中国的营业额高达数十亿人民币。中国孩子爱去麦当劳，特别喜欢那里花样翻新的游戏、玩具，喜欢享受那里的异国风情。在许多地方，商人喜欢去餐厅谈生意，边吃边谈，一餐饭下来，生意也就谈成了。

可以看出，现代人喜欢去餐厅，一部分人是去充饥，一部分人是去大吃大喝解馋，一部分人是去享受饮食文化，一部分人是去讲排场，一部分人是有商业用意，各不相同。另外，各个人的特性不同，对饮食的偏好也不同，有的人注重饮食的营养，有的人注重饮食的味道，有的人注重饮食的颜色，各有偏好；还有些人注重山珍海味，要尝遍天下鲜，等等。

中国的饮食文化中最享有盛名的就是八大菜系。一种菜系的形成，离不开它的地理环境、气候条件、自然资源、民风民俗等影响。中国菜肴的烹饪方法种类繁多，发展出许多流派。其中最具代表性的有鲁、川、粤、闽、苏、浙、湘、徽等菜系，即被人们常说的中国"八大菜系"。这八大菜系所在的省份大都有依山傍水、气候温和、物产丰富、文化开放等特点。山东、江苏、浙江、福建、广东地处东部沿海地区；湖南、四川、安徽也处于长江流域，且湖南又倚仗湘江和洞庭湖。这些地区的气候长年适合动植物生长，盛产各种水鲜或山珍野味，为人们烹制美味佳肴提供了丰富的特产资源。有人对"八大菜系"作了形象的比喻：苏、浙菜好比清秀素丽的江南美女；鲁、皖菜犹如古拙朴实的北方健汉；粤、闽菜宛如风流典雅的公子；川、湘菜就像内涵丰富充实、才艺满身的名士。当然，中国的菜系还不仅仅是以上八种，在北京，目前最流行的是粤菜、川菜、湘菜、东北菜、潮州菜、上海本帮菜、毛家菜、老北京菜等，这些菜有的属传统菜系，有的是它们的分支，有的是新创。还有学派对中国的菜系有不同的划分，有的学派将中国的菜系分为七大菜系：粤系、吴系、川系、鲁系、清真系、素食系和食疗系。

自古以来，中国饮食离不开酒，关于酒的传说与故事汗牛充栋，尤其是经过酒仙、酒神这样一批古代诗人的渲染，酒在中国饮食文化里更是举足轻重。中国酒的酿造已有数千年的历史，种类达数百种。

中国人还喜欢茶叶，就像西方人喜欢咖啡一样，茶不仅是一种解渴、提神、保健的大众化饮料，而且是一种敬客、待客的佳品。人们常以茶作为各种人文活动的媒介，以茶会友。茶叶成了人际关系中的和平使者。因此，了解中国饮食文化，也要了解中国茶文化。

第二节　中国八大菜系、名酒名茶

1. 中国八大菜系

a. 粤菜。粤菜产生于西汉，明清发展迅速，20世纪随对外通商，吸取了西餐的某些特长，推向世界。粤菜由广州、潮州、东江等地方菜发展而成。主要特点是选料精细，花色繁多，新颖奇异。它取料广泛，鸟兽虫鱼皆可入馔，为其他菜系所不及。口味以清淡、生脆爽口为主，还特别注重色、香、味、形俱佳，尤其讲究形态美观。粤菜中比较突出的烹调方法有煎、炒、焖、炸、烩、炖等十几种。其名菜有：片皮乳猪、龙虎斗、竹丝鸡烩五蛇、蚝油牛肉、蟹黄鱼翅、香滑鱼球、菊花烩蛇羹、果汁鱼块等。

b. 川菜。川菜在秦末便初具规模，唐宋时发展迅速，明清已负有盛名，至今川菜馆已遍布海内外。川菜以成都、重庆两地的菜肴为代表。其特点是十分注重调味，一般多用辣椒、花椒、胡椒、香醋、豆瓣、豆瓣酱等。口味有麻辣、酸辣、豆瓣、香豉、三椒、怪味等。烹调方法也颇具特色，擅长小煎、小炒、干烧、干煸。传统名菜不下千种。如樟茶鸭子、荷叶蒸肉、豆瓣全肘、干烧明虾、绣球干贝、灯影牛肉、麻婆豆腐、宫保肉丁、鱼香肉丝等。

c. 鲁菜。鲁菜自宋以后成为"北食"的代表，明清时期成为宫廷御膳的主体，后来遍布京、津和东北各地。鲁菜由济南和胶东两地的地方菜发展而成。其特点是十分讲究清汤和奶汤的调制，擅长爆、烧、炸、炒和烹制各种海鲜。口味上注意保持和突出原料本身的鲜味，以清淡鲜嫩为主。代表性菜肴有：锅烧肘子、红烧海螺、清汤燕窝、咖喱蛙肉、蟹烧海参、奶汤鸡脯、奶汤银肺等。

d. 苏菜。苏菜起始于南北朝时期，唐宋以后，与浙菜一同成为"南食"的代表。苏菜由扬州、苏州、南京、镇江四个地方菜发展而成。其特点是选料严谨，制作精致，注意配色，讲究造型，菜肴有四季之别。烹调方法擅长炖、焖、烧、炒。菜肴口味清淡适口，甜咸适中，适应性强，南北皆宜。名菜有：松子肉、枣方肉、百花酒焖肉、松鼠鳜鱼、糟煎白鱼、无锡脆鳝、鸡汁扒翅、清蒸鲥鱼等。

e. 浙菜。浙菜由杭州、宁波、绍兴、温州等地的地方菜发展而成。其特点清鲜、细嫩、制作精细。烹调方法擅长爆、炒、烩、炸、烤、焖等。菜肴鲜美嫩滑、清爽不腻，色泽光润鲜艳。名菜有：西湖醋鱼、龙井虾仁、叫化鸡、东坡肉、淡菜嵌肉、生爆鳝片、西湖莼菜汤等。

f. 闽菜。闽菜起源于福建的闽侯县，由福州、泉州、厦门等地方菜发展起来。特点是制作精细、色调美观、滋味清鲜。口味以清淡甜酸为主，重汤重味，选料精细而广泛，以海鲜为主要原料。烹调方法擅长炒、溜、煎、煨等。著名菜肴有：佛跳墙、鸡汤氽海蚌、龙心凤尾虾、淡糟香螺片、水晶干贝、红焖鲍鱼、红糟鸡丁等。

g. 徽菜。徽菜由沿江、沿淮、徽州三个地区的地方菜为代表构成。特点是选料朴实，擅长烧、炖、蒸等烹调方法，菜肴具有"三重"的特色，即"重油"、"重酱色"、"重火工"，以突出菜肴的色、香、味，使菜肴色泽红润，保持原汁原味。名菜有：黄山炖鸡、火腿炖甲鱼、符离集烧鸡、芙蓉蹄筋、御笔黄鳝、腌鲜桂鱼、网油鳜鱼等。

h. 湘菜。湘菜由湘江流域、洞庭湖区和湘西山区的地方菜发展而成。特点是用料广泛，油重色浓，制作上讲究原料的入味，口味注重辣酸、香鲜、软嫩适口。烹调方法多用煨、蒸、煎、炒。传统名菜有：红煨鱼翅、麻辣子鸡、腊味合蒸、走油豆豉扣肉、银鱼火锅、红椒酿肉、金钱鱼等。

2. 中国名酒

下面我们对当代国家评酒会评定出来的国家级名酒作一下介绍。

a. 在全国评比中三次以上获全国名酒称号的白酒

飞天、贵州牌茅台酒。该酒为大曲酱香型，53度，产于贵州仁怀县茅台镇贵州茅台酒厂。至今已有四百多年历史。

古井亭、汾字、长城牌汾酒。该酒为清香型，65度，产于山西省汾阳县杏花村汾酒厂。

剑南村牌剑南村酒。该酒为大曲浓香型，有60、52、38度三种规格，产于四川绵竹县剑南村酒厂。该酒已有三百多年历史。

五粮液牌五粮液酒。该酒清澈透明，为大曲浓香型60、52、

39度，产于四川宜宾县五粮液酒厂，至今已有1200多年历史。

泸州牌泸州老窖特曲酒。该酒为浓香型60、55度，产于四川泸州市曲酒厂。已有四百多年历史。

西凤牌西凤酒。为清香型65、55、39度，产于陕西凤翔县西凤酒厂。

洋河牌洋河大曲酒。该酒浓香型55、48、38度，产于江苏省泗阳县洋河酒厂。已有三百多年历史。

古井牌古井贡酒。为浓香型60、55、38度，产于安徽亳县古井酒厂。

董字牌董酒。有大曲酒的浓郁芳香，有小曲酒的醇和、回甜，分60、58度，产于遵义董酒厂。

另外，四川成都酒厂生产的全兴牌全兴大曲酒、江苏泗洪县双沟酒厂生产的双沟牌双沟大曲酒和双沟牌双沟特液、湖北武汉市酒厂生产的黄鹤楼牌特制黄鹤楼酒、四川古蔺县生产的郎泉牌郎酒、河南鹿邑县宋河酒厂生产的宋河牌宋河粮液、四川射洪县沱牌酒厂生产的沱牌曲酒等酒也曾一或两次获得过全国名酒称号。

b. 名牌黄酒

古越、龙山牌绍兴加饭酒。由十多种配料及糯米制成，16~17度，产于浙江绍兴酿酒总厂。

新罗泉牌沉缸酒。用糯米、矿泉水和三十多种中药材制成，营养丰富，14度，产于福建龙岩酒厂。

c. 名牌果酒

丰收牌中国红葡萄酒。16度，味感浓厚爽口，果香，微涩，甜酸适度。产于北京东郊葡萄酒厂。

长城牌龙眼干葡萄酒。12度，产于河北沙城中国长城葡萄酒有限公司。

葵花牌烟台红葡萄酒。16度，含糖度20%，产于山东烟台张裕葡萄酿酒公司。

葵花牌烟台味美思。18度，是一种强身滋补型饮料，产于山东烟台张裕葡萄酿酒公司。

另外，天津中法合营葡萄酒有限公司生产的王朝牌半干白葡萄酒、河南民权葡萄酒厂生产的长城牌民权白葡萄酒等也曾获得中国名酒称号。

d. 名牌啤酒

青岛牌青岛啤酒。原麦汁浓度12度，酒精含量3.5（W%）以上，产于山东青岛啤酒厂。

丰收牌特制北京啤酒。原麦汁浓度12度，酒精含量3.5（W%）以上，产于北京啤酒厂。

另外，上海啤酒厂生产的天鹅牌12度特制上海啤酒也曾获得过名酒称号。

e. 名牌露酒

古井亭牌竹叶青酒，45度，用十多种中药材浸泡酿制而成，适量饮用，有疏气养血、和胃益脾、润肝下火、解毒利尿等功效。产于山西汾阳县杏花村汾酒厂。

葵花牌金奖白兰地。40度，适量饮用，有耐寒、提神、解疲劳、助消化、治疗伤风泻吐、防止霍乱等功效。产于山东张裕葡萄酒厂。

园林青牌园林青酒。配以中药材和冰糖酿制而成，产于湖北潜江县园林青酒厂。

f. 药酒、补酒

药酒、补酒是在中医理论指导下组方制成，以调整脏腑机能，平衡阴阳，扶正祛邪，延年益寿为主要功能的一种酒，如十全大补酒、人参酒、枸杞酒、鹿茸酒等。

知道了这些酒的名字，你今后请客时就知道该用什么酒，不该用什么酒了。当然，中国名酒还不止这些，也经常有所变化。评上名酒的，不一定就是人们最喜爱的，各个地方的人们所喜爱的酒的品牌也不一样，有的酒虽不是名牌，但广告做得好，其销量甚至远远大于名牌酒。北京目前市场上的二锅头、孔府家酒等酒就深受顾客喜爱,酒鬼的价格非常高,但买的人也不少。一般人们请客多用白酒和啤酒,有时也用果酒、露酒,很少用黄酒、药酒。如果是高档宴席,花大价钱的,就用最贵的茅台、五粮液或外国的 XO 等酒;如是中档的宴席,用其他名酒便可;若是一般的宴席,用一般的非名酒也可。

3. 中国名茶

茶叶种类很多,大致上有以下分类法:

a. 按其制法分五大类

绿茶类(包括青茶和白茶)。用摘下来的鲜茶叶经高温杀青后,不发酵,用炒、烘、晒等工艺干燥的。口味清新鲜淡,饮后有橄榄或仁念子的回甘。

红茶类(包括普尔、六安等)。经过萎凋、发酵后干燥而成。茶色红艳,饮后口内有桂圆或板栗的余甘。如加牛奶、糖或荔枝,味道更佳。

乌龙茶类(包括岩茶、单枞、铁观音、水仙等等)。经轻度萎凋和半发酵,再杀青后干燥的。因干后成条状,形似"乌龙",故称乌龙茶,又称半发酵茶。其风味兼绿茶的清新和红茶的醇馥,饮后齿颊留有兰花或荷花的幽香。

花茶类。以绿茶或乌龙茶为底料,配以茉莉、玉兰、玫瑰、珠兰、腊梅等各种香花,焙制成多品种的花熏茶,兼具茶香和花香,饮后使人感到神清志爽。

紧压茶(包括各类砖茶和沱茶)。茶叶经杀青发酵后,蒸压成酱黑色的饼状或砖状焙干而成,味浓馥而略带干涩,助消化,是高寒地区快速补充热量和维持酸碱平衡的理想饮料。如加酥油或奶茶一起烹煮,可成为香浓的酥油茶或奶茶。

b. 从茶叶的外形分

可分为银针（如白毫）、卷毛（如碧螺春）、片茶（如龙井）、珠茶（搓捻成圆珠状的绿茶）、条索茶（如各类乌龙茶）、碎茶（袋泡茶）、饼茶、砖茶等等。

c. 从颜色上分

有绿茶、红茶、白茶、青茶（如大叶绿茶）、褐茶（如乌龙茶）、黄茶（如蒙顶茶）、黑茶（如砖茶）等等。

当然，中国茶的种类还不只上述这些，人们在泡制茶的方法上也有很多种。在一些川菜馆，你可以品尝到一种用茶、糖、枣、桂圆等原料冲制而成的八宝茶；在广东，有用满满一壶茶叶泡制出一小杯的功夫茶，等等。人们还用茶和一些中药合制出各种各样的保健茶，如夏桑菊茶、枸杞子茶等等。

d. 中国名茶

中国有数以百计的产茶基地，最著名的有苏州冬庭山的碧螺春，福建武夷山的岩茶和安溪的铁观音，广东凤凰山的单枞，杭州狮峰的龙井，湖南洞庭湖的君山银针，江西的庐山云雾，浙江的雁荡毛峰，安徽的黄山毛峰和祁门红茶，云南的普洱和滇红，浙江湖州的顾渚紫笋，四川雅安的蒙顶石花，台湾的金萱、翠玉和洞顶乌龙等等。

第三节　怎样请客？

在准备请客时，英文的疑问词有四 W 和一 H，即 why、who、where、when 和 how，这几个疑问词可以帮助我们回答许多问题。Why 是为什么要请客？当你接受到别人邀请时，你总会想到，他为什么要请我？有什么目的吗？因为请客是要花钱和花时间的，人们不可能天天请客，请客总会源于某个原因，人家请你做客时一般也要先告诉你为什么要请你的原因，这样你才会去。你要请别人时，也要先告诉对方为什么要请他。Who 是要请什么人？请客的目的不同，所请人也不同，该请什么人，不该请什么人都是应考虑的问题。When 是什么时候请？要选择什么样的日子，对于被请的人要方便能来。Where 是什么地方请？是在家请还是在餐厅请，在什么样的餐厅请。how 是怎样请？怎样顺利地将要请的人请出来，又不落嫌疑。请客是为了让人们吃好、玩好，而不是花了钱还让人们去埋怨，因此要想办法让客人吃得高兴。以下我们举例介绍。

1. **喜事**

如：结婚、生孩子、过生日、晋升、事业成功等，人们往往要请客。

a. 结婚请客的方式会因不同地区和不同人群有所不同。一般来讲，农村、小城镇比较讲排场，请客场面比较大；大城市分两种人，普通市民也比较讲排场，而大学、研究机构、政府机关、大企业等知识分子较集中的地方不太讲排场，有的家庭小请或不请。结婚一般主要请亲朋好友和同事等，场面大的要预订一家好的餐厅，要提前给众人发请帖；结婚当天有一辆高级轿车接送新娘新郎，并组成一个车队；有的还要请一位有名望的人做司仪，而赴宴的人一般要带上自己的礼物。大城市现禁止放鞭炮，而其他地方一般还要放鞭炮。结婚可以说是喜事请客里面最讲究的一种。一般较正规的结婚仪式有主持人主持，有奏喜庆乐、行鞠躬礼、介绍人讲话、尊长和父母讲话、新婚夫妇讲话、宴会开始等程序。有的还有闹洞房等活动。参加婚礼的客人应着装整齐，尽量穿鲜艳的衣服，但不要喧宾夺主。

b. 生孩子、过生日等属于家庭私事，不如结婚那样讲究。孩子生下来后的满月、百日、周年，一般人们要请客，以家人为主，各个地区风俗不同，讲究也会不同。过生日，有的愿意与家人一起过，有的愿意请一些同事及朋友，不是十分铺张。但要是几十大寿这样祝寿的生日，就比较讲究了，在一些地方，不但要请客,还要请一些吹拉弹唱的来助兴。

c. 晋升,一般要请自己的同事,感谢他们平时对自己的关照和帮助,有的还要请提拔自己的领导吃饭,当然,请领导一般比较隐秘,以避嫌疑。

d. 事业成功是指你获得了某项奖励,书籍获得出版,得到了某项表彰,文章得到发表等等,这时你会请一些同事和帮助过你的人吃饭。晋升和事业成功请客一般规模不是太大,太大人们会说你骄傲,一般象征性的便可。

2. **丧事**

如有亲人去世,人们往往要开追悼会,举办一些悼念仪式,仪式结束后,往往要请一些亲友和帮忙的人吃饭。如果是老人去世,往往是孩子们表示孝心的时候,有的丧事搞得比较隆重,如:租一台比较高档的灵车,送葬队伍组成一个车队;预定一家餐厅,葬礼结束后请亲友和帮忙的人一起吃饭,吃饭的人一般以亲戚为主,其他人则不一定邀请。例如,参加葬礼的有老人生前的朋友,有邻居,有亲戚和其他自己赶来的人等200余人,其中亲戚40余人,主要请40多名亲戚和帮忙的人便可。

3. **过节**

朋友们一年到头都比较忙,很少聚会,一般到了节假日,就要聚一下,一块吃个饭。生意场上的许多关系户,平常老和人家打交道,在过节时也要请一下,表示感谢。过去对自己有过帮助的人,虽很久没有联系了,过节时也要请一下,保持联系,避免人家以为你过河拆桥,求完人了就不理人家了;如是这样,你下次再找人家帮忙,人家恐怕就不会理你了。因此,过节应是人们联络感情最忙的时候,即使来不及请客,给大家发个贺卡,打个电话,或送个小礼品也是应该的。中国的主要节日有元月一日的元旦、农历正月初一的春节、清明节、端午节、中秋节、重阳节、五一国际劳动节、六一儿童节、十一国庆节、教师节等,外来的节日如圣诞节、父亲节、母亲节、情人节也已传入中国。春节是中国最大的节日,其次是十一国庆节、五一国际劳动节和元旦。

4. 求人办事或答谢

人们求人办事时往往要请人吃饭,这时目的性比较明确,也容易让人一眼看透,因此请客比较讲究技巧。如果是认识的人,一般不宜请客与求人同时提出,这样人家会想,你平时不理我,求我办事了才想到我,是不是想拿吃饭来和我做交易?心里会不舒服。你最好是赶在快吃饭时去找他办事,谈不了多长时间,你一看表:"哎呀,到吃饭时间了,咱们先一块去吃个饭,回来再谈,反正我们也要吃饭。"这样顺理成章,会让对方心里感到舒服些。如果是不认识对方,最好是先找个认识对方的朋友作中介,让朋友去请对方出来,这样大家在酒桌上谈判,比在办公室里谈判要容易成功,在这里,作中介的朋友起着关键性的作用。因你与对方都是生人,对方害怕吃了人家的又不给人家办事,一般不会轻易出来,因此朋友面子大小非常关键,朋友或许会对对方说,人家主要是不了解这方面的情况,想找个明白人咨询一下,顺便一块吃个饭,交个朋友。不提办事的事,待问清了情况,觉得有可能办成时再在下一次提出请求办事。一旦人家给你办完事了,也要请办事和帮忙的人吃饭,作为答谢。答谢一般要比前几次的规模要好一些,避免人家认为你请我办完事了,就简单地应酬我了。这样你下次再找人家办事时,人家就会留一手了。如果你想和人们建立长久的关系,好的结尾非常重要。

求人办事的请客,如果对方是政府官员,或其他怕落嫌疑的人,请客地点最好选在既高雅又僻静的包间,以免让他的同事看到。时间一般在周末大家不忙的时候为好,这样吃得轻松。可提一下是否请他的家人一起参加,有的人喜欢让家人一起参加,有的不喜欢,顺其自便。点菜时最好让客人先点,如果他坚持不点,你再点。吃完饭,给客人带回点小礼品,他会更加高兴。

5. 公司开业

一个新的公司成立了,表明他马上又要和许多方方面面的关系打交道了。在中国搞公司,要照顾许多方面的关系,如工商、税务、公安、统计、街道、政府、银行等许许多多的关系,有时一个关系没照顾好,就会给你带来很大麻烦,因此公司开业时就要和这些部门建立关系,开业典礼时要将这些部门全部请到,忘掉了哪个部门,你今后就有可能在这方面出现麻烦,因为对方会认为你轻视他们,不给面子。还有你的原料来源部门,你的客户,这些是你的财神爷,你更是不能怠慢,更要全部请到。

6. 外国人请客

如果是外国学生请自己的老师、同学、朋友吃饭,就比较随便,没有太多的讲究。因为大家都会认为你不懂中国文化,原谅你的一些不周,你要是不知道怎么请,就可以请人们吃西餐,让大家领会一下异国风情,大家也会高兴。但要是公司请客,就要注意礼节了。外国公司请客,要注意请客的规格,一般在星级饭店比较好。因为在中国人眼里,外国公司都比较有钱,你要是请客的档次太低,人家会认为你没实力,不敢和你做事。外国公司,最好请一些中国雇员替你搞公共关系,因为中国毕竟是一个单人种的国家,由于文化、人种、语言等的不同,一个外国人要到中国某个部门去请某个人是比较难得,对方往往存有较大的戒心。因此请中国雇员先行去打通关系就容易些。

中国人请外国人的客也有技巧，有一家中国公司请一批外国人吃饭，怕人家看不起，专找大饭店请，可对于吃惯了大饭店的外国人来说，他们并不觉得怎样，可谓花钱不少，满意不多。有一次这家公司带这批外国人进山里去玩，回来的路上车坏了，只好在山路边的一家山村小店吃饭，想不到这批外国人吃得狼吞虎咽，回来后说，这是在中国吃到的最好的一餐饭。这说明，对于外国人来说，一些具有中国民族特色的东西，他们会更喜爱。还有一个例子，一家大饭店为招待一位著名的海外华人想到了一个办法。一天早上，当这位华人进入餐厅时，想不到摆在桌上的竟是大饼、油条和豆浆，这位早已吃腻了山珍海味的大亨已有数十年没见过这样的东西，如今童年时代所吃的东西又一下子展现在眼前，竟令他感动得热泪盈眶。这说明，对于特殊人物来讲，东西不在好，而在于出其不意，花样翻新。

7. 商务、会议等大型的请客

举行大型的商务活动，召开大型的会议等往往都要举行一些筵席，在这种场合下，一定要注意迎来送往，要有人专门负责迎接待各方来客，客人走时还要起身送往。重要的客人最好在宴会上宣布一下，最重要的客人请其讲讲话，这样，重要的客人觉得脸上有光，其他客人也会觉得你能请来这样重要的人物，有实力。正式的请客，一般要提前一个多星期给对方发请帖，请客前一天再打电话核实一下对方是否会来，要否接送，并表示对对方的重视。人们有句话叫："三天为请，两天为拽，一天为提溜。"事到临头了你再请人家，有些人会挑你的礼的。

第四节　饮食习惯和餐桌上的应酬

1. 地区不同，人们的饮食习惯也不同

从总体上讲，广东人喜欢清淡，讲究原汁原味；上海、江浙人喜欢甜食；北方人口味重，喜欢煎炸、红烧之物；东北人喜欢大鱼大肉；四川、湖南、贵州一带的人喜辣；西北人喜酸，山西的老陈醋最为有名；华北人喜咸。广东人除了一日三餐外，还有早茶、夜宵，可谓从早吃到晚；而北方有许多人不吃早餐，一天只中午、晚上两餐饭。广东人喜欢煲汤、饮茶，广东人请客一般先上一壶茶，然后再喝汤，之后再吃饭菜，最后还有甜点和水果。广东人还有一些餐桌上的礼仪，给人倒茶不能倒满杯，倒满杯是要赶人走的意思；人家给你倒茶时你要用手指点桌子以表示感谢，单身汉用一个手指，结了婚的人用两个手指。北方人请客一般先上几盘凉菜，用来压酒；之后开始上热菜；餐后的主食有时是米饭，有时是面条、水饺或其他面食。云南人喜欢吃过桥米线；四川人喜欢吃小吃；北京现盛行涮火锅；广东人喜欢吃海鲜；青藏、内蒙流行手抓羊肉；陕西、山西以兰州拉面、羊肉泡馍著称；河南的一些地方盛行喝汤，你要去那里的餐馆吃饭，会发现那里百分之八九十的菜都是用汤做成。中国地大，各地的饮食习惯林林总总，各种口味可让你尝不胜尝。

2. 地区不同，人群不同，酒风也不同

中国的西藏、青海、内蒙古等少数民族地区待客热情，酒风较烈，客人到那里，通常要喝个酩酊大醉主人才高兴，因此酒量小的不敢应接，在那里喝酒还要划拳等。深处高寒地区的东北人

也善喝，并有"感情深，一口闷"的说法，感情好的人在一起往往要喝个一醉方休。山东、西北等一些民风淳朴的地区自古人们就善豪饮，而南方和东部沿海地区，由于受港澳和西方现代文化的影响，一部分人开始主随客便了，客人想喝便喝，不想喝就不拼命劝了。

一般来讲，商人、官员等人群，由于经常有商场、官场等方面的应酬，大部分人比较善饮；而知识分子、研究人员等人群中善饮者不多。女人往往是两个极端，大部分女人不如男人善饮，但女人一旦善饮，便使男人望而却步。因此，一但有女人上前与你对杯，千万不要小瞧。

一般敬酒时，应双手举杯去敬，待对方饮时方可跟着饮。一般是职务低的敬职务高的，晚辈敬长辈，主人敬客人，但也不一定，谁要是高兴，也可随便去敬你想敬的人。但是，一旦碰了杯了，就要喝干的。因此，酒量不好的人轻易不要去碰杯，以免让人误以为你能喝酒，不断地找你来碰杯。人们碰杯时为了表示谦虚和对对方的尊敬，往往要将自己的杯子口低于对方的杯子口去碰，职务低的对于职务高的，晚辈对于长辈更应这样。作为客人，在主人和其他客人祝酒时要注视说话者，放下筷子去听，表示尊敬。

3. 劝酒因人而异，不可千篇一律

对于一些喜欢喝酒的人来说，就喜欢酒桌上热闹。因此一些单位便专门设置一些陪酒的人员，这些人员不但会喝酒，还会制造快乐气氛，往往在客人喝得高兴的时候委婉地提出办事请求，客人往往也会爽快地一口答应，这就是酒桌上的办事技巧。一些人在家中请客，主人不会喝酒，往往也会请一位能喝酒的朋友来帮着陪客。对于爱喝酒的人，如果你没让他喝得尽兴，等于你的这餐饭白请。

以上情况是对于嗜酒如命的酒鬼而言,而大部分人是能喝酒,但不嗜酒,还有少部分人甚至滴酒不沾。因此劝酒,这对于爱喝酒的人来说高兴;但对于不爱喝酒的人来说,你劝多了就会使他产生反感。请客的目的是为了使客人高兴,还是主随客便的好,客人怎么喜欢就怎么来,而不要千篇一律,逮着个客人就猛灌。

4. 选择餐厅与点菜

请客实际上是一件很费神的事情,在资金花费和饭店档次上往往是鱼翅和熊掌不可兼得。选择什么样的餐厅,点什么样的菜?这要看你请什么样的客人,花多少钱。一般来讲,非常重要的客人,或者你非常有钱,想花大价钱,就可以选择一家大饭店,大饭店场面豪华,服务也好,但价格也高。如果你想花中价钱,就可以选择一家特色酒家或老字号餐厅,以特色取悦客人,当然,你要先去这些酒家查看一下菜谱,斟酌一下价格,要知道,有的特色餐厅较便宜,有的则是贵得惊人的。如果是家人或平时常来往的朋友,选择一家普通的餐厅便可。如果是临时请客,在要请的人的单位附近找一家餐厅便可。当然,先问客人想去哪里,让客人选择最好,这样好坏都是客人自定,不会落埋怨。目前,唱卡拉 OK 比较流行,许多客人喜欢吃完饭后唱歌助兴,因此请客最好选一个带卡拉 OK 的包间,会兼顾到喜爱唱歌的人。如果你请的人数不能确定,有可能实际到的人数与预计的人数相差较大,无法预定坐位,就可以找一家自助餐厅,来多少人交多少钱,以免浪费。

选择了餐厅,接着就是点菜。如你请客的目的是要博得客人的欢心,最好就让客人点菜,免得你花了钱客人还不满意。如果客人不肯点,你也可以让大家每人点一个,你最后来平衡。但大部分请客,往往是主人先客气一下,客人推让,主人便自己点了。点菜要看在什么地方,对象是什么人,如是在广东,就要先上一壶茶,菜以海鲜为主,并要有汤,最后上个果盘。如是在北方,可先上几个凉菜和啤酒,再上热菜,热菜以肉食为主,兼以几道蔬菜。一般筵席应有冷有热,荤素搭配,要有主菜以显示档次,有一般菜调剂口味,有特色菜以显示菜的风格。要照顾主客和大多数人的口味。一般来讲,鱼是少不了的,目前普通规格的请客,上得多的有鲩鱼(草鱼)、鲤鱼等;中档规格的有鲑鱼、基围虾等;高档规格一般要上龙虾等。

5. 对付酒醉

中国人劝酒是一种向对方表示尊敬和友好的举动,宴席上,往往会有一些人来向你敬酒,你喝了张三的不喝李四的,李四就会不高兴;你喝了李四的,又会跑上来王二麻子,让你应接不暇。还有一些酒桌上的规矩,如"头三尾四",服务员上鱼时要是将鱼头冲向你了,你就要连喝三杯酒;要是鱼尾冲向你了,你就要连喝四杯酒。还有一些酒桌上的行酒令,猜拳游戏等,输了就要罚酒。这样,你就是再能喝酒,也经不住人们的车轮战术。你要是不会喝酒,有时对方过于热情就会让你左右为难。对方举杯相劝,盛情难却,你舍命陪君子,自己肚里难受;拒绝不喝,又怕对方面子难堪,因此费思量。最好的方式是,你一上酒桌就先向大家表明你是个不会喝酒的人,征得大家的谅解。你可以有很多推辞的方法,例如,你可以夸大你身体上的不适反应,如:一喝酒就头晕犯困,脸红头疼,皮肤过敏,有胃病医生不让喝等等。你也可以说还有工作要做,有材料要赶写,开车不能喝酒等等。对于通情达理的人们来说,你要是一开场就表明了你是个真不会喝酒的人,大家也就不会再劝了。或者,为了表示对大家的尊敬,你也可以捏着鼻子硬喝一口,然后表现出特别难受的样子,这样人家眼见为实,也就谅解了。值得注意的是,你要是真不能喝酒，就自始至终都不要喝，如果你今天在这个宴席上喝了大量的酒，表现出海量，名声传出去了；明天你在另一个宴席上声称你不会喝酒，别人就会认为你在骗他们，看不起他们，反而不好。然而，你也有可能遇到一些酒桌上的"强硬分子"，不管你怎么解释，酒你就是要喝，不喝就揪着你的鼻子往下灌，否则就办不成事，这个时候你就是"秀才遇到兵，有理说不清了"，你也只好舍命陪君子喝几口，然后抠嗓子呕吐装醉倒了。

对付酒醉还有以下办法：第一，饮酒前先吃些饭菜填一下肚子，如有猪肝最好先吃一些，猪肝具有一定的解酒作用。第二，边吃边饮，让酒精慢慢分解，切不可快饮，快饮使胃来不及分解酒精，是最容易醉的。第三，只喝一种酒，不要几种酒混着喝，酒一喝混了就易醉。第四，酒后吃些甜点加水果，如甜柿子等；也可饮加砂糖或蜂蜜的牛奶或淡盐水以解酒。应注意的是，感冒吃感冒药时不要饮酒，吃了海带也不要饮酒，否则会在胃中起化学反应。

6. 坐位的排列

在中国古代，很讲究坐位的排列，现代人不如古代人那样讲究，但在一些正式场合，还是讲究坐位的排列的。一般请客，分宾主坐定，尊贵的客人坐在上首，主人陪在其旁边，其他人依次排列。哪个位子叫上首？一般来讲，面朝门的便叫上首，坐在那个位子的人往往是职务最高或威信最高的人，或是请来的客人以及主人。如果分不清谁主谁次，中国有尊敬老人、长者为先的传统，年级最大的人坐上首。一般入席，要首座之人先坐定之后，其他人再坐下。

第五节　餐桌上的忌讳

★ 吃饭时，要注意吃相，夹菜时主要夹自己这边的，夹了就走，不要夹了又放下，不要滴答汤，更不能用筷子在盘子里乱拨弄、乱挑拣，也不要将筷子伸进汤里去搅和，这样不卫生，让别人看着无法再吃。

★ 不要用自己的筷子给别人夹菜，如非要给别人夹菜，最好备一双公筷。不要用粘着米粒的筷子去夹菜，更不能将米粒掉在菜里。不要当众做出吮吸筷子的模样。

★ 要将壶嘴冲外，而不要将壶嘴对人，壶嘴对人是不礼貌的。

★ 用勺子舀汤时从外向里舀，而不要从里向外舀。

★ 吃饭时如果是边吃边谈，可吃几口菜将筷子放下，聊会天，再将筷子拿起来；不要两眼发直地盯着菜，埋头苦干；也不要只认准一个菜甩开腮帮子猛吃，给别人留点。

★ 放筷子时不能将筷子插在饭上，要将筷子放在箸架上或小盘上。不要用筷子敲击碗盘，不要用筷子指人。

★ 与海边的人，特别是渔民一起吃鱼时，不要将鱼翻个，可将肉拨出来吃，留一个完整的骨头在盘里。渔民忌讳给鱼翻个，因为翻个有翻船的意思。

★ 咀嚼食物时嘴里不要发出响声，不要吧哒嘴，不要张着嘴嚼东西。在外国人面前吃面条时不要呼噜呼噜地吸吮，要用筷子卷起面条一点点地往嘴里送；喝汤时不要端起碗来往嘴里倒，要用勺子舀着喝。

★ 咳嗽时将头转向别处，并用手捂住嘴，千万不要对着桌子咳。

★ 讲话时注意声调和口型，不要将吐沫星子喷到菜里。如果周围还有其他人在吃饭，不要大声喧哗，使周围人反感。

★ 如要吐骨头和嚼不烂的东西，最好低头捂着嘴去吐，并拿餐巾纸盖上，以免让其他人看着不雅。吃饭时要保持桌面干净，不要弄得满桌子都是汤菜。

★ 举杯碰杯时要注意不要将酒碰撒到菜里。

★ 吃完饭要剔牙，要用手捂着嘴，不要让人看到你的口腔，要用牙签剔牙，而不要用筷子剔牙。手上有脏东西，用纸擦掉，不要乱弹。

★ 吃饭时避免谈脏话，说脏字，不要有擤鼻涕，抠鼻子，吐吐沫，脱鞋，抠脚等不雅和不卫生的动作，以免让他人看着恶心；如要有这些动作，可离席去卫生间。

★ 开餐时，客人要等主人先动筷子，然后再开始夹菜；不要连主人还没有举动，就忙着自己先吃起来。进完餐，主人要等客人吃完先放筷子，然后自己再放筷子；而不能只顾自己吃，吃完将筷子一甩，看着客人吃，这样客人就不好意思再吃下去。

★ 别人给你递酒和递饭时，要用双手去接，并说谢谢；不要一只手抓过来，便无二话。别人给倒茶或斟酒，要用双手去护一下杯子，口说谢谢。如是广东人，要用手指头点一下桌子，单身汉用一个指头，有家室的用两个指头，不要看着茶杯或酒杯等人家伺候。

★ 请客不要一勺烩，将各种毫不相干的人聚一块。例如，一边坐着几个山呼海叫的大老粗，一边坐着几个文质彬彬的小书生，会让大家都感到不自在。如果你非要图省事，将不同的人一块请，也要考虑至少要文化背景相近，大家见面有话可说。

第六节　大吃大喝风需要收敛

中华民族虽有着悠久的饮食文化和礼尚往来的习俗，但近些年出现的大吃大喝风和行贿受贿风却是有悖于中国传统文化和节俭之风的。近些年来，中国社会出现了许多不正常的现象，一方面经济建设得到了快速发展,一方面社会风气却日益败坏了。过分注重饮食,也造成巨大的浪费,培养人们享乐之风,造成许多社会负面影响。许多请客的人,都是在用公款消费,国家为此明令禁止过多次,每次大刹吃喝风的时候,就是餐饮业萧条之时,说明公款请客所占比例如此之大。因政府只能下令给由国家控制的国有企业。人们发现,国有企业不请客就办不成事,于是政府又放宽对国有企业的限制。几经反复,吃喝风愈演愈烈,档次愈抬愈高,不仅要请客吃饭,还要洗桑拿,做按摩,并且掺杂进许多色情服务。能用公款请客往往是单位的领导,有的单位职工已发不出工资了,而领导仍照吃不误。人们请客时为了讲排场,怕客人不满意,总是超量点菜,盘子摞盘子,吃不完造成浪费。有的人为了比门面,摆阔气,一桌饭竟成千上万元。有的餐厅竟偷偷捕杀国家保护动物供客人食用。全国每年在饮食方面的大量浪费难以计数。应该说,吃喝风在某种程度上助长了腐败之风。不过,受香港和西方现代文明的影响,在中国一些沿海地区和文化发达的大城市,吃喝风已有所改变。许多人请客已开始不超量点菜,吃不完打包带回家,这种方式已开始向小城市和农村蔓延。

第三章 礼尚往来

礼尚往来是中华民族维系人际关系的一种重要手段,相互送礼,是其中的一个重要组成部分,其与行贿受贿具有本质的区别。这方面工作做得好,会给人们的人际关系带来很大的益处。

第一节 为什么要送礼?

中国人讲究礼尚往来,中国历史上有人们相互送礼的习惯。人们为什么要将自己的财产转移给他人或彼此交换?这里有两种主要原因。一种是:礼,已不仅仅是一种财物,它已被异化为一种感情的替代物,正好比"千里送鹅毛,礼轻情谊重",人们交换礼物,等于是在交换感情。如节日亲朋好友之间相互拜访时要带点小礼品;求人办事,花费人家的时间和精力,给人家些报酬以作答谢;等等。人们送礼给对方,往往是一种感情上的交流,一种友情的维系,一种心理上的心甘情愿。当你从外地出差回来,带些礼品给妻子和孩子,虽是花的自家钱,羊毛出在羊身上,但妻子与孩子还是欢天喜地,认为你心里想着他们。这里的礼代表着一种人情世故,是人与人之间的一种正常交往。我们常听人说:"不在乎他礼物多少,主要在乎这份心意"。礼物,代表了一种心意。就像一对恋人，总喜欢把自己最心爱的东西送给对方，以此表达自己的心意。

另一种送礼是人与人之间所体现的一种利益关系，一种付出劳动与得到回报之间的等价交换。这种利益关系分合理与不合理两个部分，合理部分是依靠自己的体能和智能合法地为对方办成了事情，对方给予自己应有的报答；不合理部分则牵涉到社会的腐败。例如对方是掌握一定实权之人，但又是贪财之人，要想让对方帮你办事，就要给对方打点打点。俗话说"吃了人家的嘴短，拿了人家的手短"，"受人钱财，替人消灾"。人家受了你的厚礼后就要替你办事。这种送礼，就与腐败有关了。目前官场上贪污腐败之风不绝，一些贪官污吏没有礼物不办事，败坏了社会风气，引起了人们的痛恨。这种助长腐败的送礼方式，不在本文探讨之列。

第二节 礼物的变化与不同

1. 送礼方式随时代的变化而变化

就以结婚送彩礼为例，20世纪70年代以前送棉被、水壶、脸盆等生活日用品；80年代送自行车、家具等物；90年代送冰箱、彩电等高档电器。随着经济的发展和人们生活水平的提高，礼品的档次也越来越高。又以探望朋友送礼为例，20年前讲究送点心，如今讲究送鲜花、水果等时鲜物品。如是学生毕业相互送礼，20年前讲究送日记本、钢笔等学习用品，如今谁要是还送这些的话，恐怕就会让人认为俗气了。在中国，送礼方式带有很强的时代特性，讲究时尚潮流，有些物品会在某个时期突然身价倍增，成为人们的掌上明珠。例如二十多年前的金鱼热、君子兰热，人们对金鱼和君子兰突然产生了疯狂的喜爱，有的金鱼或君子兰竟卖到几千元，上万元人民币，金鱼和君子兰一下子成了人们送礼的最佳选择。还有十几年前的呼啦圈热，家家以送呼啦圈为时尚。挂历热近几年已降温，但在此之前的二十年里，挂历一直是人们新年送礼必不可少的东西。

2. 地区不同，送礼的习俗也不同

中国南北方，自古就有很大的文化差异，送礼方面的习俗也有所不同。广东人最喜欢送花，广州的春节花市最为有名。春节最热闹的几天，广州郊区各地的花农将自己所种的花搬来市区，形成了十里花街。广州人从各地蜂拥而至，前来赏花、买花，鲜花也就成了人们相互赠送的最佳礼品。广东人还有春节送油饺的习俗，即用面包裹花生等物做成小饺子放进油锅里炸制而成，香脆可口。北方人春节一般送水果、烟酒等，过去还有点心等。但北方现在大有被南方同化的趋势，一些北方人也开始喜欢送鲜花了。城市和农村在送礼方面也有所不同，农村以送土特产品为主，例如一位农民去拜访他的亲友，常带鸡、鸭、花生、水果等农副产品。

3. 人群不同，送礼方式也不同

送礼要看对象，不同的人送不同的礼，要投其所好，否则你会吃力不讨好。例如：对于不懂艺术的人，你送给他再好的字画，他也不会感到高兴。对于烟酒不沾的人，你送再贵重的烟和酒他也不觉着怎样。医生最爱干净，你最好不要给他送包装不好的食品，否则他会认为不卫生，趁你走后将其扔掉。因此送礼要区分对象，一般来讲有以下区别：

男人和女人要礼物不同，女人以衣物、饰物等为佳。

大人和孩子要礼物不同，孩子以玩具、衣物、学习用品为佳。

兴趣与嗜好不同要礼物不同，集邮的人你给他一张他没有的邮票就会使他兴高采烈，集石的人你捡一块好看的石头给他，比买一个贵重的礼品更让他高兴。对于喜爱文学的人送上一套好书，对于喜欢棋牌的人送上一套高档棋牌，都会使其非常高兴。

文化背景不同礼物不同。文人墨客，可送一些高雅的东西，但对于些贫穷的知识分子，你送些生活日用品和食品等也会令他高兴；对于文化水平较低的人，你送文化用品就恰得其反，但如果他有孩子，一般父母都望子成龙，你送文化用品给他孩子也会令他高兴。

经济地位不同送礼也不同。对于不是太富裕的人来说，你送的礼物越贵重他越高兴；但对于已经不把钱财当一回事的富人或是胃口已经开得很大的人来说，你就必须在礼物的意义上下功夫了，要尽量夸大礼品的含义。

第三节　什么时候送礼和送什么礼？

在中国，人们一般在以下时候送礼。

1. 节日

中国有几个大节，不同的节日送不同的礼。中秋节送月饼给亲朋好友和生意厂上的关系户。元宵节送元宵给亲朋好友。六一儿童节送礼品给亲朋好友的孩子。十一国庆节和五一国际劳动节送食品、节目票等给亲朋好友和生意场上的关系户。元旦送挂历和食品等给亲朋好友和生意场上的关系户。这里要注意，挂历要提早给，越早给越有价值，过了元旦再给挂历就没价值了。有的干脆用钱买购物票，送购物票。元旦前还要给亲朋好友和生意场上的关系户发贺卡。春节要给亲朋好友和生意场上的关系户拜年,并送食品、鲜花等,遇见孩子,还要给孩子压岁钱。春节是中国最大的节日,其次是元旦、"五一"、"十一"等,有些大城市,人们现在也过圣诞节。在这些节日,人们往往要组织庆祝活动,出外旅游等。

2. 喜事

参加朋友的婚礼,多以送钱,用红纸包上,在中国,红色往往代表喜色;也有送礼品的。钱数多少,礼品贵重,各个地区不同,人物不同,所送钱数、礼物都有所不同,可向当地的其他人打听,与其他人取齐便可。

当亲朋好友家有人生孩子,或孩子过满月、百日或生日的时候,可给孩子送件小衣服或婴儿用品等。

参加朋友生日会,可以给过生日的人带件生日礼物。

当参加朋友的婚礼、生日会等喜庆活动时,往往是进门时先将礼物送予朋友,并说些祝贺的话。

3. 丧礼

丧礼一般多是送钱,用白纸包上,钱数多少,根据自己与当事人的关系来定。参加丧礼时服装要素雅,不应穿鲜艳的服装,也不应有太浓的装扮。若开车去,最好不要开红色车去。参加葬礼可在左臂戴黑纱或胸前扎白花,也可送花圈。若死者有单位为其开追悼会,你可给其单位或家人打个电话说你要送花圈,单位就会为你写副条联挂上,用不着自己亲自去买花圈。

4. 求朋友办事和答谢

求朋友办事,有的事情不是朋友自身能办的,他还要去找其他人帮着办,因此可先给朋友一笔钱。这笔钱不要说是给他的,否则会让他认为你是在与他做交易。你可以说,你还要花钱去请其他人,我们不能让你为我们费了心还要再垫钱,这笔钱是让你给你求的其他帮忙的人买礼物的。事情办成后,要送些礼物去登门拜谢。有些人可能会收礼,有些和你特别要好的人可能不会收,但不管对方收与不收,你还是应将礼物放下。这样人家会认为你是个懂事的人,下次找他帮忙,他还会乐意去帮。否则你就这一锤子买卖,下次人们再不会帮你了。去人家中送礼时,若是大件东西,可进门寒暄完后就问对方这东西放哪;若是小件东西,可先不拿出来,等起身要走时,再取出相送,并说些谦虚的话。

5. 出远门回来

人们出差、出国去一个较远的地方,与亲友们离别了较长时间,回来后,应带点外地的小礼品送给家人或朋友。尤其是久别重逢,更要有见面礼。但你要是经常出差,或去不远的地方就可以不这么做。

6. 朋友离别

亲朋好友要出国,要搬去外地了,往往会送些礼品以做纪念。同学们毕业要分赴工作单位了,往往会相互写留言册,有的也会互送礼品。

7. 拜访朋友

去朋友家做客或朋友邀请你去吃饭,两手空空去总是不好。带点水果、食品或给孩子买点东西,主人虽口上客气,但心里还是高兴。因为有时主人本人可能不希望你带礼物，但主人的妻子和孩子可能会对主人抱怨，所以当只有主人自己时，你可以不带礼物，但有主人家人时，你就最好带些礼品了。

8. **探望病人**

去医院探望病人，可带些鲜花、水果、营养品等物。

9. **外国人送礼**

如果是外国学生给自己的中国同学、老师或朋友送礼，可送些带有本国特色的东西或仿照中国人的送礼方式便可。要注意的是，在国外，很多小商品都是中国造，有的人千里迢迢地带来些礼品，告诉朋友说这是从国外买的，可朋友一看商标是中国造，误以为你是从中国买来骗他，反而不好，因此在国外买礼品时一定要看商标。

如是外国商人给在中国的关系户送礼，礼物就要讲究一些了，否则对方会认为你公司太穷，没有实力。如果是外国公司在中国召开某种会议送礼，可特制些带有该公名称的纪念品作为会议礼品便可。

10. **红包**

红包是指用红纸或红口袋装钱送给他人，以表示喜气。分个人红包与公司红包。个人红包有春节时大人送给孩子的，有婚礼时送给新人的，有祝寿时送给寿星的，等等。

公司红包有发给职工的，具有奖金或奖励的性质；有记者招待会上发给记者的，作为稿费；有发给公司产品大的买主，作为回扣；有发给公司的关系户，作为好处费、劳务费，等等。公司红包有的是公开发,有的是秘密发的。

11. 贿赂送礼

贿赂是指用钱财收买掌握一定实权的人,给其一份厚礼,然后吃小亏赚大便宜,让他给你办更大的事情。这是一种违法的不良行径。不宜提倡。

第四节　送礼的艺术

送礼是一门艺术,你把握得好,就可以用较少的钱办较大的事;你把握不好,就会事情没办成还赔了夫人又折兵。因此送礼应讲究艺术,多从礼品的实用性、艺术性、趣味性、纪念性等方面去考虑。

1. 投其所好

送礼的目的是为了让对方喜爱,如果对方不喜爱,还不如不送。老王是一名推销员,想让某厂购买他们厂的原料,于是老王想给该厂供销科的李科长送点礼,建立起关系。根据老王的经验,送礼要送到点子上,于是他开始调查李科长的喜好。老王和该厂汽车队的宋队长是好朋友,于是老王请宋队长帮忙此事,当然,也有宋队长的一份好处。宋队长有意去李科长家串门,一进客厅,发现李科长家摆着一台没开封的新彩电。李科长说,某厂的推销员趁他不在家时给他送来了一台彩电,他准备给他退回去。宋队长心想,这台彩电虽然上万元,但李科长家刚换了一台新彩电,你又送一台彩电,让人家往哪摆?一看就知道送礼的人不会送。宋队长与李科长聊天时,发现李科长对钓鱼津津乐道,并对电视里面正做广告的一种新的渔具很感兴趣。于是宋队长回去后把这个消息告诉了老王。不久,老王就将这种新渔具送给了李科长,虽才几百块钱,但却令李科长十分高兴。接着,老王又不断邀请李科长去钓鱼,两人成了好朋友。自然,老王的产品源源不断地推销出去了。

老乔的孩子在某校学习,老乔想请该校的吴校长关照一下他的孩子,于是老乔买了近千元的高档烟酒和妻子一块去吴校长家。可谁知吴校长是个烟酒不沾的人,将老乔的烟酒坚决地推了回去,弄得老乔很不好意思。还是老乔的妻子聪明,聊天中知道吴校长的孩子正在学画画,于是第二天买了一套高级的美术用具送给了吴校长的孩子。这次吴校长愉快地收下了。

以上事例表明,礼物不是越贵越好,而是以正中对方下怀,迎合对方爱好为好。如果你把不准给对方送什么礼好,可先去调查一下对方的喜好。你可以巧妙地去探听一下对方的口气,或去对方家中观察一下其家中缺少什么,或向其他人打听一下,找对方喜爱的东西,或是其现在正缺少的东西送。

2. 投石问路

如果你想给某人送礼,但又不知对方是否会拒绝,你就可以采取投石问路的方式,先用一点小玩艺悄悄地交给他,看看他的反应;或是在材料袋里藏一件小礼品,看他是否会打电话让你拿回去;或是问一下他家的地址和电话,看他是否肯给你。如果他心安理得地收了,或给了你他家的电话,你的事情就好办了,你可再进行下一步的工作了。如果他毫不客气地退还你或批评你,就说明他是一个非常廉洁的人,你就不要考虑用送礼的方式打动他了。

3. 寓情于物

郭先生和赵先生都喜欢林小姐。郭先生专买项链、戒指等高档礼品送给林小姐，但却总也讨不到林小姐的欢心。赵先生是个有心的人，他见林小姐的衬衫领子有点破了，于是第二天立刻买了一件新的给她；林小姐要去探望住院的父亲，赵先生早已将探望病人的礼品买好；林小姐要去南方出差，赵先生知道南方雨水多，送行时带来个雨伞给她。赵先生虽各方面条件不如郭先生，所送的礼物价值也远不如郭先生的。但赵先生的每一件礼物中都蕴含着对林小姐的一片深情，并体现着对林小姐的细致的观察和呵护，也一次次地打动着林小姐的心，最后，赵先生娶到了林小姐。这个事例说明：对于情人来讲，礼不在重，在有情，在有心。千里送鹅毛，礼轻情谊重。如果你的礼物是代表一种情谊的，就很容易打动对方的心，否则，人家还会认为你在炫耀你的财富。除情人以外，其他人也一样，要以物传情。

4. 细水长流

交朋友要交长期的朋友，不能用人朝前，不用人朝后。如果你今天要用人家就给人家送礼，明天不用人家就不理人家了，那么人家今后就不会为你所用了。因此，如果某个朋友给过你很大的帮助，你就应该永远地记住他，逢年过节时，要想着带点小礼品去拜访一下人家，证明你还想着人家，你是一个知恩图报的人。

如果你已知道要长期固定给某些人送礼，比如每年的红包，那么第一次的红包不要太重，否则要越送越重，会让你受不了。因为红包是一次比一次多才正常，如果一次比一次少，对方就会有想法了。

5. 礼出于诚

很多人将送礼归于腐败之列，对此深恶痛绝，但为了办成事又不得不身体力行，可送完礼后又觉得心里不舒服，背后对受礼者大加责骂。有这样一个例子，一位秘书总喜欢给她老板的孩子买东西。有一次提拔干部的机会老板没有提拔她，于是她向人家抱怨说："我给他孩子买过那么多东西他还不提拔我！"不久这话传到了老板的耳朵里，老板原想让她担任另一项更重要的职位的，可心想，她给我孩子送礼原来不是出于诚意，而是有目的的。于是将她所送礼品折合成现金退还给了她，并辞退了她的秘书职位。一家销售公司欠了一家工厂的钱，被那家工厂告上了法院，销售公司的经理威胁厂长说："审理这个案子的法官是我哥们，昨天我还请他去吃饭、钓鱼呢，你们告不倒我。"厂长将此事报告给了当地检察院，检察院派人来调查这位法官，这位法官气得大骂销售公司经理坏他名声，并主动要求回避这一案子。新接手的法官知道了销售公司经理的人品，任其托人求情均置之不理，坚决判销售公司还钱。一些人想托他人办事，并给他人送了礼，可事情办成之后又到处张扬，说某人是收了他的礼之后才给他办的事，并说他已暗地里留下了证据。可是不久后他感到，他周围的人都与他疏远了，没有人再肯替他办事了，他给再多的礼谁也不收，因为其他人都引以为戒，认为他送礼没有诚意，怕再被他所坑。因此，你要是打心眼里讨厌送礼，就不要送。既然你要送礼给人家，就说明你们是朋友或是你要有求于对方，如果你先拉拢对方，之后再出卖对方，往往是一种两败俱伤的结果。

6. 蕴含吉祥

中国人特别喜欢"吉祥"二字，因此所送的礼往往也带有吉祥的意思。如果你要送水果,最好送橘子、苹果等,因为橘子的"橘"字和"吉"是谐音;苹果的"苹"字和平安的"平"字是谐音。工艺品的"象"与"祥"是谐音;帆船表示一帆风顺,扇子表示煽动起来(但台湾人不喜欢送扇子),等等,都是好的象征。礼物以双数为好,最好是6或8,因为6表示六六大顺,8表示"发"。

7. 贵在及时

《水浒传》中的宋江是功夫最差的,但却是最有威信的,人们为什么信服他,因为他最"仗义疏财",最重义气而经常分散钱财帮助其他人。而他送礼的诀窍就是送在人们最需要的时候,所以人们送他一个绰号叫"及时雨"。有一家子人初来美国,家中餐具很少,并且还打破了一套,正准备去买时,一对朋友来做客时送上了一套,令女主人万分高兴,心想,这套餐具怎么送得这么及时。当人们不需要某样东西时,你送了等于白送;当他正需要的时候,你的礼物就会使他加倍高兴,或许他会认为你与他们有什么缘分,心有灵犀一点通。

8. 以稀为贵

常言道:"物以稀为贵。"尤其是给外国人送礼,以具有民族特色的礼品最受喜爱,如精美的中国刺绣、丝绸、瓷器、景泰蓝、手工艺品、民族风情画等。如是从外国回中国,就要带些在中国很难买到的纯正的外国货,因在外国很多商品是中国造,因此要检查一下商标,不要口说这件礼品是在国外买的,但别人一看商标却是中国造,误以为你是在欺骗他们。

9. 留作纪念

送礼如送食品，吃完也就忘了；送其他的易耗品，用坏了就换新的；送没有特征的东西，别人转手又会送给他人。如果你想让对方永远记着你的礼品，最好就送些小巧玲珑的有纪念意义的纪念品。上面写有你的名字，有保存价值，也便于收藏，无论什么时候，对方一看到这件礼品，就会想起你来。

10. 花卉含义

现代交际中，越来越流行送花。在中国，各种花卉都有不同的含义，什么场合送什么花，都有讲究。以下是在一些主要场合用来赠送的主要花卉。

a. 结婚，适合送颜色鲜艳，寓意美好的花，如玫瑰、百合、海棠、并蒂莲、月季、牡丹、郁金香、串儿红、康乃馨等。

b. 生产，适合送色泽淡雅而富清香的花（不可浓香）。

c. 乔迁，适合送稳重高贵的花木，如剑兰、玫瑰、盆栽、盆景，表示隆重之意。而芦荟、龟背竹、虎尾兰、一叶兰、吊兰、百合、万年青等大叶植物有吸收室内有害气体的功效，新房内放些这样的花可净化空气。

d. 开业，适合送红牡丹、山茶花、紫薇花和各种花篮。

e. 生日，适合送诞生花、石榴花、月季花、山茶花、象牙花、玫瑰、雏菊、兰花等。

f. 访友，适合送吉祥草、月季、山茶花、鹤望兰、木棉花、杜鹃花等。

g. 祝寿，适合送长寿花、万年青、桃花、水仙花、兰花、晚香玉、常青盆景等。

h. 探病，适合送剑兰、兰花或玫瑰、杜鹃、睡莲、红罂粟、野百合、深红色天竹葵、紫罗兰、松雪草等组成的花束。避免送白、蓝、黄色或香味过浓的花。

i. 送别，适合送芍药、万年青、杨柳花、红豆树等。

j. 丧事，适合用白玫瑰、菖蒲花、白莲花或素花、花圈均可，象征惋惜怀念之情。

k. 情人节，可赠送一枝红玫瑰来表达情人之间的感情。将一枝半开的红玫瑰衬上一片漂亮的绿叶，然后装在一个透明的胶袋中，在花柄的下半部用彩带系上一个蝴蝶结。

l. 母亲节，每年5月的第二个星期日。可送大朵粉色的香石竹或颜色鲜艳的康乃馨。

m. 父亲节，每年6月的第三个星期日。可送黄色的玫瑰花为主。

n. 圣诞节，定在12月25日，纪念耶稣基督的诞生，通常以一品红作为圣诞花，花色有红、粉、白色，状似星星，好像下凡的天使，含有祝福之意。在这个节日里，可用一品红鲜花或人造花插做成各种形式的插花作品，伴以蜡烛，用来装点环境，增加节日的喜庆气氛。

o. 元旦、春节，可送水仙、金橘、桃花、菊花、发财树、富贵竹、凤尾竹，以及其他许多含义美好的花草均可。

第五节　送礼的忌讳

1. 不送没用的东西

某人正要去买打印机，他的一位朋友告诉他说，他家中正好有台两年没用的打印机可以免费送给他。于是他非常感激地从朋友家抱回了这台打印机，可是拿回家后打印机打不出字来；他以为是没有墨了，花40多元买了一套新油墨换上，可还是打不出字来。他花费苦心，用了几个月时间修理这台打印机，耽误了许多打印工作不说，最后还是将打印机扔了，并赔了几十元钱的新油墨。本来他对他的朋友是心存感激的，可这下是哑巴吃黄连，有苦说不出。

一些人家中总会有一些没用的东西，扔了觉得可惜，便好心作为人情送给其他人，但在你送人之前一定要先检查一下是否能用，不能用的宁愿扔了也别送人，否则做不了人情，反欠人债；并且，还要考虑你没用的东西对于别人是否有用。有用才送，没用也不要送。

2. 不送过期食品

有位学生想去医院看望他的老师，由于平时粗心惯了，见家中有一盒包装精美的高级营养品，也不检查保质期，随手就拿去医院送给了老师。老师本来很高兴，可当学生走后一看保质期，已过期两年了，心中本不高兴，又加上老伴挖苦两句，觉得很没面子，于是打电话让那位学生将礼物取回。那学生自觉失礼，从此以后不好意思再见那位老师了。

因此当你要送食品时，一定要注意食品质量，决不能送过期食品和变质食品。要记住这句中国的古训："己所不予，勿施于人。"就是说，你自己不愿干的事情，就不要让别人去干。在这里我们要记住的是：你自己都不愿吃的食品，决不要送给别人吃。

3. 送礼注意场合

送礼一般不讲求当众送礼，例如有两个人在一起，你给了甲一份礼，但没给乙，乙就会觉着受到轻慢，心里不高兴，因此送礼以单独送为好，但是公开的奖励除外。如果你要是给替你办事的人送礼，就更要注意场合，你要是当众在他办公室送礼，他很有可能就拒绝你，并且认为你给他找麻烦；但你要是私下或单独一人去他家中送礼，他就有可能收下。但如果是没有利害关系的私人朋友，就不必避嫌，一些人甚至喜欢让人知道他的朋友给他送了礼，以显示他朋友多，人缘好。

4. 不送不吉利的东西

中国人喜欢吉利，你要是送不吉利的东西给他，他就会很生气。某公司一位老职工退休，办公室的年轻职员不懂习俗，买了一个漂亮的壁钟送给他。这位老职工非常生气，说："莫不是要给我送终吗？"将钟退了回来。因为"钟"与"终"是谐音，送钟等于送终，钟是不能送人的。去人家中带水果不能带梨，因为"梨"和"离"是谐音，表示分离的意思。如人家家中有病人，你是不能送药锅的，送药锅等于将病送给人家。送礼不要送单数，不要13或4，因为4与"死"是谐音。如果你与对方关系不好，当对方倒霉时，你可送钱，但最好不要送礼，否则会让对方误解你是祝贺他去了。

5. 注意各个民族和地区的忌讳

各个民族和地区，都有各自不同的送礼禁忌。在台湾，忌送手巾、扇子、雨伞、剪刀、粽子、鸭子等物。在香港，看望病人忌送扶桑、剑兰等花，看望商人忌送茉莉和梅花，对中老年妇女不要称呼"伯母"，称自己夫人不要称"爱人"，过节不要说"快乐"，"快乐"和"筷落"谐音。在西方，送礼不要有13这一数字，不要有带蝙蝠图样的东西，不要送菊、莲、杜鹃花及黄色鲜花，菊花在西方为葬礼之花。

6. 送礼忌吊胃口

送礼要么不送，说出口要送就一定要送。有的人先告诉某人他要送一件礼物给他，可事后却忘了，而他人却一直等着这件礼物，这样最容易造成一些矛盾，让人觉得他言而无信。有的人先告诉他人要送一件很好的礼物给他，将人家的胃口吊起来了，可真正送去的却是一件很简单的不值钱的东西，会让对方心中犹如被泼了一盆凉水。有位农村小伙子在城里上班，一次回村里探亲，带着两只活鸡，先路过女朋友所在的村，并在女朋友家住了一晚上。女朋友的父母以为那两只鸡是带给他们的，觉得小伙子很懂事。可第二天小伙子又拎起两只鸡上路了，说是带给他自己父母的，这下令女朋友全家大为恼火，女朋友为此告吹了。因此，如果你要是没有给对方送礼的意图，就千万不要让人产生你要送礼的感觉，有时你不送礼人家不会怪罪你，而当人家误以为你要送礼，却没有得到你的礼物，那就是一件糟糕的事情了。

7. 避免语言误会

请客送礼都是有目的性的，一般都要向对方表明自己的目的，即请客送礼的原因，否则会让对方"丈二和尚摸不着头脑"，如果是因对方生日、婚礼等喜事请客送礼，就可直接说明原因。如果是请人帮忙之后的答谢，就要转移目的，不能直接说明原因了。如你带了一份礼物给帮你忙的人，说："这件礼物是感谢你帮忙的。"对方就会认为你是在与他做交易，心中不快。这时，你最好不提帮忙的事，找个别的理由去说。其实，不管你怎么说，对方已知道你送礼的目的，但会说话的人，会让对方感到更舒服。

8. 行贿受贿不是礼尚往来

近些年来，在官场上，行贿受贿之风非常盛行，一些贪官污吏已由暗地收受变成公开索要。近些年查处出来的一些大案要案，贪污受贿数目之大，让人触目惊心。这种送礼方式已经不是中国传统的礼尚往来，而是侵吞民脂民膏，是一种地地道道的贪污腐败。对于近些年来出现的这些歪风邪气，正直的人们无不痛恨。对于这种犯罪行为，我们不仅不能加以教学，还要加以抵制，这种变相的对于社会财富的掠夺，是我们要加以解决的问题。

第四章　公关礼仪

公关人员经常出入会议、宴会、舞会、茶会、庆典、商务谈判、签字仪式、导游服务、外事接待等各种公共活动,在这些活动中,要注意自己的举止、言谈、服饰等,表现出良好的仪态,好的仪态往往能给人好的印象,而第一印象是人们记忆最清楚的。除了这些,还有下列要注意的事项。

第一节　正式活动的种类

1. 迎送活动

当人们上升到一定的社会地位,当外国人作为正式客人来到中国,当海外华侨和留学生回到祖国,都免不了要参加些正式的活动,如：迎送仪式、正式的会议,正式的宴会,正式的接见、正式的谈判等等。正式的活动不像旅游观光那样随便,要讲究一些公共的礼节。较重要的客人来了,接待方都要进行接待,并举行欢迎会、欢送会等,具体形式有迎、送仪式、座谈会、茶话会、宴会、文艺演出、舞会、参观访问等各种形式。人们采用哪一种接待形式，往往根据情况而定。

2. 正式会议

人们到一家企业去工作，或者从事某项商务活动，往往会参加各种会议，如：股东大会、董事会议、经理会议、中层干部会、全体职工大会、例会、工作会、表彰会、汇报会、报告会、座谈会、讨论会、经验交流会、代表会、纪念会、庆祝会、新闻发布会、对话会、年终总结会等等。

3. 商业活动

人们从事商业活动，就会遇到一些商务性的会议，如：开业（开幕）典礼、剪彩仪式、展览会、展销会、订货会、交易会、谈判会、签字仪式、记者招待会等等。

4. 娱乐活动

每逢重大节日，或是其他喜庆事件，以及配合某项活动，许多单位都要组织娱乐活动，如：联欢会、节日晚会、庆祝晚会、文艺演出、游艺活动、纪念活动、参观游览、运动会、舞会、卡拉OK、宴会等等。

5. 沙龙

沙龙一般分社交沙龙和专题沙龙两种，专题沙龙又有学术沙龙、文学沙龙、足球沙龙等等。

参加正式活动要讲究着装，不能太随便，什么样的场合穿什么样的衣服，根据时间、地点、活动内容来定，如不知道穿什么衣服，可问一下朋友，与其他人差不多便可。服装一定要整洁干净，可以旧，但不可以破，不可以脏，俗话说："三分长相，七分打扮。"可见穿戴要比长相重要许多。尤其是鞋袜，人们常说"脚下无鞋穷半截"，鞋袜在穿戴中起着一半的修饰作用，鞋袜要有破洞或脏点，是最失体面的。以下，我们介绍一些重要活动的礼仪。

第二节 迎送接待礼仪

1. 接待原则

作为接待人员，要坚持平等、热情、友善、礼貌的原则，对于所有来宾都热情接待，一视同仁，绝不能一见到大单位或上级就满面堆笑，一见到小单位或下级就不理不睬。

2. 迎客礼仪

中国迎送客人的传统礼仪是"出迎三步，身送七步"，客人到达时，主人应主动出迎，与客人打招呼、握手、寒暄，见身体不好的要上前搀扶，接过手中提包。

3. 乘车礼仪

乘车时，接待人员应为客人打开车门，请客人先上，然后自己坐在客人或司机旁。小轿车的坐位按尊卑排列为"右为上，左为下；后为上，前为下"。即：后排右座为上座，其次为后排左座，后排中座，前排右座。如是三排座的车，则宾主坐在最后一排，客人在右。译员坐在主人前面的位子。有的客人不知道这一规矩，有的喜欢坐前座，这时，就要随客人喜好，让客人自己选择坐位。若是吉普车，则前排右座为上座，后排右座次之，然后是后排左座。若是中巴，以司机后面的第一排为上座，由此往后依次排列。

到达目的地后，主人或秘书应先下车，为客人打开车门，请客人下。上下车，均应从车后绕行。若几辆车行驶，主人的车应在前面，为客人领路。

4. 入室礼仪

接待人员应走在客人的左边，到达门口时，应抢上一步，拉开门，请客人先进；如门是往里推的，应自己先推门进去，之后以手扶门，面向客人，请客人进去。入室后为客人找好位子坐下，并将客人介绍给在场的其他客人。会客室中的位子一般以离入口远的位子为上座，左右位子中以右位为上座，长短沙发中以长沙发为上座。

5. 待客礼仪

客人落座后，接待人员应向客人敬烟、敬茶。中国人敬茶有"茶七酒八"的讲究，茶在杯中七成满便可。

6. 送客礼仪

中国人习惯在客人告辞时要挽留一下，不可一听说客人要走就马上起身相送，那样会有逐客之嫌，要等客人起身执意要走，主人再站起身来。要将客人送出门外或楼下，并欢迎客人下次再来。

7. 保持距离

人们交往时，身体不能贴得太近，要保持一定的距离，至少一臂以外。谈话时不能将头贴在人的脸上说，更不能将嘴对着人的脸，将口水、哈气喷到人的脸上。在西方，这一点尤其要注意，人挨人是非常令人讨厌的事情。

8. 握手

握手是人们见面最常用的礼节，如是同辈的朋友或同级的同事，大家可以抢先握手，握得重一些，以表示亲热。如是特别亲密的朋友或常见面的人，也可不握手，以免显得过于礼节化了。如是遇到长辈、上级、老师、女士，就要等他们先伸出手来你再出手，如要表示对长辈、上级、老师的尊重，你也可以伸出两手去握，同时向前欠一下身，表示致意。握手时不能太用力，也不能太无力，或者只伸出个指尖给人家，让人家觉得你太没热情。遇到对方伸出手来，你应马上出手响应，否者会让对方陷于尴尬。握手要用右手，不能用左手，也不能戴手套握手。如与多人握手，应按顺序握手，每个人握手的时间应大体一致，不要给人厚此薄彼的感觉。

9. 相互介绍与交换名片

介绍的一般顺序是，将晚辈介绍给长辈，将下级介绍给上级，将男士介绍给女士，将未婚者介绍给已婚者，将客人介绍给主人，将后介绍给先到者。如要将一个人介绍给众多人，要先向大家介绍这个人，再把众人逐个介绍给这个人。如果是围成一圆桌，也可顺着坐位来。被介绍人，当点到自己名时，应露出微笑，稍稍欠身，向大家表示致意，切不可不理不睬，东张西望。

交换名片的顺序与介绍的顺序基本一致，先晚辈后长辈，先下级后上级，先客人后主人。介绍完后即应将名片上的字体正面朝向对方，双手奉上，并说些"请多指教""请多关照"之类的客气话。如是围成一圆桌，也可顺着坐位发放。人们接到名片时应说声"谢谢"，并将名片浏览一遍，表示尊敬，千万不要将名片随手一扔。人们一般接到名片时，应将自己的名片还赠给对方，如忘了带可用纸写下自己的姓名和联系方式；如不想回赠，可说"对不起，我的用完了"。

第三节　会议礼仪

1. 大型会议组织

组织一次大型会议，一般都要成立专门的会议筹备组，下设会务组和秘书组等，并由一位领导负责全面协调。会务组主要负责联系会址、食宿安排、会议接待、人员接送等工作；秘书组主要负责通知发放、会议组织、文件起草、编印简讯等工作。会议期间，每天和每场会议都要有会议主持人，主持人的责任是把握会议主题、掌握会议时间，保证会议顺利成功。

会前，要提前给与会者发通知，通知上要写明会议名称、时间、地点、内容、范围这"会议五要素"。选择会址要注意交通是否方便，是否有足够的交通工具让人们顺利进出。选择会场要根据人员多少来决定，会场不能太大，也不能太小，太大会显得空旷，分散人们注意力；太小会显得拥挤，影响开会效果。

2. 中小型会议

中小型会议一般为单位内部会议，比较简单，不用太多的筹备工作，有的还可临时召集。中型会议一般由会议召集人、主持人、记录员、参加人等组成，召集人一般是本次会议的最高领导，主持人一般是领导的副手、办公室主任或秘书长等职务的人。有的小型会议召集人与主持人同为一人，有的会议有记录员，有的没有。

3. 参加者礼仪

参加正式会议要注意着装整齐，会前要照镜子检查自己的仪表。要注意正式场合的行为、礼节，不要抖腿、仰身、打瞌睡，不要将脚踩在凳子上，更不能跷在桌子上，这样对人是很不礼貌的。在其他人发言时要注意倾听，不要上面开大会，下面开小会。发言时要注意西方人与东方人的不同文化，西方人讲究直率，积极发言；东方人讲究谦虚委婉，让其他人先说。

第四节　舞会礼仪

舞会是庆祝节日、周末娱乐、迎送会、庆典等许多活动中都有可能组织的活动，参加舞会应注意以下礼节。

1. 邀请礼仪

在由主人举办的比较正规的舞会，第一场由主人夫妇、主宾夫妇共舞；第二场由男主人与主宾夫人，女主人与男主宾共舞；之后男主人与男主宾应轮流邀请其他女宾跳舞，男子应避免整场只与一位女子跳舞。男子邀请女方时，如其父母、丈夫在旁边，要先向起父母、丈夫致意，然后再请女方；跳完后还应将女方送回原处，并向其亲友致谢。在一般的舞会上，大家都可以随便邀请，多数情况下是男士邀请女士，但女士也可大胆邀请男士。无论是谁，只要你进入舞场了，就不应该拒绝别人的邀请，否则会让人家感到很尴尬。如果你累了，或是实在不愿和对方跳，应客气地婉言谢绝，而不要给人以冷脸。如果你真的不会跳，也实在不想跳，就应尽量往后排和角落座，这样人家也就不会请你了；如果你坐在前排显眼处，却又一次次地拒绝别人的邀请，那是一件很不礼貌的事情。男士邀请女士，应走到女士身边俯身说："我能请您跳舞吗？"待女方同意后，男士再跟在女方身后入场。一曲结束，男方应向女方道谢，将女方送回原处，也可在原地道谢、告别。

2. 舞场礼仪

舞会是展示男人英俊、女人美丽的地方，因此参加舞会，要尽量穿自己最漂亮的衣服，并将自己打扮得靓丽一些。跳舞应顺着人流移动，而不应逆人流而动；要注意环顾左右，避免与他人碰撞。正确的舞姿是男士用右手扶着女士的腰肢，手掌心向下向外右手大拇指的背面将女士轻轻挽住即可，不要用掌心紧贴女士腰部；男士左臂弧形向上，与肩平齐，掌心向上，拇指平展，将女士的右手轻轻托住，而不是握住或捏住。女士的左手应轻轻放在男士右肩上，右手放在男士左手上，但要自己举着右手，而不应将男士左手当支架，替你支着右手。进入正式舞场，是来享受美感来了，不会跳舞的人，平常在家就应先学些舞步，不要到舞场上再学，影响他人情绪。交谊舞表现的是一种阴阳交合之美，因此同性之间不要一起跳。

3. 卫生要求

跳舞前不要饮酒和吃葱蒜等带味的食品，并要漱口刷牙，嚼一下口香糖，以免有口臭。夏天要洗澡，以免有汗味。常抽烟的人，身上总带有烟味，跳舞前要换一下衣服。有些人有腋臭，应喷一些香水。有腋臭的人最好去医治一下，否则会影响你的社交。某些人身体有味自己闻不出来，别人也不好意思提醒，这就要特别注意别人的表情和动作，如果别人总躲着你，或是你一靠近别人，别人就不自觉地有向后仰的姿态，就不要再往人跟前凑了。

第五节 宴会礼仪

1. 宴会的种类

宴会多为正餐，从规格上分有国宴、正式宴会、便宴等，从时间上分有早宴、午宴、晚宴等，从形式上有中式宴会、西式宴会、自助餐会、酒会等，从宴会的目的分有庆贺宴会、欢迎宴会、送行宴会、答谢宴会、招待宴会。

2. 桌次与坐次

正式宴会通常有许多桌客人，桌次有主次之分，主桌一般安排在重要位置，以"面门、面南、观重点"为原则。

正式宴会通常以 8～10 人为一桌，坐次以面朝门口的位子为主座，背向门口的位子为次座。在西方，讲究男女穿插安排，以女主人为准，主宾在女主人右上方，主宾夫人在男主人右上方。

按中国人习惯，主宾在男主人右上方，其夫人在女主人右上方。

3. 席间礼仪

客人到来，主人应引客入座，发现有客人已坐错坐位，只要不是主座，便将错就错，巧妙应对。宴席一般应按时开始，如无特殊情况不要延时。当上第一道菜时，主人便应发表简短祝酒辞，感谢各位光临，之后请大家举杯共饮。席间，主人还应到各桌轮流祝酒。宴会一般应掌握在一个半小时左右，当宴会达到最高潮时戛然而止。宴会结束时，主人应站在门口送客，与人话别。

4. 赴宴礼仪

当人们接到赴宴邀请时，要搞清宴会的时间、地点、事由、参加人等，去与不去，均要明确表态，提前告诉主人。赴宴前，女士要先梳洗化妆，男士要修面，整理仪表仪容。女士穿上艳丽一点的裙装或套装，男士可着西装或中山装。要按时赴宴，不要太早，也不要太迟。见到主人和其他客人，要主动打招呼或握手、寒暄。如不知道自己坐哪，可问主人，或可先选一较下的位子坐下，待主人发现后再正式引你入座。在主人致祝酒辞时，要端坐静听。在主人敬酒时，应举杯相迎，并表示感谢。碰杯时，晚辈或职务低的，应将酒杯的口低于对方的杯口。

5. 退席礼仪

宴会结束时，应与主人和其他客人道别。如有特殊情况要中途退席，应向主人表明原因和歉意，并向其他客人招手或点头示意，再离去。如有长辈在场，应向后退两步再转身离开，以表示尊敬。不要在人家讲话时退场，以免被人误会。

6. 中餐宴会

a. 餐巾。宴会开始时，可将餐巾打开铺在膝上。餐巾只能用来擦嘴，不能用来擦脸、擦汗。用时用一只手捏住一面的上端，另一只手相助，不要一只手擦。席间要换餐巾或用餐完毕，要将餐巾叠好放在桌子右边，不要放在椅子上。

b. 香巾。有时服务员会递上一个湿毛巾（香巾），那是用来擦嘴角和双手的，不要用来擦脸、颈或臂膀。

c. 茶或咖啡。应右手拿杯把，左手端托盘，慢慢去饮。

d. 汤。要用公勺从大盆里舀到自己的小碗里，之后用汤匙由碗边向碗中由外向里舀去，轻轻送入口中。汤一次不要舀得太满，以免洒在桌上；不要嘴对碗边，或端起碗来喝。如汤太烫，要待其凉后再喝，不要用嘴去吹。

e. 饮酒。不要贪杯，酒量应控制在自己的三分之一为好。主人致祝酒辞时，要停杯静听；主人敬酒时，要身体站直，双手举杯向迎。

f. 吸烟。如是在禁止吸烟的场合就不要抽，如是非禁止场合也要先征询周围人的意见，有人反对就不要抽，更不要叼着烟卷到处走。

7. 西餐宴会

a. 坐位。去英美朋友家中，一般是长桌，左右两端为男女主人，男客人坐在女主人右手边，女客人坐在男主人右手边，左边为次客的位子，其他陪客则往中间坐，受邀夫妇多半被分开来坐。法国人则是男女主人位于中间对坐。宴会一般由女主人主持，女士先坐，男士后坐，待女主人宣布开餐时，大家才开始动手。

b. 餐具摆放。西餐使用的餐具有刀、叉、匙、盘、杯等，比较复杂，正规的宴席是吃一道菜换一副刀叉，吃不同的菜用不同的刀叉，喝不同的酒用不同的酒杯，刀叉从外到里依次拿取。通常，餐刀放在右边，刀刃对着盘子；叉子放在左边，叉齿向下；汤勺放在餐刀的右边或盘子的前边。但要是重要的宴会，会有五六钟餐具。如果你被眼前的餐具搞得眼花缭乱的话，不要紧，看着主人，主人用什么，你也学着用什么，吃过一次之后，回来再问一下，你下次就会了。

c. 餐具的使用。进餐时右手持刀，左手持叉，将食物切成小块。切完食物后，欧洲人仍用左手持叉进食，而美国人则换用右手持叉进食。切不太好切的东西，可以用叉子将其按住，用刀来切，但不要发出响声。用叉子叉菜，如不好叉，可用餐刀轻轻推上叉，但不能用刀来叉食。每道菜吃完后，将刀叉并拢排放盘内，以示吃完；如没吃完，将刀叉摆成八字，刀口向内。

d. 上菜程序。一般第一道菜是冷菜，第二道是汤，第三道是鱼肉等主菜，第四道是蔬菜，第五道是甜食，最后是咖啡或水果。

e. 西餐吃法。面包应用手去拿，放在自己的盘里；取黄油应用专用的奶油刀割一块放在自己的盘里；然后掰一块面包，用自己的餐刀抹一点黄油，吃一块涂一块，而不要一下子将整个面包都涂上黄油，面包也可拿在手上咬着吃。吃小萝卜、芹菜、点心、干果、炸土豆片、玉米棒等都可用手拿来吃。吃鸡、龙虾等可以用手撕开来吃，也可用刀叉来剔骨，将肉割下吃。色拉只能用叉子，叉尖向上，往嘴里送。吃带刺或骨头的鱼、肉等物，可将刺、骨头等先用刀叉剔出，如刺或骨头已进入口中，可吐在自己的手上或叉子上，或在不引人注意时用手取出，再放入自己的盘子边上。吃面条可以用叉卷起来吃，不要挑起来吸。喝汤时用汤匙由内向外舀起喝，不要端起碗来喝或用嘴去吸着喝。吃苹果、梨等可用刀切成小块，去皮核，用手拿着吃。吃橙子可用刀切成四块，然后剥皮吃。吃香蕉、西瓜、菠萝等，可去皮切块，用叉子叉着吃。喝咖啡或茶，如要加糖或奶，可用小勺去搅匀，用完小勺后，将其放在盘上，不要用小勺来舀着喝。如有柠檬，是用来去腥的，可用受挤出，滴在食物上。

f. 餐巾。餐巾可放在胸前下摆处，不要扎在衬衣或皮带里，如餐巾太大，可以对折。暂时离席，将餐巾放在椅子上；吃完离席，才将餐巾放在盘子右边。餐巾内侧可用来擦嘴，但不可擦桌子。

g. 注意事项。从公共大盘中取菜要用公勺或公叉，千万不要用自己的刀叉。不要将手伸到别人面前去取菜，而应请他人帮忙将盘子递给自己。谈话时可以不用将刀叉放下，但切不可手持刀叉在空中挥舞、比画。当服务员上菜时，走到你的左边才轮到你取菜，右边是他人取菜。用餐期间，不要化妆、梳头、宽衣解带和整理衣服，如要有上述举动，可去卫生间。离席时，应等女主人站起来，大家再离席，男客应帮女宾将椅子放回原处。进餐时，不要把头低向盘子，不要将盘子端起来吃，不要发出响声，不要来回走动和高声喧哗。如要与人交谈，应先用餐巾擦一下嘴，避免嘴上留有油迹，让人看见不雅。

第六节　谈判礼仪

1. 谈判的准备

谈判是一个力量较量的过程，能否取得成功，在于准备工作是否做得充分。准备工作要注意以下几个方面。

a. 情报收集。常言道"知己知彼，百战不殆"，只有掌握了足够的可靠情报，在谈判中才能占有主动权。情报包括双方的人力、物力、财力、技术、资信、产品情况、市场占有率、竞争力、风险承担能力等，双方谈判人员的年龄、性格、智力、地位、背景、谈判风格、对我方的态度等，双方有可能坚持的谈判期限、底牌等，双方有可能所作的让步和坚持的底线等。有时谈判，对方会有一定的期限，如对方必须在10天内将房子卖掉，掌握这个情报，压住时间，在对方限期即将到来时达成协议，就会得到较大的让步。掌握对方的底价是非常重要的。另外，"入国问禁，入境问俗"，了解一点对方的文化背景，尊重对方的风俗礼仪，对谈判也是很有帮助的。

b. 选择地点。心理学家认为，人都有一种"领域感"，如同体育比赛一样，在主场比赛，就比在客场比赛占有心理优势。在自己熟悉的"家乡"谈判，比在陌生的"他乡"谈判效果要好。但如果双方都坚持在自己的地点谈判，就可以选择一个第三地点，或在双方地点轮流谈判。

c. 选择时间。因谈判是一种高度紧张的精神较量，应选择身心状况良好的时间进行谈判，而不应在身体不适、精神不佳、紧张疲劳的时候谈判。因此所有准备工作应在谈判前两天便一切就绪，然后抓紧休息、恢复体力和精神。谈判时，应将对己方有利的事情放在前面去谈，并给予充分的时间，将对己方不利的事情放到后面去谈。

d. 选择时机。如果你是买方，谈判时就要避开卖方市场；如果你是卖方，谈判时就要避开买方市场。不要在你急需购买某种商品或急切出卖某种商品时谈判，否则你会陷于被动。如果你要争取主动，就要预想到某件事情，提前进行谈判，冬天谈买空调，夏天谈买暖气，在人快要收摊时去买菜，在旅游淡季去联系旅行社，都会得到很大的让步。

e. 配备班子。大的谈判，一般都要配备一个谈判班子，这个班子一般由技术人员、商务人员和法律人员组成，有的还由一名领导担任协调工作。谈判对方的班子也应与此对等。

2. 谈判的坐席

谈判时应安排客人坐主席，如使用长桌或椭圆桌，客人面对正门，主人背对正门，双方主谈人居中而坐，其他人按职务分坐其两边。记录员人多是坐后边，人少时坐前边，或坐在桌子两端。如果正门在长桌的一侧，就以进门的右手为主坐，安排给客人坐，主人坐进门后的左手。若是多边会谈，可安排成方形或圆形。若人数很少的谈判，也可不要桌子，大家坐在沙发上围成一圈。若是两人社交式的谈判，可坐在方桌一个角的两边；若是两人合作式的谈判，可在桌子一侧并排而坐；若是两人对抗式的谈判，可面对面而坐。

3. 谈判的程序

a. 开谈。指正式谈判前人们先相互寒暄、介绍等，为谈判制造适宜的气氛，并进行心理测探。介绍时应先将主方人员介绍给客方，先介绍职务高的人。介绍完后应双方握手致意。

b. 概说。双方概说各自的目的、意图和想法。时间不要太长，一般三五分钟便可。

c. 明示。双方针对对方想法提出不同意见。这涉及四个方面的问题，即己方所求、对方所求、双方所求、隐含需求等。

d. 交锋。双方就列举问题进行辩论。辩论时要注意态度，尊重对方，以免造成对方不快，激烈反击，形成对立，使谈判破裂。

e. 让步。争论之后，双方权衡利弊，各自进行妥协，在共同点方面达成一致意见。谈判时，人们最先提出的目标，往往是带有水分的，是供对方来讨价还价用的，这是一种理想目标；理想目标被否定后，双方都会追求自己的一般目标；如一般目标也坚持不了时,人们才会退到最终目标,即底价,这是人们宁愿谈判破裂也不会放弃的目标。让步,即各自放弃理想目标,退回到一般目标或最终目标。

　　f. 协议或散会。如果双方达成一致意见,谈判成功,便签订协议,并进行公证。如没达成一致意见,可商定下次再谈。如分歧实在太大,没法再进行合作,就只好就此罢休,宣布散会。

第五章　走遍美国：中美关系学的差异

要想对关系学有全面和深入的认识，就要从纵向与横向两方面对关系学进行深入的研究和广泛的比较。就像就编织物品一样，只有横向与纵向的穿插交错，才能使其成型与牢固。纵向的研究，就是从历史和传统文化的角度去了解关系学，这样的研究结果才能有历史的深度；横向的比较，就是与不同国家和民族的关系学进行比较，有比较才能有鉴别。人们常说："身在庐山中，反不知庐山真面目。"长期生活在一种熟悉的社会环境中，人们会对周围的人际关系变得熟视无睹，习以为常，孰是孰非，已难以区分。"文革"时期，人们总以为我们的社会关系最为纯洁，世界上还有三分之二的人生活在水深火热之中。若不是改革开放使国人得以睁开眼睛看世界，我们今天恐怕还在手捧语录，为贫穷和愚昧高唱赞歌呢。我们只有融入到世界大环境中去，才能对自己有更加清醒的认识。我们主张更多地与世界发达国家进行比较，这样可以比较我们自己的不足，学习他人的优点。与落后国家比较，只会使我们夜郎自大，裹足不前。在与世界先进国家的比较中，我们主张更多地与美国相比较，其好处在于：

第一，美国是世界上最发达的国家，了解美国的社会关系，知道美国的社会关系在其社会发展和经济建设中所起的作用，可以使我们有所借鉴，有所启迪。

第二，美国与中国在社会关系等方面的差异最大，是一个与中国很有对比价值的国家。异性物质的嫁接，可以产生新的更为优秀的物质；而近亲繁殖，则会使不良基因得以遗传。这在生物界得到证实的理论，在社会关系等方面同样可以得到证实。日本文化与中国文化可以说是近亲，欧洲国家与中国虽有很大的不同，但在历史悠久、人种单一等方面仍有不少相似之处。而美国无论在哪一方面，都可以说是与中国差异最大的。

第三，了解美国的社会关系，可以加强两国的相互理解和友好往来，这对于双方来讲，都是非常有利的。

如今我们都知道，要想真正了解一个民族的文化，最好的方法就是到那个民族去生活相当一段时间，这样才能获得大量眼见为实的一手材料。可以说，在美国这段学习与教学的生涯给了我许多近距离观察美国的机会，也因此在某些方面促成了我对中美关系学的比较思考。

第一节　中美两国彼此理解的渠道

中美两国由于文化上的差异，彼此在认识和理解上存在许多误区。在历史上，中美两国主要通过以下几种方式在增进着相互了解：

1. 两国人员的互访

这些年来，中美两国人员的互访和交流项目越来越多，通过相互交往，两国之间相比过去有了很大的了解，但这种了解还具有很大的局限性。有很多中国人移居美国，但这些人大部分来自广东、福建等沿海地区，受美籍华人的影响，广东、福建等沿海地区的人对美国了解较多；而中国北方和内陆的大部分地区到过美国的人较少,这些地区的人对美国就了解甚少。由政府、企业等团体组织的代表团来美国,大部分是去纽约、华盛顿、洛杉矶、拉斯维加斯等繁华大都市,他们亲眼所见的只是美国的一个侧面,而很多人误以为这就是美国的全部,于是在很多外国人眼里,美国人就与赌场、性解放、生活奢侈、人情冷漠等联系起来了。但实际上大部分美国人生活在中小城市,这里民风淳朴,社会祥和,这里还有大部分外国人没有了解到的美国主体。相比起来,美国人对中国的了解更为有限,来中国访问的美国人较少,大部分美国人去中国只是观光旅游,走马观花,缺乏深入的生活接触,更不用说有文化方面的详细认识。来中国求学的美国学生也不及中国去美国学习的学生的零头。因此说,通过两国人员之间的相互交往达到相互了解的效果是极为有限的。

2. 文学作品的描写

相比起人员的交往和人与人之间的口头传播来讲,文学作品的影响力就大多了。可以说,大部分中国人对美国的了解是通过美国电影等文学作品来达到的,但较受年轻人喜爱的美国电影大部分是枪战等惊险片,很多人就从电影上了解到美国是一个既物质高度发达,又到处充满暴力犯罪的国家。

美国与中国的合作项目很多,招收中国留学生也很多,但大部分是理工科方面的,因此了解美国科学技术的中国人很多,但描写美国精神生活的中国作家却很少。《北京人在纽约》这部小说一出版,便立即在中国引起轰动,这部小说中说:"如果你爱一个人,就把他送去纽约,因为那里是天堂;如果你恨一个人,也把他送去纽约,因为那里是地狱。"很多中国人又从这部小说中了解到美国就像是纽约,纽约既像是天堂,又像是地狱。或许大部分中国人怎么也想象不到大部分的美国城市和乡村却是一种正统的基督教主流文化。而中国的文学作品进入美国的就相对更少了，中国的电影在美国流传最广的就是一些武打片，如成龙、李连杰等主演的一些片子。《卧虎藏龙》这部电影不久前曾在美国各地电影院广泛放映，深受美国人的喜爱。或许，一些美国人还以为现在的中国人仍然像武打片上演的一样，头梳大辫子，浑身功夫地与人对打呢。

3. 电视、报纸、网络的新闻报道

信息时代，电视、报纸、网络等的新闻报道，是人们认识世界的一个重要窗口。受新闻导向的影响，两国关系好时，相互就可以看到对方一些好的信息；两国关系紧张时，人们看到的就大部分是对方的阴暗面了。更主要的是，新闻报道采写的往往是一些典型的、偶然的、突发的事件，并不是一般大众普遍的生活方式。并且，新闻报道，介绍的大部分是科技、经济、军事等方面的事情；很少介绍人文、民主与法制等方面的情况。因此，光看新闻报道，往往会使人们产生一些片面的看法。我在现在的这所大学旁听过一门"中国文化"课，许多美国学生，包括一些在美国生长的华裔子弟，真是对中国一无所知，中国的许多事情让他们百思不得其解。

我们常在探讨中国人在外国人眼里的形象问题，其实，形象常常是自己塑造出来的，而不是人家强加给你的。你整天微笑待人，别人就会认为你是一个和蔼的人；你每天对人怒目而视，别人就会认为你是一个暴躁的人。因此要让人夸你漂亮，你首先要自己打扮出来。过去，我们常抱怨外国人对中国人有歧视，其实，部分上是因为有些中国人的行为的确不佳，自己败坏了自己的名声。现在，随着大量留学生的出现，许多高素质的中国人走出国门，中国人的形象在一天天好转，这些具有良好品行的中国人在改变着中国人的形象。

中美两国由于在文化传统、思维方式等方面存在着极大的差

异，彼此在理解和认识方面就难免存在一些误区。因此，两国应有更多的人到对方的国度里去生活一段时间，以增加彼此的了解。正如人们所说，要想了解一个民族的文化，最好的方法就是到那个民族去生活一段时间。

第二节　中美思维模式的差异

思维，是人脑对客观事物间接的概括的反映，是人们在实践的基础上产生和发展的认识的理性阶段，也是人们的意识和精神。模式，即某种事物的标准式样。关系学中所说的思维模式，即人们认识、思考事物的习惯方式。人的行为方式是受思维模式控制的，人们习惯于去做什么？为什么去那样做？都是因其思维支配使然。而思维方式是在一种文化的培养下所形成的特定方式。中美两国，由于文化的不同，在思维模式上存在某些差异。

1. **群体、共性与个体、个性**

人们说美国是一个个人主义的社会，并常从自己的角度去看问题，将美国的个人主义与自私自利、冷漠无情联系起来。但实际上，美国的个人主义是讲究一种个人权力的保护，个人尊严的体现，个人价值的实现，以及独立自主、自我选择等积极的含义。在西方社会，讲究自决、自律、自我，即自己决定自己的事情，自己管理和约束自己，他人一般不干涉个人的自由，不过问个人的隐私，人为自己活着；而东方文化讲究他律、他人，讲究人们之间的相互关心、相互制约，人为他人活着。父母会永远过问你的吃饭、穿衣，你要找对象，总会有数不清的人来向你介绍朋友，你所有的事情总会有人来过问，总会有人来向你表示好心。人要照顾到周围方方面面的关系，为父母、子女、家庭等不断地操劳，别人也在为你不断地操劳。在你的一生中，你会感到太多的好意，也会感到太多的管束。很多西方学生来到中国，总觉得有些不习惯，与一些中国人聊天，他们总会问到一些关于个人年龄、经济状况等个人隐私方面的事情，这些在西方文化里是不便打听的，而在中国，过问个人的事情，有时是为了对人表示关心和好意，两种文化不同，常常容易造成一些误解。

中国人重视群体，在国家、集体、个人的利益比较上，是按从大到小顺序排列的，即国家利益大于集体利益、集体利益大于个人利益。在五十年代、"文革"时期，人们都是遵从这一行为准则的。但在近些年，情况有了很大的改变，受个性解放的思潮影响，越来越多的人开始追求个人利益和个人价值的体现。但是，不管人们怎样追求个性解放，传统的思维模式仍从心灵深处影响着人们。中国人讲共性，重视群体。个人的成就感，不是体现在内心的体验，而是注重他人的看法；个人的幸福感，也不是体现在内心的感受，而是注重他人的评判；个人的荣耀感，也往往表现在群体中得到人们的尊敬和赞赏。在人与人交往中，往往是性格随和，没有棱角的大好人最受欢迎；而个性太强的人则最容易遭受非议。从孩童时代起，人们所接受的劝说就是与人交往不要太露锋芒。美国人重视人的个性发展，从小，父母就不能打骂孩子；上了小学，老师也不宜批评孩子，要让孩子的天性得到自由自在的发展。受"天赋人权"思想的强烈影响，个人的权利、个人的财产不仅受到法律的保护，也得到人们身体力行的自觉保护。

有人曾有过这样的中西比较，认为，在西方，是个人的事情个人管，大家的事情大家管；而在东方是，个人的事情大家管，大家的事情无人管。在美国，家庭之间比较独立，谁家干净点、谁家脏点，都是个人的私事，相互不去过问，也不去指点，关心他人的家庭事务，尽管是好意，也会引起他人的反感；但在公共场合，则大家都会自觉自愿地去尽义务的。在中国，人们从小到大，直到成家立业，总会有无数的人去关心你的个人私事，包括你的家里是否脏乱,也有人去过问;但是公共场合的事情却很少有人去参与。例如,一个个小家装修得非常漂亮,但是公共走廊上、楼前楼后却一片脏乱,没人去打扫。中国有句古训:"各人自扫门前雪,莫管他人瓦上霜。"其实原意是做人要安分守己,远离是非,不要老去议论他人,管他人的闲事。但是千百年来却被人们曲解,以为是要人们只管自己,莫顾他人。今天,是到了给这句古训正名的时候了,人们太有必要多关心一些公益事业,多一点对公共环境的贡献了。

2. 求同与求异

中国人在处理某些问题上喜欢整齐划一,彼此效仿,表现为较强的从众攀比心理;而美国人喜欢独立思考,标新立异,表现为较强的特异精神。例如建筑方面,在中国,同一模型的建筑会成片成片地出现,而美国的建筑各不相同,各有特色。穿衣方面,中国人追求流行色,一种时尚起来,众人会紧紧跟随;而美国人穿衣戴帽,各有所好,随心所欲。课堂上,在中国往往是老师讲,学生听;而在美国,老师、学生各抒己见,等等。

3. 辛苦今天与享乐今天

中国文化追求生命的数量和延续,但不太求质量。中国人自古讲究吃苦耐劳和身心修炼。为了幸福的未来,宁愿今天吃尽苦中苦,甚至苦今世,修来世。中国人爱家庭,重视子孙延续,香火不断,认为子孙是自己一种生命的延续。许多中国父母一生都在为子孙拼搏,如许多海外华人为了子孙拼命赚钱,牺牲任何享受,苦自己,为子孙。而美国人重视生命的质量,许多美国人不存钱,边工作边享受,抓住每一个今天去快乐人生,去满足自己的愿望。

4. 合与分

中国人具有较强的求全心理，无论什么事情都喜欢合为一体，大而全，小而全。办一家公司，喜欢金融、工业、贸易、房地产等什么业务都有；办一所大学，也喜欢将教学、科研与所有的后勤服务都合在一块，将大学办成个小社会。在国家领土问题上，中国人自古以来更是喜合不喜分，谁要是分裂国家，那就是千古罪人，最大逆不道的事情。而美国人喜分不喜合，美国的各个州都有自己的法律，美国人很讲究社会分工，讲究专业化，不喜欢面面俱到，不喜欢将什么东西都合而为一。

5. 专与广，宏观与微观

中国人看问题常常从宏观到微观，中国的论著喜欢理论论述和文章的系统性、全面性，讲究广泛。美国人看问题常常从微观到宏观，在论著上喜欢个案研究、专项研究，具体问题具体分析。例如中医与西医，中医诊病，首先将人作为一个整体来看，你要眼睛不舒服，他会从你身体的阴阳虚实等各个方面去考虑，或许不治你的眼睛，反从驱除你的肝火方面去下药。而西医常常是"头痛医头，脚疼医脚"，你是哪不舒服就医治你哪里。

6. 内向与外向

中国由于许多历史与文化因素，形成了内向的民族性格，尽管内心激流涌动，但表面上却泰然处之，"任凭风浪起，稳坐钓鱼台"。中国人讲究以不变应万变，"你有千变万化，我有一定之规"，将天大的事情隐于内心，体现出"宰相肚里能撑船"。美国人性格外向，热情奔放，内心想什么，口上就说什么，善于表现，表里如一。

7. 单向性与多向性

许多中国人具有单向性的思维模式，表现为非黑即白，非好即坏，爱憎分明的思想态度。中国历史上的人物，不是忠臣就是奸臣，不是明君就是昏君，不是好人就是坏人，有时人们的思想会被引入一种极端。而很多美国人则表现为多向性思维模式，美国人很少有太好的朋友，也很少有太恨的人，美国人以一种开放的眼光看问题，认为人是复杂的，对人很难妄下定论。

8. 品质与能力

中国人考虑人，将人的品质放在第一位，特别注重人的道德品质，品质好的人常常最受社会的尊敬。美国人注重人的能力，能者上，愚者下。中国常常期望靠宣扬精神文明、道德教化来改善社会风气；美国人靠严明的法律制度来规范人们的行为，制约不良现象的产生。

9. 情理与法理

中华民族是个非常有人情味的民族。中国人重感情，只要你对他好了，他便愿"为朋友两肋插刀"，"士为知己者死"；如果你伤了他的感情，那你就有可能树立一个很危险的对立面了。忠孝节义是中国传统的道德规范，要求人们忠于自己的国家、君王和上司，孝敬自己的父母，对朋友要讲义气，全是情理的表现。中国人考虑问题，多从情理上考虑，并常常是感情战胜理智，采用许多变通手段。美国人注重法理，一切按规章制度办事，原则性大于灵活性，法律至上。各民族都有各自不同的关系学，由于东西方文化的差异，所形成的各自的关系准则也有所不同。西方文化注重理性，关系准则中的许多方面被法律化了，因此人际关系显得比较简单；东方文化注重情感，关系准则中的许多方面被感情化了，因此人际关系显得比较复杂。理智与情感是矛盾对立统一的两个方面，感情是一种只可意会、不可言传的思绪，说不清道不白，比理智更为复杂。

10. 关系学的明与暗

中国关系学讲究暗中交易。例如：人们找工作，要暗中托关系，找路子，一位领导想将其子女安排到某个公司工作，会暗中给那家公司的经理打招呼，而他人却不知道。在美国找工作也要靠关系，要想去美国的某个单位工作，就要先填个表格，大部分表格里都有这样一栏，即问你有没有人推荐，是谁推荐的，如有人推荐，就比没人推荐要好。美国很讲究推荐信，但这一切都是公开的。

第三节　中美人际关系的差异

在日常生活中，行为方式是人的有意识的活动的表现方法和形式、做事方法或动作习惯，很多时候，它也是人们情不自禁的行动和态度表露。在这些方面清晰地展现出中美两国在人际关系方面存在着微妙而有趣的差异。

1. 含蓄委婉与直率

在谈话中，中国人喜欢含蓄委婉，曲折迂回；美国人喜欢直截了当，单刀直入。中国人爱旁敲侧击，借古讽今；美国人爱直抒己见，直言不讳。中国人认为少说为妙，言多必失；美国人认为应知无不言,言无不尽。中国人是听话的累,因为讲话的人拐弯抹角,话里带话,你要不断地去猜测他的弦外之音、真实含义;美国人是说话的累,说话的人要想方设法表达清楚自己的意思,生怕别人理解错误,一般来讲,你听他说什么就是什么,不用去猜了。在会议上和课堂上,中国人一般喜欢当听众,经常发问的人会被认为爱出风头而受到排挤;在美国,要善于表现自己,不说话的人要么会被认为是思想太笨和无话可说,要么会被认为是虚假和阴险。受传统文化影响,中国武术与美国拳击也表现了同样的特性。中国武术动作五花八门,令人眼花缭乱;而美国拳击动作简单、实用,也讲究直截了当。

2. 谦虚与自我表现

中国历史悠久,文化积累深厚,因此人们认为学无止境,永远都有学不完的东西,人只有永远虚心,永远认为自己不足,才会永远去学习,永远进步;如果容易骄傲,就会停止学习,以至于退步。所以中国文化讲究谦虚谨慎,深藏不露,中国自古以谦虚谨慎为美德,认为越是有文化和有水平的人越谦虚,大智若愚的人士最受人们尊敬的,越是没文化和没水平的人才越骄傲。在中国,人们到处都可听到客气的谦虚声,如果听到别人的表扬,要说些自谦的话。例如,当人们听到夸奖时,常会说"哪里哪里""不行不行""过奖过奖"之类的话;如果你要说"是的是的",并表现出洋洋得意的样子,别人就会认为你骄傲,对你的看法就不好了。而美国人听到夸奖会说"谢谢!"当两个人相遇时,中国人总会争着说"我不行,你比我行";而美国人会说"我行,让我试试",西方文化以勇敢地自我表现为荣耀。

由于两种文化的差异,当中国人听到西方人说"我行"时,千万不要以为对方在骄傲,其实,现代社会需要的正是这种勇于表现的精神。当西方人见到中国人的谦虚时,也要注意以下两点：第一，越是有才能的中国人越谦虚，因此当你听到中国人说自己不行时，这只是惯用的前缀语而已。第二，西方人喜欢的接受，不喜欢的就不接受；而东方人喜欢先推让，再接受，如果你一见东方人推让便就此罢休，那么不仅会让对方失望，你也会错失一些人才或机会。再要注意的是，当你听到中国人谦虚时，不要听风是风，听雨是雨，而要看实际。如果你听中国人说"我不行，我不行"，你也跟着说"你不行，你就是不行"，那你可就要丧失朋友了。中国人以谦虚为美德，但并不是希望别人真相信他不行，这时你应反其道而行之，对其夸赞才对。

3. 送礼

在中国，接受礼物时要推拒一下，说些受之有愧的话，礼物不能当面打开，等朋友走后再看，要谢朋友的好意但不夸赞礼物；在美国，接受礼物要当面打开，谢朋友的好意并夸赞礼物。在中国，送礼的人常常会说一些"礼不好，请笑纳"，"一点小意思，不成敬意"之类的话，这些话如果也说给美国人听，不了解中国习俗的美国人就会想"礼不好你给我干什么？"美国人送礼往往会认为自己的礼是很好的。在美国，一般不在第一次见面就送商务性礼物。美国人怕落受贿之嫌，很多人将人们送给自己的礼物摆在办公室内。给美国人送礼，最好的时机是在圣诞节和到达、离开美国的时候送些并不贵重的礼物。男士可送些带有本国特色的东西给美国人的妻子和孩子，但不要是带有公司标志的便宜东西。

4. 敬老与爱幼

在中国，长者为先，老人受到尊敬，人越老地位越高。讲究孩子孝敬父母，年轻人尊敬老人。"老"字在中国为尊称，是德高望重的意思。在美国,妇女和儿童优先,年轻人更受社会喜爱。如用中国人的习惯也称美国老人为"老先生""老人家"等会引起对方的不快。

5. 中庸与"是"和"不是"

中国人做事讲究"中庸之道",待人处世以折中、持平为好,不偏不倚,不过火,无不及,和为贵。在一些事情上甚至模棱两可,常用"也许"、"可能"、"或者"、"没准"等等这样的含糊用语。"中庸之道"是对非黑即白的单向性思维的一种修正,掌握了"中庸之道"的人往往就成为人际关系中的高手,在为人处事上技高一筹。而美国人不喜欢绕圈子,要么同意就说"Yes",要么就不同意就说"No",态度比较明确。

6. 身体行为

中国人以树大拇指表示对人的夸赞,出小拇指表示对人的贬低,中国人常用出手指来表示数字。美国人向上伸大拇指表示祈祷幸运、拦路搭车或指责对方"胡扯",大拇指向下则表示不同意或对方输了,以食指向上表示让对方稍等,以出中指表示对人的侮辱,出小指表示懦弱的男人,伸出中指和食指表示胜利,伸中指、无名指、小拇指并将大拇指和食指合成一个圈表示"OK"。中国人招呼人过来常用整个手掌,美国人常用一个食指。美国人认识或不认识的人,见面都点头微笑;中国人只有认识的人才点头打招呼。中国人以语调深沉,动作沉稳为有涵养,太多的指手画脚和慷慨陈词会被认为是张牙舞爪;美国人说话则富有激情,并伴有较多的身体语言。在中国,见面的礼节为握手,没有拥抱,亲热一些的会互拍肩膀或大臂;美国的见面礼节为握手或拥抱。在中国,接东西以双手伸出表示对对方的尊敬,而西方人习惯以单手接东西。在中国，饭店里可以两个同性的陌生人住一间屋子，但不可以异性的陌生人住一起；在美国，饭店里往往自己住一间屋子，两个同性人住一起会被误认为是同性恋。在中国，两名女子手拉手属正常现象，在美国却被视为同性恋。中国人敲门声较轻，如果听到又急又重的敲门声，那一定是美国人来了。

7. 惩强扶弱与优胜劣汰

在中国历史上，惩强扶弱，杀富济贫，均贫富，等贵贱等等口号都是最能蛊惑人心的。由此形成了"枪打出头鸟"的淘汰精英的社会竞争机制。在美国，崇尚优胜劣汰的竞争机制，美国是世界上最发达的国家，但其社会福利却不如其他发达国家，美国不养懒人。在美国，你要想取得事业的成功，就完全靠自己的辛勤努力，你的学历和你的生活质量是成正比的，你的劳动和你的所得也是成正比的，能力低和性情懒惰的人就只能过着底层的社会生活。

中国与美国同样都讲关系学，所不同的是，中国的关系学是挂在嘴头上的，而美国人则不说；中国的关系学更多地帮助弱者，而美国关系学则是鼓励强者。在中国，只要有关系，便几乎没有办不成的事情。例如，这个孩子没有能力，但可以通过拉关系，走后门去达到自己的目的，甚至可以将比自己强的人挤下去；除非有能力的孩子，可以通过自己的努力考上大学和研究生，并出国留学，用不着去托关系。在美国，人们也讲关系，例如，要想上一所好的学校，或找到一份好的工作，也要找关系推荐，有关系你就能近水楼台先得月，但先决条件是你必须是一个强者，你的各方面条件必须符合要求，如果你不够条件，你父亲是总统也帮不了你。

8. 交友

中国人交友比较慎重，要相互了解一段时间之后才会成为朋友，但一旦成为朋友之后，交往时间较长，有的甚至可以有终生的朋友。而美国人交友比较随便，见面熟，两人初次碰面，很快就可以成为朋友，但分手之后，也很快也会相互忘记，很难有深入交往。中国人生人之间不会打招呼；而美国生人之间常打招呼，如对方和你打招呼，而你却避而不答，会被认为是高傲，没礼貌。中国人要想结识某个人，常常会先问对方："您贵姓?"在西方，则要先自报家门，而不能先问对方的名字。在中国，朋友一起出去往往会抢着付账，而美国人习惯各付各的账，如果你抢着替他付账，会让他觉得欠人情，心里过意不去。美国人喜欢独立，不愿意欠人情。

9. 打电话

在中国，打电话的人为主动，先出声，讲话长短由打电话的人来决定，如接电话的人提出挂电话，会被打电话的人认为是不爱听他说话。但在美国，是接电话的人为主动，因为你打电话给对方，是在占用对方的时间，如接电话的人要介绍自己时间较长，打电话的人要耐心听着，不能打断，什么时候结束通话，应由接电话的人来决定。中国人喜欢佩带 BP 机和手机，希望别人随时随地能找到自己；美国人很少带 BP 机，希望有更多自己的时间和空间，美国人一般习惯安装录音电话，有事留言。

10. 载客

在中国，你要搭载客人，常常是司机先进入车内，从里面为客人开门；而在美国，礼貌的做法是，司机先从外面用钥匙替客人开门，再绕到自己一边，打开自己的门，进入车内。

11. 礼貌

美国人特别讲究礼貌，尤其是在公共场合，说话声音要小，不要妨碍其他人。进出大门时前面的人要为后面的人扶着门，等后面的人上前来换你，你再走。美国是"女士优先"，见到女士，要为女士开门，为女士让座，为女士捡东西等等。要想在一个座位上坐下，先要问旁边的人"我能坐吗？"同意后才坐下。美国人有两句话是天天挂在嘴头上的，一句是"Thank you"，一句是"Excuse me"，别人能帮助了你，要马上说"Thank you"，你妨碍了别人，要马上说"Excuse me"。要注意千万不要将"Excuse"的音发成"Accuse"。一位美国朋友问我："为什么我老听中国人要起诉我们？"我仔细一听，原来很多中国人将"excuse"的音省略为"accuse"，而"accuse"是起诉的意思，造成了误会。在美国要经常说"Excuse me"，如无意间打了喷嚏也要说"Excuse me"。但不要说"I am the crazy man, sorry"，因为 Sorry 认错的语气太重。

12. 做客

美国人相互拜访习惯于先打电话预约，贸然登门是很不礼貌的行为；约好的时间要准时，不能太晚，也不能提前，万一去早了，可在外面等候一下。到了人家，要先敲门或按门铃，将自己鞋上的土擦干净，将有水的伞或雨衣放在门外。进了屋后，先将礼品递给女主人，并向女主人问候，再向男主人问候，还要摘下帽子，脱下外套。这时主人会结果你的衣服挂起来，不必推辞。做客时，不能随便乱动屋内的东西。要吸烟，应先征得女士的同意。如果是到别人家去就餐,餐后不能马上就走,也不能停留太久,与主人聊一会天再走。如果客人较多,要等贵客先走。告辞时,要说一些感谢和玩得非常高兴之类的话。到家后,还应再打个电话表示感谢。

第四节 中美家庭关系的差异

家庭是社会最基本的单位,要探讨社会关系,首先要从这一最基本的社会关系开始。在探讨中美家庭关系异同之前,先让我们来看一下下面这三张中国家庭与亲属关系简表。

看了这张中国家庭与亲属关系简表,会让外国人眼花缭乱,对比英文中的表现家庭和亲属关系的词汇,汉语就可谓太丰富多彩了,英文中表现家庭和亲属关系的词汇只有 father, mother, brother, sister, daughter, son, granddaughter, grandson, grandfather, grandmother, aunt, uncle, nephew, niece, mother-in-law, father-in-law 这些数量有限的词汇,远不如汉语那样复杂。

语言、词汇是一个民族文化的表现形式,通过语言形式的比较,可以反映出两个民族文化的不同。西方社会,兄弟姐妹一样看待,地位平等;而中国,各种家庭成员分层次排列,远近高低各不相同。在过去,若要分权力大小,在这份中国家庭与亲属关系简表中,爷爷的权力和地位是最高的,然后是父亲,其次是长子,这是正宗的接班人。但在现代中国城市,这种关系已经非常弱化了,已无所谓长子、次子、男孩、女孩,有的家庭甚至更喜欢女孩,有的家庭甚至不要孩子。但在一些农村,仍然保存着传统的家庭关系,养儿为了防老,父不在长子为父,等等。

西方社会,父母与孩子是朋友关系,讲究平等;而中国社会父母与孩子是长辈与晚辈的关系,孩子孝敬父母是一种美德,孝子在社会上受到普遍的尊敬。

高祖父 高祖母	曾祖父 曾祖母	祖父 祖母	伯叔 父父	堂兄（堂哥、叔伯哥哥） 堂嫂 堂弟 堂弟媳妇	堂侄 堂侄媳妇 堂侄女 堂侄女婿		
				堂姐 堂姐夫 堂妹 堂妹夫	堂外甥 堂外甥媳妇 堂外甥女 堂外甥女婿		
			父母	哥（哥哥） 嫂（嫂子） 弟（弟弟） 弟妹（弟媳，兄弟媳妇）	侄子 侄媳妇	侄孙（媳妇） 侄孙女（婿）	曾孙 曾孙媳妇 曾孙女 曾孙女婿	玄孙 玄孙女
				姐（姐姐） 姐夫 妹（妹妹） 妹夫	侄女 侄女婿	侄外孙（媳妇） 侄外孙女（女婿）		
					外甥 外甥媳妇 外甥女 外甥女婿	外甥孙 外甥孙女	重外甥 重外甥女	
			亲亲	自己 丈夫/妻子	儿子 儿媳妇	孙子 孙媳 孙女 孙女婿		
					女儿 女婿	外孙 外孙媳妇 外孙女 外孙女婿		
			姑姑	姑表哥 姑表嫂 姑表弟 姑表弟妹	表侄 表侄媳妇 表侄女 表侄女婿	表侄孙 表侄孙媳妇 表侄孙女 表侄孙女婿		
			父母	姑表姐 姑表姐夫 姑表妹 姑表妹夫	表外甥 表外甥媳妇 表外甥女 表外甥女婿	表外甥孙 表外甥孙女		

外祖父 外祖母	姨母（姨妈、姨）		姨表兄 姨表嫂 姨表弟 姨表弟妹	姨表侄 姨表侄
	姨父（姨夫）		姨表姐 姨表姐夫 姨表妹 姨表妹夫	表外甥 表外甥女
	妈		自己	
	舅舅（舅父、舅）		舅表兄 舅表嫂 舅表弟 舅表弟妹	舅表侄 舅表侄
	舅妈（舅母）		舅表姐 舅表姐夫 舅表妹 舅表妹夫	舅外甥 舅外甥女

岳父母家	岳祖父 岳祖母	岳父 岳母	内兄 内嫂 内弟 内弟妹	内侄 内侄女
			妻子	
			大姨子 襟兄 小姨子 襟弟	襟外甥 襟外甥女
公婆家	爷爷 奶奶	公公 婆婆	姐姐（大姑子） 姐夫 妹妹（小姑子） 妹夫	外甥 外甥女
			丈夫	
			大伯 嫂子 小叔子 弟妹	侄子 侄女

西方社会，各个家庭成员，讲究经济独立，孩子长大成人后便不再依靠父母。中国社会，父母与孩子讲究一种不分你我、亲密无间的关系，只要住在一起，在经济上就很难完全脱钩，父母给孩子钱，孩子供养父母都是很正常的事情。如果父母与孩子计较太清，反而令人耻笑。

西方社会，父母不能打骂孩子。在中国，对孩子讲究严格管教，尤其在学习方面，中国古代社会认为棍棒底下出孝子，对孩子的打骂也属自然，认为是一种必要的管教手段。

西方社会，亲属关系比较简单，大家各走各的路。但中国社会特别注重亲属关系，中国古代有"一人得道，鸡犬升天"的比喻，家族中只要有一人升官或发财，七大姑、八大姨等许多亲属都会跟着沾光。亲属与家庭关系可以说是中国人际关系中最为紧密的关系，当然，亲属与家庭关系中也有反目为仇，或彼此冷漠、老死不相往来的关系，这在于大家平时相处得怎样。

第五节　中美对面子的不同需求

都说中国人要面子，其实，无论哪个国家，哪个民族的人，有谁不要面子呢？面子是一种荣耀感，有谁不愿意荣耀一些呢？只不过，不同民族的传统文化、思维方式不同，表现出对面子的看法和要求也不同。在中国，面子表现为一种他人的看法，要在他人面前显示出荣耀，人们心理才会得到满足，荣耀是写在他人的脸上；在西方，面子表现为一种自己的观点，只要自己感觉良好，就活得有滋有味的，荣耀是感觉在自己的心里。

在中国，每年都有时尚潮流，今年要说流行什么颜色，大街上这种颜色会立刻多起来。而当我们来到美国，发现这样现代化的社会竟没有什么时尚，大街上穿什么样衣服的都有，人们穿衣打扮完全根据自己的喜好。在中国，新出产一种电器，只要有几家买了，很快就会家家都有，不管有钱没钱，人人都要拥有一台；而在美国，我们竟然发现一些家庭没有电视，不是买不起，而是根据家庭是否需要来定。这是中美文化的一个不同点。中国文化求同，从众，攀比；美国文化求异，讲独立。这种不同在审美观上也有表现，例如中国建筑讲究群体美，讲究平衡，对称，一座园林或一座古建筑，如破坏了它的一角，就将破坏它的整个格局；而美国为代表的西方建筑讲究个体美，即使整个大厦倒塌了，只剩一根柱子，这根精雕细琢的柱子仍然能吸引众多人前来参观，来到美国的居民区，我们发现，美国的住房千差万别，各不相同，追求的是个性与不同。

在《刮痧》这部电影中，表现了这样一种文化的差异。一个中国孩子和一个美国孩子打架，中国家长见了，当着美国家长的面，不问青红皂白就打自己的孩子。中国家长认为这是在给对方家长面子，而美国家长却大惑不解，并对此不满。中国家长为什么会这样？因为中国家长要压低自己，以表示对对方的尊重，这是一种自谦的表示。中国文化讲究自谦，在对方面前要压低自己，抬高对方，以给对方面子，这样才能显得有修养。一位美国学生来到中国，他的中国同学私下里总是批评他的中文讲得不好，并帮助他纠正发音，可是一当着他人的面，就又夸奖他的中文讲得非常好。这位美国学生一开始很生气，认为他的中国同学人前人后说得不一样，在欺骗他；可后来才搞清楚这是中国人的一种给人面子的做法。

传统的文化和传统的政治制度，就像是两个孪生兄弟，他们往往是相辅相成的。西方的文艺复兴和工业革命，给西方社会带来了巨大的变革，西方文化中的个性解放、天赋人权等民主与自由的思想正好配合了西方社会的民主制度。而中国经历了两千多年的封建历史，中国封建文化中的一些等级观念，如君君臣臣父父子子，君要臣死臣不得不死等封建礼教，也正好支持了封建专制的政治制度。在中国封建的政治制度下，讲究的是严格的等级制度，父道尊严，师道尊严，长幼有序，内外有别等等。无论什么场合，都要按等级差别论资排辈，分出个三六九等来，一级要对一级保持尊严，这也是人们所说的面子。不过这好在只是封建文化中的糟粕的一部分，如今随着国门的大开和西方民主思想的深入人心，中国传统文化中的优良部分将会与西方社会民主自由的先进思想结合，结出更加优良的果实。中国社会正在发生着变革。其实，西方人也是要面子的，有人以为在美国大家不论长幼都直呼其名，可以没大没小，不顾及他人的面子，这也不是。在一些正式的场合，美国人也要长幼有序，彼此尊敬。

外国人，尤其是西方人不了解中国文化，就容易和东方人造成一些矛盾。例如，东方人讲究委婉，西方人讲究直率，西方人回答人的问题往往是直截了当，不是 Yes，就是 No。回答 Yes 的时候对方当然高兴，但回答 No 的时候就容易得罪对方了。在中国，如直截了当地向对方说不行，会让对方感到没面子，下不来台。因此人们在拒绝对方时总是先说些表示歉意的话来垫底，让对方感到面子上过得去，这样，既达到了拒绝的目的，也不使对方难堪。当你拒绝得太直接的时候，对方会认为你骄傲，不近情理。不仅拒绝人的时候是这样，在平时谈话时也是这样，人们在认为对方比自己更优越和强大时，更容易在一种自卑感的驱使下与对方保持警戒和距离，避免被伤害，这时对方的一些言谈话语会造成更加敏感的反应。如果对方是一种谦虚的态度，人们会对他更加有好感；如果对方直接地提出意见或批评人，人们就会认为他是一种傲慢。一些西方人不了解东方文化，就无形中地得罪了一些人。因此外国人在与中国人交谈时，要尽量语气委婉，在使用否定词和批评对方时注意方式方法。不过，随着社会的发展和文化交流的增加，中国人的思维方式也在改变，越来越多的中国人理解了西方人的思维方式，对于西方人的直截了当也更容易接受了。

知道了中美两国的各方面差异，就要理解对方的思维方式和行为方式，善于从对方的角度去考虑问题，这样才能加深彼此的信任和谅解。但此事说起来容易做起来难,人们一般已习惯于各自的文化方式,很难从对方的角度考虑问题,我们要是总把希望寄托在别人对自己的理解上,那就只有处处被动挨打了。俗话说"入乡随俗";与异国人士交往的最好方式就是暂先放下自己原有的思维模式,去努力适应对方的思维方法,将自己融入对方的文化之中,这才是一种积极主动的态度。随着经济的发展,交通、通讯的畅达,和各国文化的深入交往,一种新的世界文化正在形成,越来越多的人成为了这种新文化的承载者。实践已证明,努力使自己适应异国文化,致力于不同文化交流的人们将大有可为。

第六节　怎样在美国工作和与人相处

1. 两件最有效的武器

如要问在美国生存最有效的武器是什么,那应该说一个是英语,一个是电脑。语言是人们彼此交往的最基本的工具,因此说,英语越好,在美国活动的空间也就越大;电脑在美国非常普及,工作、学习、生活等处处都离不开它,一个人要是不会电脑,他就会有很多的限制。一般说来,人们在美国生存都没有什么问题,只要你努力工作就会有收获,收获的大小与你的努力程度是成正比的。例如,很多来美国的人什么都不会,一下飞机就开始一天到晚在中国餐馆打工,几十年后,也买了高级洋房与轿车,为孩子今后的发展铺平了道路,但是,那是以牺牲自己的青春换来的。现在来美国的人谁不想过好点的日子,谁愿意到老之后的回忆只是没有享受、没有娱乐、没有旅游、没有歌舞的一种累死累活的餐馆打工生活?然而万丈高楼平地起,你要想在美国建筑你事业的大厦,最基础的就要从英语与电脑开始,这是你在美国生存与创业的最基本的，也是最有效的两样武器。当然，你有美国人不得不用你的特别技术的例外。

在美国，我们遇到各种不同英语水平的华人，大概分为以下几种：一种是年轻的中国留学生，在中国时就托福考了高分，刚来时也是听不懂，说不了，但适应一两个月后，英语便变得呱呱叫了。一种是年纪大的学生和访问学者，原来英语基础不是太好，虽已是大博士、大学者，在美国读了多年书了，但还是听不懂美国电影，觉着英语表达困难。再一种就是原来英语一点不会的，一来美国就扎在中国人的圈子里，多少年来还是个英语文盲。在一些英语班上，可看到一些来美几十年了的老头、老太太，还在学着一些最初级的英语。

一般来讲，人们学语言的黄金年龄是在童年，过了童年，年龄每增长一年，学一门新语言的难度就会增长一倍。一些人认为，12岁，是人们能否学好语言的一个分界线，12岁以前来美国，可以学到一门纯正的美语，尽早融入美国社会；12岁以后来美，就很难学到一门好的英语了。就像很多外地孩子考上北京的大学，毕业后又在北京工作多年，但到老也乡音难改一样，年纪大了之后就无法学好一门新的语言，这是我们不得不承认的一个残酷的现实。这也是我们为什么要赶在孩子12岁以前将他带来美国的原因之一。

很多人认为学英语需要有环境，现在不用学，今后到了一个英语环境中一熏也就熏出来了。应该说，环境是很重要，但关键还要靠刻苦。很多华人来到美国，白天在中国人的圈子里说中文，晚上一家人在一起还说中文，等于还是没有语言环境。在中国说是没有语言环境，但我们何尝不可以整天戴着耳机听英语，自己给自己创造一个小环境呢？这说明，语言环境对于孩子重要，对于成人就不是太重要了。对于成人，最重要的是在思想态度和心理素质上要有以下两方面的转变：一是要承认现实，不要再期望自己能像美国人那样讲一口流利和标准的美国话，就像南方人不要期望自己讲一口标准的普通话一样，你的目标是让你和对方能听懂就行了，这样，你就不会自己与自己死较劲；二是要把英语作为自己的终生伴侣来学习了。过去我们老把英语作为一种实用的工具，想突击一下打造出来，采取一种短期行为，结果总是事与愿违，现在我们要改变这种想法，要把英语作为一种终生的学习，才能慢慢地去掌握她、提高她。其实我们学习汉语，又何尝不是一种终生的学习呢？我们不是总在学习新的汉字和词句吗？很多来美国的人的经验是，英语学习的提高速度可以说是阶梯式的，人们刚来美国，由于有了好的语言环境，英语会一下子提高很快，大有这里一个月，胜过原来一年的感觉；但很快就进入瓶颈阶段，英语长时间停滞不前。这时你若灰心了，英语就前功尽弃了；你若不放弃，继续努力，就会度过高原期，英语一下子来个突破，又上一个新台阶。

在美国的第二件有效武器是电脑。美国是一个已经网络化的国家，电脑在美国非常普及，学生上课、做作业要用电脑；朋友联系很少写信，发E-amil又快又省钱；政府、公司、银行、商店、图书馆等许多部门都已联网，网上办事、购物、借书等许多活动都可实现；网上信息繁多，学会上网查资料，你可以秀才不出门，便知天下事。

2. 了解美国人的价值观

了解美国人的价值观，会更有利于你在美国工作和与人相处，更好地勤劳致富。如果你在美国工作，怎样与美国人相处才会受到上下级和同事的好评呢？

a. 诚实守信、幽默随和

美国人总体上说比较诚实，讲信用，他们非常反感不诚实的人，对欺骗行为深恶痛绝。如果他发现你有欺骗他们的地方，那你将会失去所有人的信任。因此平时要注意自己的言行，诚实守信，并勇于承认自己的错误，不要为错误狡辩。美国人比较幽默、随和，爱开玩笑，你若整天一本正经地板着脸，别人就会认为你人际关系有问题。中国人的性格偏于内向、保守，因此尽量放开一些没问题。

b. 掌握最新技术

由于文化的差异，中国人从事管理工作的较少，大部分人从事技术工作。如果你始终学习和掌握最新技术，成为单位的技术骨干和权威，单位就要始终依靠你。美国是个能力的社会，越有能力的人越吃香。

c. 勇于奉献

美国人喜欢勤劳的人，勤奋工作的人往往会得到众人尊敬。在完成本职工作后再干一些分外的事情，或加班干一些工作，会让人们觉得你有敬业精神，每个单位的老板都喜欢这样的职工。如果你要说八小时以外是你的自由，那没人会说你，但等待你的也许就是老板的一纸解聘书。

d. 积极主动，大胆提建议

美国人有一种积极进取的精神，凡事积极主动的人，比事事要人催促要好。中国人开会往往是领导说，群众听，谁要是乱说话就是出风头。但美国人开会是大家积极踊跃地发言。经常提出自己的意见和方案，即使没被领导采纳，但也显示了你的主动进取精神，会提高你的威信。

e. 勇于尝试

中国人讲究稳扎稳打，干自己熟悉的事，不熟不做。但美国人勇于冒险，敢于大胆尝试各种事情，对于什么事情都讲究"试"。因为人体的潜力是很大的，有很多潜藏的能力没有开发出来，一试恐怕也就试出来了。如果怕"试"，我们的一些潜力恐怕就永远被埋没了。美国有很多成功人士在迈第一步时都是抱着试一试的态度去做的，结果一试发现自己很有这方面的特长，于是便走了下去。

f. 搞好周围的人际关系

要想与美国人友好相处。就要知道美国文化与中国文化有什么不同的地方，在我们与人交往的各种言行中加以注意，努力了解中美文化、思维方式、行为模式等人际关系方面的差异。毫无疑问，这是一个长期而充满挑战的工作，但也是一项对你个人而言意义深远的工程。未来的成功和机遇永远属于这样用心的人。

后　记

　　来到美国，原想好好学习英文，可没想到却重操旧业，又做起了学生，当上了老师。进入一个完全陌生的环境，有新的文化、新的生活、新的事业等各种各样全新的东西需要去适应，可谓任重道远，万事开头难。在这样一个背景下去写书，去写关系学这个难写的题目，更是难上加难。实践部分好在有长时期的工作经验积累垫底，尚可应付；而理论部分却是没有任何参考资料可以借鉴，从网上去搜索，到图书馆去查阅，竟没找到一部关于关系学理论研究的论著，有的都是些关系学实践经验方面的书籍，于是只得完全靠着自己苦思冥想，搞出了这么个关系学理论研究大纲。对与不对，就只能是一次抛砖引玉了。中国如此地大人多，关系学如此源远流长，没有理论研究是万万不可的。

　　本书包含了我对美国社会关系的见闻和思索。来到美国，发现不仅美国人对中国的关系学困惑，来美国学习的年轻中国学生也对关系学困惑，而一些误解也往往产生于困惑。一位美国朋友告诉我说，他刚到中国的时候，一位中国朋友当着人家的面夸奖他的中文说得好，可私下里又批评他的中文很糟糕，他觉得受了欺骗，可后来才知道这是中国人一种给面子的做法。这是少数了解了中国文化的美国人的思想转变，而大部分美国人不仅不知道中国人要给面子，也不知道什么叫面子。美国人讲话直率，中国人讲话谦虚，如果不了解两国的文化，中国人会认为美国人高傲，美国人会认为中国人虚假。因此，对关系学进行理论的探讨，并增加中美两国社会关系的比对，有利于人们拨开云雾见天日，增进彼此的了解。

  在此，我要感谢我的导师，全美东亚语言中心主任 Galal Wakler 教授，他安排我教授中美关系学这门课，将我带进了关系学研究的大门。感谢我的搭档，中美纽带项目主管 Eric T Shepherd 博士，我们一起商讨教案，一同教学，他用他对中美文化的深厚理解给了我许多有意义的启示。感谢我的师兄，美国威廉·玛丽大学的简小滨教授和洛杉矶中美咨询公司的郭进总裁，还有我的师妹，旧金山的饶穗女士，一年前当我把我的部分初稿寄给他们时，他们的鼓励为我继续完成本书带来了很大的动力。感谢全美东亚语言中心的李敏如教授和俄亥俄州立大学东亚系的王建琦教授，他们为本书提出了很好的修改意见。感谢俄亥俄州立大学的李玉衡、严娜夫妇，他们时常帮助我们照看和辅导孩子，为我腾出了大量写作时间。我还要感谢我的师妹，广东省社科院哲学与文化研究室主任、广东著名青年评论家钟晓毅女士，她拨冗为本书作了修改。最后，我要感谢我的妻子对我工作的支持，还有其他许多为本书的写作提出过很好的参考意见的朋友们，在此一并表示感谢！

参考书目

《中华酒文化》，李华瑞著，山西人民出版社出版。参考：酒的种类。
《中国饮食文化》，林乃燊著，商务印书馆出版。参考：茶的种类。
绿游网，www.e5116.com，东方在线高科技发展有限责任公司。参考：八大菜系。
《新华词典》，2001年修订版，商务印书馆。参考：中国主要亲属关系简表及有关词语解释等。
《交友之道》，卢玉杰、孙廷宽著，广西师范大学出版社出版。
《现代礼仪》，赵景卓主编，中国物资出版社出版。
《现代汉语》，黄伯荣、廖序东主编，甘肃人民出版社出版。参考：现代汉语方言区示意图。
《公共关系教程》，赵浦根、张达、胡佑安主编，中共中央党校出版社出版。
《商务礼仪手册》，关彤编著，中国社会出版社出版。
《社交礼仪》，白巍著，农村读物出版社出版。
《中美文化交流论集》，陶文钊、陈永祥主编，中国社会科学出版社出版。
《现代美国大众文化》，蔡骐、孙有中著，中国经济出版社出版。
《赴美生活指南》，董秀丽编著，旅游教育出版社出版。